小学班级管理

Primary Class Management

李江 / 编著

ZHEJIANG UNIVERSITY PRESS
浙江大学出版社

前　言

实施素质教育,首要的是解决培养什么样的人和如何培养人的问题。小学班主任作为小学教师队伍的重要组成部分,是班级工作的组织者,班集体建设的指导者,小学生健康成长的引领者,是小学生的人生导师,可见,班主任是小学思想道德教育的骨干,是加强和改进未成年人思想道德建设,全面实施素质教育的重要力量。

班主任是小学的重要岗位,从事班主任工作是小学教师的重要职责。教师担任班主任期间应将班主任工作作为主业。班主任是一个班级的核心和灵魂,是教师队伍中的中坚力量,是影响学生人生发展的"重要他人"。可以毫不夸张地说,一个优秀的班主任,必定能带出一个好的班级,一个好的班级,必定要有一个优秀的班主任,而一个积极健康的班集体,是每一个学生健康发展的必要环境。

班级是学校的基础"细胞"。班级管理好了,学校的教育教学工作才会得以顺利进行,可见班级管理工作是多么重要。而班主任作为班级的组织者、管理者,做好班级的管理工作就成为班主任工作的重中之重。然而,在教育实践中,很多班主任常常对班级管理束手无策。本书的编写就试图解决这一问题。

本书是湖北省教育厅人文社科基金研究课题("基于初等教育基础上的中小学班主任能力建构研究")的重要成果,具有以下几个特点:

第一,有较强的针对性。作为一名专业的小学班主任,必须懂得依据小学生生理与心理发展的特征进行班级建设、能指导少先队等班队活动、能指导小学生进行高效地学习、能适当地对小学生进行心理辅导、能科学地指导小学生的日常生活、能有效地协调各种教育力量、能促进自己的专业发展,本书针对这些问题分章进行专门探讨,有较强的针对性。

第二，有较强的现实性。学会学习、学会生活是现代教育的核心，也是近几年来国家有关教育政策法规一再强调的重点。依据时代对教育的要求和有关教育政策法规的主要精神，本书选取小学生的"课堂学习、终身学习、精神生活、日常生活、集体生活"作为基本的构建框架，有较强的现实性。

第三，有较强的实践性。为了最大限度地实现学习过程与小学班主任工作实际过程的对接，课程内容与小学班级管理工作要求的对接，本书从实际出发，每章都重点从反面分析小学班主任工作实际中存在的问题、现象并提出对策及指导，并以此为基础，从正面阐述小学班主任工作的内容、途径与方法，正反两方面的对比分析，能很好地指导小学班主任工作的实践，有较强的实践性。

尽管力图编写一本令读者满意的小学班级管理用书，但在编写过程中，由于作者水平有限，编写时间仓促，本书难免有诸多不足之处，敬请广大读者批评指正，以便我们不断改进和完善。本书在编写过程中，郧阳师专的李晓军博士、郑航月老师，以及湖北大信博文图书发行有限公司的赵开鑫经理给予了很大的支持和帮助，在此深表感谢！另外，本书还参考和引用了一些国内外专家学者的研究成果、资料和书籍，在此一并向原作者表示深深的感谢。

李 江

2013 年 5 月于桐华苑

目　　录

第一章　小学班级管理概述

内容提要：

1. 明确班级、小学班级、班主任、小学班主任、班级管理的概念。

2. 理解小学班级、小学班主任工作、小学班级管理的特性与内涵。

3. 知道班级组织与班主任发展的历史演变。

4. 了解小学班主任与小学班级管理的有关理念与原则,树立以理论指导小学班级管理实践的意义。

第一节　班级与班级管理

班级是学校教育的基本单位,是教师和学生开展各项活动的最基本的组织形式,班级管理在学校教育中有着举足轻重的地位。班级管理的科学性和实效性直接关系到集体内每个学生的身心发展状况,对学生起着重要作用。小学生年龄尚小,正是人生观、世界观、学习观形成的初始阶段,班集体的健康向上与否将对他们的一生起着积极或消极的影响。

一、班级与小学班级

(一)班级的产生

班级是班级授课制的产物,而班级授课制是在特定历史条件下的产物。据认为,在 15－16 世纪时,西方一些古典中学里出现了一种新的教学组织形式,这是班级教学的尝试。最早使用"班级"一词的是文艺复习时期的著名教育家伊拉斯谟。他在 1519 年的一份书简中描述了伦敦保罗大教堂的学校情形:在一间圆形的教室里,将学生分成几组,分别安排在阶梯式座位上。[①] 而现代意义上的班级授课制约产生于 17 世纪,捷克教育家夸美纽斯(1592－1670)在总结前人和自己的教育实践基础上,于 1632 年发表了《大教学论》,对班级教学法进行理论上的概括,奠定了班级授课制的理论基础。此后,又经过许多教育家的研究和推广,到 19 世纪中叶,班级授课制才为人们普遍接受。我国于 1862 年(同治元年)清政府在京师同文馆首先使用班级授课制这一教学组织形式。20 世纪初,废科举、兴学校后,才在全国逐步采用班级授课制。可以看出,早期的班级仅仅是“批量生产”的教学工具,班级授课制最初只是为班级的产生创造了条件,由教师主导的学生群体只是班级形成的基础,是班级的初级体现。而现代学校教育中,人们越来越关注班级对学生的社会性和个性发展所产生的影响。

(二)班级的概念

班级是学校为了顺利开展教育教学活动、确保学生全面发展目标的实现而划分出的学习单元,以及与为其配备的相关教师所共同构成的一种组织。

1.班级是一种教育性组织[②]

班级并不只是许多个体的简单集合,它一旦建立就作为一种教育影响因素而存在。也就是说,很多学生在一起听课,并不简单地只是一个教师同时对许多学生发生了影响,而是教师的影响必须通过班级环境对学生发生作用。班级本身也成了影响学生发展的因素,故班级作为一种教育组织而存在了。

2.班级的目的是培养人[③]

同其他组织不同,班级是为实现教育目的而形成的组织,是一种教育性组织。班级组织的目的是为了教师更顺利地从事教育活动,培养在“德、智、体等方面全面发展的社会主义建设者或接班人”。因此,学生的发展是其重要的目标。

3.班级是学校的“细胞”

班级是学校的教学班或班级群体。它是学校的基层组织,是学校根据一定的任务、按照一定的规章制度组织起来的学生群体。也就是说,学校是由许多班级组织构成,教育活动是在具体的班组织中开展,班级成为学校的基层教育

① 金含芬.学校教育管理系统分析[M].陕西人民出版社,1993(300－301).
② 李学农.班级管理[M].高等教育出版社,2004(4).
③ 邓艳红.小学班级管理[M].华东师范大学出版社,2010(2).

组织或细胞。

(三)小学班级

小学班级具有学校班级的一般特点,但由于小学的教育性质、教育目的和教育任务不同于其他层次的学校,因而小学班级有着自己的组织特点。

1.小学班级是少年儿童的学习组织

小学班级是根据我国学校制度的规定,为实现一定的教育目的,按照学生的年龄和发展水平在小学里建立起来的。目前在我国的小学里,班级的组成成员一般都在6—12岁左右,年级一般为1—6年级。故组成班级的学生的年龄特征决定了班级的组织特征。这种组织的建立,其目的是满足少年儿童的学习需要,因而它是少年儿童的学习组织。

2.小学班级是在成年人指导下的学习组织

以6—12岁左右的少年儿童为主体组成的班级,是他们走出家庭初步参与社会生活的组织,他们在这个组织中得到社会生活的初步训练。由于这个组织的主体组成成员年龄小,在生理和心理性发展上还未成熟,自主性发展还存在不足,组织成员在这样一种状况下,会影响小学班级的组织行为,因此,必须接受成年人的指导。

3.小学班级中存在着平行的中国少年先锋队组织

在我国,每个小学班级中还存在着一个平行的政治组织——中国少年先锋队(简称少先队)的中队组织。根据《中国少年先锋队章程》(2005)的规定,凡是7—14周岁的少年儿童,愿意参加少先队,愿意遵守队章,向所在学校少先队组织提出申请,经批准,就能成为队员;在学校、社区建立大队或中队,中队下又设小队。根据有关规定,在小学把全体适龄儿童组织起来。因此,从小学一年级开始,班级就逐步地同时成为少先队组织。

4.小学班级是一种班队合一的组织[①]

由于小学的班级里存在着由同样的成员组成的班级行政组织和少先队这两个平等的组织,所以小学班级实际上是一个班队合一的组织,或者说是具有双重性质的组织。同一群人两个组织,但两者既有联系,又有区别。前者是小学开展教育教学活动的基层组织,其目的是培养合格的公民;而后者是少先队组织,其目的是培养共产主义事业的接班人。

---

① 李学农.班级管理[M].高等教育出版社,2004(7).

二、管理与班级管理

(一)管理与班级管理

1.管理

有组织的存在,就必须有管理。组织生活离不开管理,管理是与组织生活相联系的。管理是社会组织活动中的内容,它是组织管理者运用自己被赋予的领导权力,采取计划、组织和协调等管理措施,为实现组织目标而开展的活动。管理是一种实践活动,它通过管理者采用一系列管理措施和方法来实现一定的组织目标。

2.班级管理

班级管理是一个动态的过程,它是管理者根据一定的目的要求,采用一定的手段措施,带领全班学生,对班级中的各种资源进行计划、组织、协调、控制,以实现教育目标的组织活动过程。班级管理是一种有目的、有计划、有步骤的社会活动,是由教师和学生之间、教师与教师之间、学生与学生之间等的多边活动,这一活动的根本目的是实现教育目标,使学生得到充分的、全面的发展。

(二)班级管理的要素

班级管理是一种实践活动,它是在班级管理的活动过程中实现的。班级管理活动的开展,必须具备管理者、管理对象、管理手段(或方法)三个基本要素:

1.管理者①

管理者主要是指班级管理和主要责任者。从广义上讲班主任、学生集体、班委会、任课教师、家长及家长委员会等都是管理者。班主任是主要的管理者;班集体一旦形成也会成为巨大的教育与管理力量,而班委会是其中的领导核心;班级的任课教师也都在各自学科的教学中实施管理职责;有些班级建立起来的家长代表组成的家长委员会也是班级管理的重要参与者。

2.管理对象

班级的管理对象是班级生活的全部构成方面:一是全体班级组织成员,包括全体学生和相关教师,其中学生是主要的管理对象;二是班级管理空间,如一定的教室、班级活动的场所;三是班级管理的时间,主要是指班级管理活动在一

---

① 邓红艳.小学班级管理[M].华东师范大学出版社,2010(7).

定的时间内调度,如一个班级在小学中六年的存在,当然一个年级的班级只存在一年。

3.管理手段(或方法)

班级的管理手段是班级管理者实施班级管理的各种措施,主要包括:组织管理,如通过班级的某种正式组织或非正式组织来进行;目标管理,如通过班级目标的实现来管理;活动管理,如通过开展各种班会等班级活动来进行;制度管理,如通过建立班级的管理制度来进行。另外还有集体管理和个别管理等等。

(三)小学班级管理

上述班级管理的要素也适用于小学班级管理,只不过管理的对象有所不同,管理者的责任与任务有所区别。小学班级管理是班级管理者在小学班级组织中根据一定的教育目标,针对小学班级管理的对象的特点,设计、组织、协调、控制班级组织内一切活动,以实现预定的班级组织目标的过程。

三、班级管理的内容

学校的各种教育活动的开展,大部分都是以班级为单位进行的,班级是学校的基层组织。班主任作为班集体的直接管理者和负责人对全班学生进行教育。班级管理的内容主要包括以下八个方面:班级建设管理、班级活动管理、班级课堂管理、班级学习管理、班级情绪管理、班级日常生活管理、班级教育力量管理和班主任专业发展。

(一)班级建设

在集体教育的背景下,学校把年龄大体相当、身心发展水平接近、来自不同家庭背景的孩子集中到一起组成一个教学班级。班级是学校教学的基层单位,一个良好的班集体,往往会使各项教育教学活动的开展事半功倍。但是,一个教学班级的形成往往带有许多随机性和偶然因素。因此,开学之初所组成的班级往往还只能叫做一个群体,只是有一群成员、一个代号、一个领导者。这样的一个群体还不能很好地发挥一个组织所应有的作用,因此,在班级管理中必须首先着手进行班级组织建设。

一个教学班级的组成,是一群人按照一定的规则,同时带有一定随机性地组合到一起。此时,班级虽然有了组织的形式,但是这样的一个群体还不是一个真正的组织。一个真正能发挥作用的组织,第一,应当有清晰明确的目标,必须要加强班级目标建设;第二,还有班级领导核心建设,即还必须有完整的组织机构;第三,还要有一套所有成员共同认可的组织规范,并且所有成员一般能够在组织规范内行动,去实现组织的共同目标,完成组织的共同任务;第四,要加强班级文化建设,即班级价值观、班风学习建设,把班级同学自己的利益和班级的利益联系起来,从而把一个松散的群体凝聚成一个牢固的整体,促使班级中的所有成员对班级产生认同感、归属感。

(二)班级活动管理

班级活动是在班级管理者的指导下,有目的、有计划地为实现班级教育目标而举行的各种教育教学实践活动。开展班级活动有利于培养学生良好的品德,发展个性特长,锻炼意志品质,使行为习惯得到培养。班级活动是联系学生与学生、学生与老师之间的纽带,密切了班级人与人之间的联系。班级活动还为学生提供了展示自己的舞台,使更多的学生找到自己的优势,满足学生追求成功的愿望。活泼有趣的活动往往深受学生的喜爱,在班级活动中进行教育,效果往往比单纯的说教好得多。一次好的班级活动往往会给学生留下非常深刻的印象,对于他们的成长和发展起到很大的影响作用。所以,班级管理者要利用好班级活动这一重要的教育途径,实现班级的教育目标。

小学班级活动是班级管理者指导学生依据一定的教育目标所设计的,组织班级所有成员共同参与的教育活动。这些班级活动有:常规班级活动,包括晨会、班级例会、课间活动等;主题班级活动,包括主题班会、少先队活动等;实践性活动,包括科技创新活动、社区服务活动和参观访问等;课外活动,包括文艺活动、体育活动、游戏活动等;心理辅导活动,主要包括学习辅导、人格辅导、生活辅导等。总之,在实际操作中,班级管理者应该根据不同的需要,决定举行何种形式的班级活动。

(三)班级课堂管理

在课堂教学中,教师除了"教"的任务外,还有一个"管"的任务,也就是协调、控制课堂中各种教学因素及其关系,使之形成一个有序的整体,以保证教学活动的顺利进行。这一活动即为通常所说的课堂管理。课堂管理是教师为了完成教学任务,调控人际关系,和谐教学环境,引导学生学习的一系列教学行为方式。管理好课堂是开展教学活动的基石,教师必须不断地提高课堂教学管理技能。良好的课堂管理不仅能建构良好的师生关系,维持课堂教学的顺利进行,还能激发学生学习的兴趣与动机,培养良好的学习习惯,还能促进学生在课堂中的积极情感体验,推动学生的全面发展。

教师与学生置身于一定的课堂之中进行活动,首先要保证课堂的表层实体,即课堂物理环境的舒适与合理。课堂的物理环境为课堂管理的运行提供了一个外在的物质基础,同时,课堂管理活动也需要制度规范作为其运行的前提。在课堂管理的过程中,教师要把教学目标中提出的对学生的期待转变为课堂活动的程序和常规,并将一部分程序和常规制订为课堂规则,以便于指导学生的行为,促使学生积极主动地学习。为了保证课堂管理的良好运行,我们还需要从师生之间营造一种良好的心理条件,即课堂气氛的营造。课堂气氛是班集体在课堂上所表现出来的心理气氛,通常是指课堂里某些占优势的态度与情感的综合状态。

(四)班级学习管理

学生的主要任务是学习,因此,班级学习管理是班级管理的中心内容之一。小学阶段正是学习知识、发展能力的重要阶段,而由于现代社会科学技术迅猛发展,信息科学和信息传播手段日益提高,知识量急剧膨胀,班主任若能给学生以有效的学习指导,培养学生良好的学习习惯,形成"学习型社会"所需要的学习方法,则是给他们的未来奠定了扎实的基础。小学生的学习能力还不完善,主要体现在学习方法上,因此,班级管理者要多给予学习方法的指导。班级管理者要注意保护和激发学生的学习动机,以免因为教学活动的安排不当而降低或阻碍了学生的学习动机。

人天生有求知的需要,由此而产生出学习动机。首先,班主任要让小学生在认识上明确学习的重要性,懂得进行学习的一些途径,培养学生良好的学习习惯;其次,成功的经验对学生的学习行为是一种强化,要让每个学生都在学习中有成功的经验,同时也会激发出更大的学习动力;再次,要培养学生坚强的意志,要想学有所得就必须付出努力;最后,培养学生的学习行为。学生的学习活动主要是在课堂上展开的,具体知识的学习主要由任课教师负责。课程学习方法的指导主要是对学习的计划和安排,比如预习、听课、复习、完成作业、考试等。另外,还要指导学生进行课外的学习活动,以及指导学生养成进行实践活动的习惯。

(五)班级情绪管理

情绪、情感是人对客观事物与人的需要之间关系的反映。如果某事物能满足人的需要,则会产生积极、肯定的情绪情感,否则就会产生否定的情绪情感。小学生正处于人生的春天,这是从童年走向独立人生的起点。这个时期在人生中起着特殊作用,处于特殊的地位,也存在着特殊的问题。他们的心中充满希望和抱负,他们的自我意识正在加强,但却不知何去何从;他们热情,却又情绪动荡。而 21 世纪是一个高速发展和变化的时代,社会要求我们必须具备较强的应变能力和承受压力的能力。然而,令人叹息的是小学生的情绪健康往往被忽略了,至今尚未成为家长、教育工作者关注的热点。因此,作为21世纪的小学教师,必须要加强对小学生的情绪管理与指导。

《小学教师专业标准(试行)》指出:要尊重个体差异,主动了解和满足有益于小学生身心发展的不同需求。因此,小学班主任首先要掌握班级同学的个性差异,特别是情绪上的差异;其次,由于情绪的发展与情绪的调控并不是同步的,情绪的调控则是一种必须经过学习和训练才能获得的,因此,小学班主任必须加强对影响小学生情绪的因素和小学生情绪的指导方法的学习;最后,班级是由个性迥异的不同个体组成的,班主任要加强对学生进行个别教育指导,特别是对情绪有问题的学生进行个别指导。

(六)班级日常生活管理

人的素质很大部分是在闲暇时间内形成的,因此,人的全面发展主要是在闲暇时间实现的。目前,某些小学生存在的素质缺陷,在一定程度上与学校剥夺了学生的闲暇时间有着很大的关系。学生吸收文化知识不仅仅是在课堂,从发展学生丰富多彩的个性来讲,闲暇时的活动也许更重要、更积极。因此,我们的育人观念要全面,不能狭义地理解只要按教育常规上好文化课就完成任务了,而忽视了另一种课堂,即小学生的闲暇时间教育。具有较大时空自由度的闲暇时间,为真正实现由应试教育向素质教育转变提供了契机,学校、社会、家庭应充分发挥主导作用,找准休闲与素质教育的切合点,把养成教育、规范教育延伸到社会和家庭,使素质教育更全面、更丰富。

闲暇时间的增多,一方面给班主任提出挑战(怎样面对教学时间缩短的现实,运用科学的教学方法,提高时间利用率,完成教学任务;如何指导学生珍惜时间,科学利用时间,发展兴趣特长;怎样引导学生在闲暇时间内正确认识社会,抵制社会上不良习气的侵袭等问题)。另一方面,闲暇时间增多也给班主任提供了新的契机。如何把握好这一契机,切实抓好小学生的闲暇时间教育,班主任应有一个清醒的认识,并有志于为此努力。

(七)班级教育力量管理

在班级管理中,班主任是班级的直接管理者,但并不是唯一的领导者和教育者。影响学生和班级发展的教育力量包括多个方面,主要有学校、家庭和社会等。因此,班级中存在着复杂的教育关系。各种教育力量互相作用,最终共同作用于学生身上并产生影响。能否正确对待各种教育力量以及之间的关系是决定班级管理成效的关键因素。作为班级管理者,要做好班级各种教育力量的协调工作.

在各种教育力量中,学校是最直接的.学校有既定的教育计划和教育目标,在班级管理中,班主任首先应该协调学校的各种教育力量,主要包括学校领导、各科任课教师和班级同学,把学校的教育目标和要求贯彻到自己的教育教学活动之中;其次,家庭是孩子的第一所学校,父母是孩子的第一任教师,班级管理者要做好家长工作,要和家长多沟通、交流学生情况,帮助家长端正教育子女的思想,明确培养目标;最后,社会的各种现象都会对孩子产生潜移默化的影响,因此,班级管理者要合理利用社会资源这种重要的教育力量.

(八)班主任专业发展[①]

班主任专业化是教师专业化的特殊方面.班主任是教师中的特殊群体,班主任专业化是特殊教师群体的专业化.这是由班主任不同于一般教师的特殊性决定的.班主任的专业发展能为学生树立正确的榜样,并能在工作之中不断地反思和总结自己的理论,从理论上丰富自己,从实践中积累经验,从思想上不断完善;班主任的专业发展过程,是将孩子的生命与自己的生命紧紧联系在一起的过程,并伴随着每一个孩子生命的成长,他的生命成长也将绽放出绚烂的光芒.班主任的专业发展,于国、于己、于可爱的孩子们皆是有益之举.

班主任是一个班级的核心和灵魂,是教师队伍的中坚力量,其一言一行影响着学生的一切,进而影响着学生的一生.因此,必须要促进班主任的专业发展.班主任的专业发展需要培养与学习.真正有效的教育是养成教育,即学生良好习惯的养成.班主任不仅要以培养学生良好的习惯作为自己的主要工作和最终目的,而且要在教育之中重视自我教育、自我培养.班主任专业发展需要提升,所谓提升是指提高班主任自身的修养、品位和教育智慧,使教育突显科学和实效,使学生全面发展.通过提升,不仅能有效地改进班主任的工作,而且能有效地提升班主任的反思意识,从而促进班主任的自我发展,自我超越.

第二节　小学班主任工作

小学班主任工作是一项复杂、细致的工作,需要付出爱心、耐心、责任心.它对学生健康成长起着十分重要的作用,要求班主任具有良好的思想道德品质、较高的教育理论素养和专业知识水平,身心健康,富有人格魅力,善于做思

---

① 魏书生.如何做最好的班主任[M].南京大学出版社,2009(2).

想教育工作；要适应新时期教育工作中出现的变化，及时改进班主任工作，在学校育人工作中发挥更大的作用。

一、班主任与小学班主任

(一)班主任的发展

1.国外班主任概念的发展

班主任是随着班级授课制的产生而产生的。从班级授课制开始以来，许多国家实行了班主任这一制度，但不是所有采取班级教学的国家都设置了班主任，这只是一部分国家的做法，如中国、俄罗斯和日本等。在国外，夸美纽斯在他的《泛智学校》中设想每个班"指派固定的教师"。可见，这时对班主任的认识是一种特殊的教师角色。在19世纪，俄罗斯有了"班级"和"教师"合成的"级任教师"一词，以后又有了"班主任"一词。20世纪40年代，苏联教育家凯洛夫编的《教育学》中有关于班主任的专门论述。此外，还有恩·伊·包德列夫有关班主任的理论专著《班主任》，此书在1956年由人民教育出版社在中国出版。1979年，苏联教育部组织编写了《中小学班主任手册》，1982年我国出版了中译本。

2.国内班主任概念的发展

在中国，班主任工作在我国算来已经有一百多年的历史了。1904年，清政府颁布的《奏定学校章程》中规定，小学各学级设置正教员一人，通过教各科目，任教学生之功课，且掌握所属之职务。这种由一个教师负责担任一个学级的全部学科或主要学科的教学制度，称为级任制。这可算是我国最早的班主任制度。到1932年，当时的国民政府才规定在中学实行级任制，1938年又把级任制改为导师制，负责班级组织的教育工作的教师称为级任导师，这一角色相当于班主任。后来，认识到班级管理者并不只是一种教师角色，还具有管理角色，就把"班级"与"主任"联系到一起，形成了"班主任"。20世纪30年代，在中国共产党领导的解放区举办的小学、中学、师范学校和抗日军政大学，每个班率先设有班主任。1952年月，教育部颁发的《中学暂行规程(草案)》规定，班主任在教导主任、副主任的领导下，负责联系本班各科教员，指导学生的生活和学习。对班主任角色与工作都进行了明确的规定。1963年和1978的《全日制中学暂行工作条例(试行草案)》指出："学校应加强对班主任工作的领导，选派政治觉悟较高和较有教学经验的教师担任班主任"，对班主任的素质进行了要求。1988年，原国家教委颁布了《中学班主任工作的暂行规定》，对中学班主任的地位、作用、任务、职责等都作了明确的阐述和规定。1998年，原国家教委又制订了《中小学班主任工作暂行条例》,对班主任的素质和工作提出了具体要求,并提出给班主任的劳动以一定的经济报酬。1979 年,教育部颁布了《关于普通中学和小学班主任津贴试行办法》,首次对班主任的劳动报酬作出了明确规定。2009 年,教育部颁布了《中小学班主任工作规定》,对中小学班主任的性质、角色与地位、配备与选聘、职责与任务、待遇与权利、培养与培训、考核与奖惩等方面作了明确的规定。

(二)班主任的概念

班主任是学校中全面负责一个教学班学生的思想、学习、健康和生活等工作的教师,是一个教学班的组织者、领导者与教育者,也是一个班中全体任课教师教学、教育工作的协调者。2009 年,教育部在《中小学班主任工作规定》序言中指出:"班主任是中小学日常思想道德教育和学生管理工作的主要实施者,是中小学生健康成长的引领者,班主任要努力成为中小学生的人生导师。班主任是中小学的重要岗位,从事班主任工作是中小学教师的重要职责。教师担任班主任期间应将班主任工作作为主业。"班主任有以下含义:[①]

1.班主任是全面关心学生发展的主任教师

班主任是对班级学生进行教育的主要责任人。具体来讲,所有教师都应当全面关心学生的发展,但班主任是全面关心学生发展的主任教师;在关心学生全面发展的过程中,关心学生的精神生活、精神成长是根本,是教育工作的核心内容,每个教师都负有责任,但班主任是学生主要的精神关怀者。

2.班主任是影响学生发展的重要他人

在班级管理中,同其他任课教师相比,班主任最有可能成为影响学生发展的重要他人。班主任不仅关注学生的一般发展,而且关注每一个学生的发展特点,根据每一个学生的发展需要给予其有效的帮助。满足每一个学生发展的需要,需要班主任发挥独特的作用。因此,班主任要努力提高自己的专业水平,真诚地关怀学生,切实地承担教育责任,以人格影响人格,以智慧启迪智慧。

3.班主任有自己的教育操作系统教育学生

班级是学生全面发展、健康成长的最重要的社会环境。控制着这一种环境的人,即班主任,当然就发挥着任何人都不能替代的作用。因此,对班主任来说,班级组织不仅是教学的基层组织,更是教育的基层组织。这种教育组织可以称之为"发展性班级教育系统"。班主任在组织、教育、管理班级过程中,班级组织同时也成为班主任主要的教育操作系统。

---

① 高谦民.今天我们怎样做班主任[M].华东师范大学出版社,2006(2).

(三)小学班主任

小学班主任是在小学中全面负责一个小学班级学生的思想、学习、健康和生活等工作的教师，是一个小学教学班的组织者、领导者与教育者。小学班主任具有以下特点：[①]

1. 小学班主任是多重角色的综合体

小学班级是小学的基层教育组织。小学班主任是小学班级的主要管理者。他要在学校校长的领导下贯彻国家的教育方针，根据一定年龄段的小学生的发展特点，在班级中对实施学校教育教学计划和其他各项工作进行管理。因此，小学班主任不仅是小学班级的组织者，同时也是小学班级的教育者，还是班级中发展儿童的精神关怀者。总之，小学班主任这一角色的教育功能与影响又是多方面的，是知识传授者、集体领导者、学生表率与知心朋友以及家长的代理人等多种具体角色的集合。

2. 小学班主任具有双重的管理者身份

班主任是学校中的一种管理角色，他对学校中的基层组织——班级发挥管理的职能。由于小学班级实际上是一个双重的组织，它既是学校实施教育教学的基层组织，也是中国少年先锋队的基层组织。由于小学班级的这种双重组织的性质，小学班主任作为管理者，也就承担着双重的管理任务，从而具有双重管理者角色的身份与功能。也就是说，小学班主任既是班主任，也是少先队辅导员。

3. 小学班主任的工作具有专门性

小学班主任工作绝不是小学教师仅以教师的角色兼做的、只要运用一般的教育教学知识就能胜任的工作。小学班主任工作作为一种管理工作，需要班主任掌握相应的管理知识与技能，需要专门的管理素养，需要一定的管理智慧。因此，小学班主任工作是一种专门性的工作，在某种程度上讲优秀的小学班主任就是优秀的管理者、专家型的管理者。

---

① 李学农.班级管理[M].高等教育出版社,2004(8).

二、小学班主任工作的基本职责与任务

(一)小学班主任工作的基本职责

对于小学班主任的基本职责,教育部颁布的《中小学班主任工作规定》第八条至十二条有明确的规定。班主任的基本职责有如下几点:

(1)全面了解班级内每一个学生,深入分析学生思想、心理、学习、生活状况。关心爱护全体学生,平等对待每一个学生,尊重学生人格。采取多种方式与学生沟通,有针对性地进行思想道德教育,促进学生德智体美全面发展。

(2)认真做好班级的日常管理工作,维护班级良好秩序,培养学生的规则意识、责任意识和集体荣誉感,营造民主和谐、团结互助、健康向上的集体氛围,指导班委会和团队会工作。

(3)组织、指导开展班会、团队会(日)、文体娱乐、社会实践、春(秋)游等形式多样的班级活动,注重调动学生的积极性和主动性,并做好安全防护工作。

(4)组织做好学生的综合素质评价工作,指导学生认真做好成长记录,实事求是地评定学生操行,向学校提出奖惩建议。

(5)经常与任课教师和其他教职员工沟通,主动与学生家长、学生所在社区联系,努力形成教育合力。

(二)小学班主任工作的任务

1.日常管理班级

管理班级是班主任的主要工作,管理就是教育,也可以说管理是基础,班主任若不能把班级管理好就不能进一步开展教育教学活动。很多班级因为管理跟不上,班主由于忙于对付班级的日常事务,结果事倍功半。班级管理的内容很多,有学习活动方面的管理,也有班级组织方面的管理,还有教育评价与班级制度方面的管理等。可以说,班级管理是每个班主任的基本功。

2.指导班级活动

"活动"是教育人的最好手段。由于小学班级的组成成员的特殊性,开展班级活动是促进小学生全面发展的一种重要教育教学组织形式。班级活动组织的好坏,对小学生的健康成长、心理影响,以及对小学班级的凝聚力,对于优化师生关系,起着十分重要的作用。因此,指导班级活动是小学班主任工作的另一项重要任务。班主任要认真思考、精心组织、切实指导好这些活动。

3.教育影响学生

教育影响学生是班主任工作的中心任务,因为班主任的所有工作的最终目的是影响学生,促进他们健康成长、全面发展。班主任教育影响学生比其他教师的力度更大,可以说班主任是影响学生、促进其发展的"重要他人"。同其他教师相比,班主任能够通过更多的教育渠道、采用更多的教育活动方式、更多的时间来影响学生。

4.协调教育力量

小学班主任只靠自己的力量是不能完全教育好学生的,因此协调好各种教育力量就十分重要。班级的教育力量除了班主任、学生集体之外,还有各科任课教师、家长与家长委员会以及社区等。班主任在校内受到的是整体教育,组成整体教育的各个部分都起作用,因此,班主任要协调学校内各科教师,避免在各种教育目的、教育活动中的不一致因素。另外,由于家庭教育对孩子性格的形成、素质的提高和行为的表现起着十分重要的作用,故班主任还要密切联系家长,加强同家长的沟通,与家长形成教育合力,特别在教育观念和教育目的上要取得一致,促进孩子的发展。还有,由于学校与社会在教育目的、教育要求、教育内容上有着密切的联系,因此,班主任应重视沟通社会,加强与社会的积极联系,使社会同学校形成积极的正向教育合力。

三、小学班主任工作的特点

要想让小学班主任工作落到实处,必须改变工作观念和工作方法,针对小学生的年龄特点,积极引导每个学生充分融入班集体,达到每天都有进步的目的。具体讲:"爱心"是前提,"引导"是重点,"活动"是主线,"促进"是目的。

(一)小学班主任工作的特点

1.爱心与尊重:班主任工作的前提与基础

(1)爱心是前提。小学班主任的工作对象是正处在成长发展中的儿童,因此,小学班主任的工作非常具体和复杂,这就要求小学班主任要做有心人(即具有爱心)。对学生有爱心,才能对学生细心,有信心、恒心、决心和真心,才能深入理解和把握儿童心理、生理发展的特点,耐心、细致地开展工作。

(2)尊重是基础。班主任是学生的直接组织者、教育者和领导者,是联系班级与各任课教师的纽带,是沟通学校、家庭和社会的桥梁。只有尊重,班主任在做学生工作时才能做到公开、公正、公平;只有尊重,才能做到赏识学生;只有尊重,班主任的工作才能得到学生、家长和教师的支持。可以说,尊重学生、尊重家长、尊重各科教师是班主任人格的重要体现。尊重不仅体现在观念上,也体现在行动上。只有尊重,才能做到不分男女、不分地域、不分年龄、不分是否是学生干部,做到一视同仁。

2.引导与指导:班主任工作的核心与重点

(1)引导是核心。小学生的大部分时间是在学校中度过的,小学生的人生观、价值观正处于逐步形成阶段。班主任作为小学生的人生导师、学校思想政治工作的骨干力量,应该充分认识到这一点,要引导学生树立积极向上的人生态度,帮助学生正确认识自己,正确认识理想和现实的关系;要教育小学生不苛求自己,不放纵自己,以自己的努力赢得别人的尊重,培养学生对于事物的分辨能力,提高学生的责任感、使命感,从小就为其树立远大的目标与榜样,促其健康成长。

(2)指导是重点。班级是学校进行教育的最基本单位,而班主任作为这一小集体中的组织者和引导者,在班风、学风建设中发挥着重要的作用。因此,班主任要指导小学生体验学习乐趣,保护小学生的求知欲和好奇心,培养小学生的广泛兴趣、动手能力和探究精神。引导小学生学会学习,养成良好的学习习惯,通过一系列丰富多彩的班集体活动形式,使班集体增强凝聚力,校园生活增加吸引力,进而形成良好的班风、学风。

3.促进与发掘:班主任工作的目标与追求

(1)促进学生发展是目标。班主任是学生发展的促进者。因此,班主任要了解关于小学生生存、发展和保护的有关法律法规及政策规定,掌握不同年龄小学生学习的特点和小学生良好行为习惯养成的知识,同学生建立良好的师生关系及帮助小学生建立良好的同伴关系。要依据小学生青春前期和性健康教育的知识和方法,加强针对小学生可能出现的各种侵犯与伤害行为的预防与应对,帮助小学生顺利度过幼小和小初衔接阶段,从而促进学生的发展。

(2)发掘学生潜能是追求。班主任是学生潜能的发掘者。班主任要结合小学生已有的知识和经验激发学习兴趣,调动小学生学习积极性,激励他们产生新的更高的成就动机,充分发掘小学生的各方面的潜能。同时,班主任还要对小学生的日常表现进行观察与判断,发现和赏识每一个小学生的点滴进步,并灵活使用多元评价方式,给予小学生恰当的评价和指导,激发其潜能。因此,班主任要懂得激励与赏识的作用,它对小学生的学习具有激活特性和始动机能,具有积极定向和导向机能,它能充分发掘学生的潜能,对学生的成才有着巨大的促进作用。

(二)小学班主任工作的新要求

教育部《中小学班主任工作规定》指出:小学班主任工作是一项复杂、细致,需要付出爱心、耐心和责任心,对学生健康成长起着重要作用的工作,要求班主任教师具有良好的思想道德品质、较高的教育理论素养和专业知识水平,身心健康、富有人格魅力,善于做思想教育工作。要适应新时期教育工作中出现的变化,及时改进班主任工作,在学校育人工作中发挥更大的作用。

1.要坚持育人为本、德育为先的目标导向

要把学校教育目标落实到班级日常管理工作过程中,切实把德育放在首位,注重学生正确的世界观、人生观、价值观和社会主义荣辱观的培养和形成,培养学生健全、独立的人格。引导学生培养学习兴趣,树立正确的学习目标,促使学生全面协调健康发展。

2.要注重公平,面向班集体每一个学生

班主任要关心每一个学生,了解他们的内心世界,根据每个学生的特点,精心设计相应的教育方案,引导、帮助每一个学生健康成长,要特别注意关注学生中的弱势群体和边缘群体,为每一个学生的终身发展奠定基础。

3.要关心学生的全面发展

坚持以人为本,以学生的全面发展为班主任工作的根本出发点,不仅要关心他们的学习,更要关心他们的思想、身体、人格等各方面的发展状况,培养学生各方面的能力,提高学生各方面的素质,发挥学生的个性特长,充分发掘学生的潜能。

4.要建立平等互信的师生关系

班主任要平等对待学生,建立和谐的、朋友式的新型师生关系。要尊重学生,注重与学生交流沟通,做学生人生路上的良师益友。

5.遵循学生的年龄特点和身心发展规律

相信每个学生都有自己的优点,都有成才的强烈愿望,帮助每一个学生建立不断提高进步的目标;善于发现和激励学生的每一点进步,让学生始终在成功的喜悦中提高自己、发展自己。

6.要建立完善班级管理制度

通过建立科学合理的班级日常管理规范,促使学生良好习惯的养成。从小事、细微处着手,积极开展行为规范教育。加强学生自主管理,增进学生民主意识,培养学生独立处理问题的能力。

7.要积极进行班集体文化建设

指导班集体通过开展班会、团队会、各种主题教育活动和丰富多彩的文体活动,丰富学生的生活,弘扬爱国主义、集体主义和民族精神,形成健康向上、积极进取的班风和有特色的班级文化,营造良好的育人环境。

8.要指导和组织学生积极参加社会实践活动

充分开发社区、学校和班级的各种教育资源,组织学生积极参加有益于身心发展和道德养成的各种社会实践活动,增强道德体验,培养学生正确的劳动观念和劳动习惯。

9.要充分发挥纽带作用

积极主动地与其他课程任课教师、少先队、政教处沟通,步调一致,形成合力,充分发挥集体教育的作用。加强与家长的沟通交流,积极建立与家长沟通和交流的有效渠道,实现学校教育和家庭教育的有机结合。加强与社会、社区的联系,善于利用各种资源让学生了解社会、参与社会、适应社会、服务社会,也让全社会都来了解教育、关心教育、支持教育,营造良好的社会育人环境。

10.要大胆创新工作方式

认真做好学生的综合素质评价工作,积极探索建立学生良好行为习惯的动态管理模式和综合考评制度,建立并填好学生成长档案和记录袋。在此基础上,积极探索深化教育改革背景下班主任工作的新特点、新要求,创新班级管理和建设的有效模式。

第三节　小学班级管理

小学班级管理是班级管理者在小学班级组织中根据一定的教育目标,针对小学班级管理对象的特点,设计、组织、协调、控制班级组织内一切活动,以实现预定的班级组织目标的过程。由于小学生年龄尚小,故小学班级管理理应具有自身的规律和特色。

一、小学班级管理的特点①

(一)小学班级管理的特点

1. 小学班级管理有班主任的指导作用

小学生是社会组织生活的初步学习者,对于学校中班级这一组织和这一组织中的各种角色,以及他们在这一组织中的角色,都要学习。小学生获得组织生活的印象、理解组织生活中的各种角色,将会影响他们一生。可以说,小学生在小学组织中的生活经验,是小学生一生过好社会组织生活的基础。因此,教会小学生学会班级组织的生活,对小学生来说十分重要。由于小学生年龄小的原因,并且小学年级的不同,他们对于组织生活的熟悉程度也有所不同,因此,特别需要班主任的指导。在某种程度上讲,教小学生学会过班级组织生活,是小学班主任的主要任务。

2. 小学班级管理有年龄差异的特殊性

小学生在小学的六年,是变化巨大的六年,他们从懵懂的孩子,到初步具有自我意识的少年,年龄变化上的特征既强于幼儿园、也强于中学。从生理角度上讲,6 岁儿童到 12 岁的少年,生理上的变化非常明显,要注意儿童生理发展的差异;从心理上讲,小学生的认知主要处于皮亚杰所说的"具体运算阶段"(思维上已具有可逆性和守恒性,但离不开具体事物的支持)到高年级开始进入"形式运算阶段"(能通过抽象的和表征的材料进行运算);从道德发展方面上讲,小学生主要处于柯尔伯格所说从前习俗水平向习俗水平过渡,即从"利己主义取向"(只按照行为后果是否带来需要的满足去判断行为的好坏)过渡到"好孩子取向"(寻求别人认可,认为好的行为就是使别人喜欢、被别人赞扬的行为)。

3. 小学班级管理注重行为的教育性功能管理

小学学习阶段,是一个人学习行为规范的最重要时期,良好的行为习惯主要是在小学阶段养成的。小学班级管理要让小学生在班级生活中采取正确的行为方式,就必须首先让他们了解班级组织生活的方式,养成正确的生活方式。也就是说,要对小学生进行正确的班级生活方式的教育。由于小学生的年龄不同,开展班级组织生活教育的内容和方式也不同。对于年龄小、自主性发展不够成熟的学生,班主任要加强行为的塑造与培养;对于年龄大、自主性发展比较

---

① 李学农.班级管理[M].高等教育出版社,2004(14).

成熟且熟悉班级组织生活的学生,班主任要注重引导学生进行自我教育。

(二)小学班级管理的误区

1.观念上的误区

(1)认为小学班级管理就是教室管理。长期以来,很多人认为小学班级管理就是教室管理,也就是管理学生的常规与秩序。要求学生们能遵守秩序,重礼貌,好好学习,按时做完功课,不作弊,不迟到早退,遵守校规,尊敬师长等。所以,教室墙上都贴着《班级守则》与《班级公约》等。一旦学生的行为触犯了班规、校规时,教师就用一些带有体罚的办法来纠正学生的各种不良行为并以此督促学生努力学习。

(2)认为小学班级管理就是教学管理。还有人认为小学班级管理就是教学管理,于是忙着填鸭式的知识传授,而忽视了品德教育,学生成了应试教育的奴隶。凡此种种,长此以往,严重影响了小学生的身心健康,不利于学生健全人格的培养,后果堪忧。这种片面的认识和简单的做法致使班级管理死气沉沉,班集体缺少应有的朝气。

2.方法上的误区

(1)威权式管理。此种管理深受"不打不成器"、"教不严,师之惰"等观念的影响,认为说教不切实际,必须代之以严厉管教与体罚,要求学生乖顺,并绝对服从与齐一标准,这种观念虽然短时能起到一定效果,但一直受到许多专家、学者,甚至一些家长的质疑。

(2)保姆式管理。长期以来,保姆式教育充斥着小学的班级管理,日常生活和管理事物都由教师包办,老师天天守在教室,亲自处理纪律、卫生、出勤等日常事物,这种包办式管理,既害了学生,也害了老师自己,既扼杀了学生的灵性和创新精神,也抑制了教师的创新精神和科学管理的能力。

二、小学班级管理的基本理念与原则

(一)小学班级管理的基本理念

《小学教师专业标准》是国家对合格的小学教师专业素质的基本要求,是小学教师开展教育教学活动的基本规范,是引领小学教师专业发展的基本准则,是小学教师的工作重要依据。小学班主任作为特殊的小学教师,必须根据小学教育改革发展的需要,严格遵守《小学教师专业标准》,充分发挥班主任工作对小学生引领和导向作用:

1.学生为本

以学生的发展为本,面向全体学生,尊重学生个性,启迪学生智慧,是教育的根本目的,是教育内涵发展的灵魂。教育要以学生的发展为根本,就要热爱生命,关爱生命,敬畏生命。反映在小学里,就是以小学生为本,尊重小学生权益,以小学生为主体,充分调动和发挥小学生的主动性;遵循小学生身心发展特点和教育教学规律,提供适合的教育,促进小学生生动活泼地学习、健康快乐地成长,也就是要让我们的小学生发展成为身体健康、心理健全、意志坚韧、勇于担当、履行责任、宽容友善、协作包容、智慧豁达的人。

2.德育为先

党的十八大报告首次把"立德树人"确立为教育的根本任务。立德树人首先要摒弃知识至上、分数唯一的观念。德育是教育的灵魂,教育不仅仅是知识的教育,更应为生命奠基,成全每一个生命的灿烂,丰富每一位学生的精神家园。其次,要热爱小学教育事业,具有职业理想,践行社会主义核心价值体系,履行教师职业道德规范。再次,既要关爱小学生,尊重小学生人格,富有爱心、责任心、耐心和细心,还要为人师表,教书育人,自尊自律,做小学生健康成长的指导者和引路人。最后,要求我们对学生要有爱心,必须以一种宽容、理解和接纳的态度来认识和看待学生,从人性化的角度去理解、教育学生,用心的钥匙,开启每一个学生心灵的大门,学生才会有腾飞的希望。

3.能力为重

所谓能力为重主要是指培养学生的学习能力、创造能力、实践能力、合作能力,其中创造能力和实践能力是素质教育的核心。能力为重要求教育不能满足于只是传授已有知识,而应当把重点放在提高学生的能力上。要优化学生的知识结构,丰富社会实践,强化能力培养,着力提高学生的学习能力、实践能力、创新能力和就业创业能力。教育学生掌握知识技能,学会动手动脑,学会生存生活,学会做人做事。因此,班主任既要把学科知识、教育理论与教育实践相结合,突出教书育人的实践能力,也要研究小学生,遵循小学生的成长规律,提升教育教学专业化水平,还要坚持实践、反思、再实践、再反思,不断提高专业能力。

4.终身学习

终身学习是21世纪的基本生存素质,教师必须不断强化自身学习,树立终身学习观念。终身学习应该成为现代教师的职业素养和习惯。马卡连柯说:学生可以原谅教师的严厉、刻板甚至吹毛求疵,但不原谅他的不学无术。故教师要胜任教书育人和为人类社会造福这一神圣的使命,必须建立起动态的知识库和科学的知识结构,随时补充、更新、调整自己头脑中的知识体系,使自己的思想、观念和知识跟上科学发展的需要。因此,班主任既要学习先进的小学教育理论,了解国内外小学教育改革与发展的经验和做法,优化知识结构,提高文化素养,还要具有终身学习与持续发展的意识和能力,做终身学习的典范。总之,只有具备了运用知识和创新知识能力的人,才能在未来社会立于不败之地。

(二)小学班级管理的原则

1.正面教育和启发诱导原则

这条原则指的是在班级管理中要坚持用科学的道理和正面的、先进的事例,进行启发诱导,使学生的思想品德和行为习惯沿着正确的方向发展,让学生明辨是非,接受教育。

坚持正面教育和启发诱导原则主要有两方面的依据:第一个依据是学生认知和品德发展的规律。一般来说,小学阶段的学生的评价能力还相对落后,认知发展也不成熟,道德判断能力相对不完善。他们的模仿能力强,可塑性大,喜欢接受新鲜事物。这就决定了班级管理者一定要通过正面的教育和启发诱导,帮助学生分辨是非,并且能够初步领悟评价善恶是非的标准。第二个依据是教育的性质,决定了班级管理中要采取正面教育、耐心说服、循循善诱的方法,而不能实行粗暴、强制、压服的方法。[①]

2.尊重与平等对待学生的原则

这条原则指的是在班级管理者在教育过程中,要尊重学生的心理需求,要把学生看成一个自由、独立、完整的有其独特天性、独立人格和尊严的人,并以此为前提接纳、理解他们,宽容地对待他们。[②]

(1)坚持尊重学生。尊重的需要是人的正常需要,尊重人、尊重个性就是尊重创造力,尊重社会生活和社会文化的多样性。实践证明,尊重儿童的天性与自由,平等地对待儿童,有利于儿童潜能的形成,有利于儿童幸福感的形成,有利于受教育者能力和人格的发展。因此,班级管理者要做到:一是尊重学生的心灵。每个教师都应该做到尊重学生的兴趣、爱好,尊重学生的情绪和情感,尊重学生的个性差异,尊重学生的抱负和志向,尊重学生的选择和判断,尊重学生的个人意愿。二是尊重全体学生。教师不仅应该尊重优秀的和一般的学生,而且应该尊重智力发育迟缓的学生,尊重被孤立、被拒绝的学生,尊重有过错的学生,尊重有严重缺点和缺陷的学生,尊重和教师意见不一致的学生,尊重冒犯教

---

① 古人伏.小学班队工作原理与实践[M].华东师范大学出版社,2010(63).
② 陈会昌.理解"尊重学生"的内涵,学会尊重学生[J].河南教育,2007(2).

师的学生。三是尊重学生的人格和隐私。《未成年人保护法》规定："学校、幼儿园的教职员应当尊重未成年人的人格尊严，不得对未成年学生和儿童实施体罚、变相体罚或者其他侮辱人格尊严的行为；任何组织和个人不得披露未成年人的个人隐私。"可见，国家以法律的形式为学生受尊重的权利提供了保证。简言之，就是不体罚学生，不辱骂学生，不大声训斥学生，不羞辱嘲笑学生，不当众批评学生，不随意向家长告状，等等。①

（2）坚持平等地对待学生。平等对待学生要求班级管理者与学生建立和谐的、朋友式的新型师生关系。平等地对待学生，要注重与学生交流沟通的方式，做学生人生路上的良师益友。我国的教育改革十分重视建立师生之间民主平等的关系。平等对待学生要求：一是平等对待不同类型的学生，即平等地对待智力和能力不同的学生、平等对待学习成绩不同的学生、平等对待男生和女生、平等对待个性特点不同的学生、平等对待不同家庭背景的学生、平等对待自己喜爱和不喜爱的学生。二是给予所有学生平等的机会，即给予所有学生提供担任班干部的机会，给予所有学生进行各种选拔、安排座位、上课提问的机会以及处理学生矛盾冲突时平等。三是公平地评价学生，即在公布成绩时平等（就是鼓励学生平等竞争，不特别表扬那些排在前面的学生，也不批评排在后面的学生，鼓励每个人自己和自己进行纵向比较）、在评价学生时平等（不以成败论英雄，也不把学习成绩作为衡量学生的唯一重要的指标，肯定每个学生身上的"闪光点"）。②

3.纪律约束与自主管理相结合的原则

这条原则指的是班级管理者一方面要使用校规校纪对学生的行为进行约束，另一方面也要发挥学生的主观能动性，让学生参与到对自己的管理中。

在班级管理中，之所以要使用纪律约束学生的行为，主要是由儿童道德发展的规律决定的。心理学家皮亚杰根据观察验证的结果得出的结论是，儿童的道德发展大致分为两个阶段：在十岁以前，儿童对道德行为的思维判断，多半是根据别人设定的外在标准，称为他律道德。十岁以上儿童对道德行为的思维判断，则多半能根据自己认可的内在标准，称为自律道德。因此，对于处在他律道德阶段的儿童来说，假如没有明确的行为规范去约束，而是任其自由发展，他们可能会无所适从。纪律的作用在于给学生提供了一个行为的参照，让他们以遵守纪律的形式学习到行为正确与否的判断标准。所以，纪律约束是为了保持学生正确的成长方向，有利于学生的规则意识。同时，随着年龄的增加和知识经

---

① 陈会昌.从"尊师爱生"走向"尊重与平等"[J].河南教育,2007(1).
② 张春兴.教育心理学[M].浙江教育出版社,1998.

验的积累,学生的道德发展会逐渐向自律道德阶段过渡。此时学生会逐渐用自己认可的内在标准去指导自己的行为,学生的自主意识也逐渐增强。

鉴于此,如果还单纯使用纪律约束的方法,必然会引起学生的逆反心理,不利于师生关系的发展。如果学生不能及时参与到对自己的管理中,就无法发展学生的自主意识和主动参与的精神,这对学生的发展是非常不利的。学生自主管理可以增强学生的主体意识,促进学生全面发展,并且可以提高班级管理的效能。从学校生活与社会生活的关系来看,学生在学校的生活是其整个生活的一部分,走上社会之后,人们更多地要依靠自律来管理和控制自己的行为,让学生在校期间进行一定程度的自主管理是为其以后的生活做准备。

4.年龄适应与因材施教相统一的原则

这条原则指的是班级管理者要懂得儿童的发展规律,充分了解和熟悉教育对象,教育教学活动要符合学生的年龄特征,同时也要区分学生的个别差异,做到因材施教。

要想教育学生,必先了解学生。俄国教育家乌申斯基说过:"如果教育学希望从一切方面教育人,那么他就必须从一切方面去了解人。"苏霍姆林斯基说过:"不了解孩子——不了解他的智力发展,他的思维、兴趣、爱好、才能、禀赋、倾向——就谈不上教育。"因此,班级管理者首先要懂得心理学的相关知识,了解不同年龄段儿童的心理发展特点,并以此为基础去深入了解每一个学生。这是进行教育的基础,也是尊重学生的表现。心理学的研究表明:儿童的认知发展、人格发展、道德发展会随着年龄变化而呈现出不同的特征,儿童的这些心理特征与成年人有着本质的不同,所以,班级管理者要以心理学的知识作为基础,结合自己的观察,尊重孩子的特征,设身处地地从孩子的角度去考虑问题。切忌把孩子看成小大人,不切实际地要求他们以成年人的方式去活动。

班级管理的对象是学生,要想实现班级管理的目标,班级管理者必须首先了解学生的心理特征。心理学的研究表明,儿童的认知、道德、人格的发展都是有其规律性的,每个年龄段的学生都有独特的心理特征。学校教育正是基于年龄相似的儿童心理特征相似的特点而采取的集体教育的形式。因此,班级管理工作要从学生的心理发展特点出发,选取适合学生年龄特征的内容,采取适合学生年龄特征的方式进行教育。总之,贯彻这条原则,班级管理者要了解学生心理发展的规律,要深入了解学生的实际情况,使自己的教育教学活动符合学生的年龄特征,同时还要尊重学生的个别差异,做到因材施教。

5.教育一致性原则

这条原则指的是班级管理的各种力量要在认识上、方向上和行动上密切配合,协调一致。

教育是一项复杂的系统工程,是科学也是艺术。班主任并非班级管理的唯一力量,学生家长、任课教师、社会都对学生发展和班级管理起着不可低估的作用。因此,各种教育力量都有加强和改进教育的责任。各种教育力量都会对教育产生影响,这种影响是否一致则是教育效果优劣的关键所在。一些人认为教育就是学校的事情,但是假如没有学生家长、社会力量的配合,学校进行的各种教育所产生的效果很难迁移到校外的情境中,甚至会相互抵消。家庭、社会的影响与学校不一致、相冲突,不仅会降低教育的效果、抵消教育的作用,还会增加学生接受教育的难度,让学生无所适从。①

贯彻教育一致性的原则,要求各方面教育力量首先要负起责任,另外要互相沟通,密切配合。学校,特别是班级管理者要做好沟通和协调的工作,争取家长以及社会力量的配合,也要多给予家长、社会力量以相应的指导工作。家长要配合学校的教育工作,成为学校教育的助手。各种社会力量要加强自身的责任感,让自己的行为有利于年轻一代的成长和发展。

三、小学班级管理的方法

(一)坚持正面诱导的方法

1.说服教育

在小学班级管理过程中,对小学生要采取正面诱导的方法,即既要正面说服教育又要启发诱导。这要求班级管理者在工作中注意以下要点:第一,在教育小学生懂得是与非、好与坏的过程中,着眼点应放在什么是对的、好的,为什么对、为什么好,以及怎样做才是对和好上;第二,在引导学生学习正确的思想道德行为时,要坚持摆事实、讲道理,主要是说服教育、正面示范,而不能强制压服、简单说教。

2.表扬激励

在小学日常教育中,要坚持以表扬为主、批评为辅,要发现学生的优点,鼓励学生积极向上,努力进步。通过奖励可以强化小学生的纪律习惯。因此,班级管理者要合理使用激励机制,促进班级的管理。表扬,能促使学生把一时的进步变为永恒的行为;情感激励,走进学生的情感世界,与学生的情感零距离接触,引导学生积极参与班级建设。例如,采取小组竞争的激励机制调动全班同学的积极性,也可指导学生为自己确定目标,达到目标后给予奖励的激励方法等。

---

① 古人伏.小学班队工作原理与实践[M].华东师范大学出版社,2010(10).

（二）自我管理的方法

1.目标激励

目标具有激励的功能。让学生养成自我管理、自我约束的能力和习惯离不开目标激励。班级管理目标，一般分为长期、中期和近期。一个好的班级常规管理目标自始至终都具有良好的激励作用。班级自主管理，不限于纪律、卫生、劳动等方面，促进学生学习能力的提高也是重要目标。[①] 因此，要依据学校的教育目标和班级具体情况来制订班级的管理目标，以此来培养小学生自主管理的能力，增进小学生民主意识，培养小学生独立处理问题的能力。

2.活动塑造

教是为了不教，管是为了不管。班级管理者要通过设计活动培养学生自主管理的能力，要注意帮助学生挖掘自身的潜在能力，结合学生学习和生活的实际，提高学生自我教育的能力。要让小学生在活动中体验到自己的能力，从而增强班级管理的自主意识和自我管理的动机。通过开展这一系列的活动，充分挖掘和发挥学生自我约束、控制、管理、教育的内在潜能，让学生在管中学，学中管，管中悟，不断提高自我管理的能力和管理班级的能力，提升班级管理的品位，总结经验与教训，促进学生更加茁壮、健康、快乐地成长。

（三）集体教育的方法

1.集体体验

集体教育是小学班级管理的一种重要的方法。在学校进行的集体教育中，班集体的形成往往存在许多偶然因素。班级成员在家庭背景、智力水平、学习基础上会存在一定的个别差异，但成员在年龄上相似，年龄相似导致其成员成长背景相近、发展程度相近，这为学校进行集体教育提供了可能性。学生通过参与集体活动，懂得了竞争与团结的关系，明白了荣誉与付出的关系。在集体中，学生逐渐有了自我辨析的能力，班级也逐步凝聚成一个团结的、有思维能力的集体。更重要的是学生在集体中各方面能力得到了很大的提高。

2.个别帮教

小学班级中的学生年龄相似，但个别差异极大，学生之间的个别差异主要有两个方面：智力因素个别差异和非智力因素个别差异。智力因素个别差异体现在智力的发展水平和智力结构两个方面。非智力因素个别差异体现在认知

[①]　朱立新.中学班级自主管理研究[D].教育硕士专业学位论文,2007.

风格、学习风格和人格等方面。每个学生都有自己的特殊情况。由于各种因素共同影响,进入学校的学生大致可分为三类:顺教育的学生、缺教育的学生和反教育的学生。[①] 因此,在班级管理中,作为班级管理者,在坚持有教无类原则的前提之下,必须区别学生的个别差异,要根据每个学生的具体情况采取相应的教育方法,进行个别指导,做到因材施教。

(四)习惯培养的方法

1.纪律约束

在小学班级管理过程中,可以通过建立科学合理的班级日常管理规范,培养学生良好习惯的养成。班级管理者要首先加强对制度规范的宣传与讲解,让学生明确纪律如校规校纪、班规班纪,让学生知道什么样的行为是提倡的,什么是禁止的。在学生遵守纪律时要给予及时的表扬和鼓励,以强化正确的行为,在学生违反纪律时也要及时进行惩罚。但是鉴于惩罚这一措施存在负面效果,所以,在惩罚时要尊重学生,不体罚学生,要就事论事,要让学生明白为何受到惩罚,不能歧视学生。

2.自律约束

班主任要从小事、细微处着手,积极开展行为规范教育,激发学生的自律意识。但在使用行为规范约束的同时,班级管理者要注意激发学生的自主意识,因为学生的自主意识是班级自主管理的前提。因此,班级管理者要适时放手,鼓励学生集体决定班级重大事情,培养他们的主人翁精神。

(五)沟通协商的方法

1.平等协商

人是生而独立的,谁也不附属于谁,师生间亦是如此。因此,小学班级管理者要从"师道尊严"的权威中解脱出来,俯下身子,去聆听孩子们的心声,同学生平等地协商班级的事务。即班主任要转变角色,从班级的绝对统治者转变为参与者,从决定学生应该做什么、学什么的主宰者转变为与学生合作的伙伴。简言之,只有尊重学生,同学生平等协商班级的一切事务,让学生真正成为班级的主人,班集体才得以建立。

2.情感沟通

现代教育理论告诉我们:师生间只有在情感交流、心灵沟通的氛围之下,学

---

① 张春兴.教育心理学[M].浙江教育出版社,1998.

生才能够自由表达自己的意愿,才会更加积极地参与到班级管理活动之中。班级管理者不能因为学生年纪小、不成熟,就忽略他们的个人意愿和心理需求。只有在充分与学生进行沟通的前提之下,才能去教育学生,才能激发学生的创造性,激发学生的内在的管理动机,发挥学生在班级管理中的主观能动性。

【思考题】

1. 如何理解小学班级?

2. 小学班主任工作的职责有哪些? 如何指导?

3. 小学班级管理的理念有哪些? 如何理解?

4. 小学班级管理的方法有哪些,并举例说明?

【扩展阅读】

1. 教育部:《中小学教师职业道德规范》(2008)

2. 教育部:《中小学班主任工作规定》(2009)

3. 教育部:《小学教师专业标准》(试行)

4. 经常浏览中国班主任网(http//www.banzhuren.com)上的内容。

【实践探索】

1. 调查不同年级小学生心目中理想的班主任形象。

2. 依据小学班主任的素质要求撰写一篇反思性文章。

第二章　小学班级建设管理

内容提要：

1. 了解小学班级建设的意义。
2. 知道小学班级建设的基本内容与方法。
3. 理解小学班级建设的基本原则与班集体建设的基本要求。
4. 掌握小学班级建设的一般途径与方法。

第一节　小学班级建设的原则

班级是学校的基础细胞。班级管理搞好了,学校的教育教学工作才会得以顺利进行。但班级不是几十人同坐在一间教室内的简单组织,也不是班委、班级、小组管理领导的一队人,而是在班主任的引导下,在各种教育力量的支持下,在班级教育生活过程中逐渐形成的一个具有共同目标、共同荣誉感且富内聚力的集体。

一、班级建设的意义

(一)小学班级建设有助于提高教育教学效率

1. 通过教育教学目标的建设的实现提高教育效率

班级组织产生的根本原因是为了更有效地实施教学活动,因此,如何运用各种教学技术手段来精心设计各种不同的教学活动,组织、安排、协调各种不同类型学生的学习活动,是班级管理的主要功能。班级管理有助于实现教学目标的实现,从而提高学习效率。

2.通过加强班级秩序和班风的建设提高教育效率

班级是学生全体活动的基础,是学生交往活动的主要场所,因此,调动班级成员参与班级管理的积极性,共同建立良好的班级秩序和健康的班级风气,是班级管理的基本功能。这样,通过维持班级秩序,形成良好的班风,从而达到提高教育教学效率的目的。

(二)小学班级建设有助于锻炼学生的能力

1.通过班级生活学会自治自理提高学生的能力

班级组织中存在着最基本的人际交往和社会联系,存在着一定的组织层次和工作分工。因此,班级管理的重要功能就是不但要帮助学生成为学习自主、生活自理、工作自治的人,而且要帮助学生进行社会角色学习,获得认识社会、适应社会的能力,而这对于促进学生的人格成长是极其重要的。

2.通过课堂学习和训练提高学生的能力

小学生班级生活很大一部分是在课堂的学习中度过的,课堂学习是系统发展学生认识能力的重要途径。小学生在课堂知识技能的学习中,初步掌握认识世界的工具,积累一定的知识,开阔了视野,为形成个人独特的思考问题方式打下了基础,从而增强了认识能力和分析问题的能力。

(三)小学班级建设能促进小学生的社会性发展[①]

所谓社会性是人适应社会生活所必须具备的品质,这些品质主要包括知识、技能、情感、态度、价值观。班级是学校的基层组织,同时也是一种社会组织,因而它是小学生社会化的重要媒介。班级这种社会组织是小学生学习社会生活的重要地方。班级管理促进小学生社会性发展主要帮助儿童继续学习和巩固儿童入学前所习得的社会规范,同时还帮助儿童学习和实践社会规范。

1.加强小学生道德规范学习,促进其社会性发展

班级是小学生进一步学习群体规范和道德知识、形成道德品质的重要场所。小学生道德品质的发展是其社会性发展的一个重要方面。学校以班为单位,开设品德与生活、品德与社会等课程,系统地向小学生传授道德知识,培养他们的道德情感、锻炼他们的道德意志,训练他们的道德行为,这样不仅在内容上拓宽了社会道德规范的范围,而且在程度上加深了小学生对道德规范的理

---

① 李学农.班级管理[M].高等教育出版社,2004(34).

解,使其既知道其然,还知道其所以然。

2.加强各种制度规范的学习,促进其社会性发展

班级是儿童自打出生以来加入的第一个社会组织,这一正式组织相对于家庭和同辈群体而言有显著的不同特征,即有明确的组织目标,正式的组织机构,清晰的组织规范。这样,班级生活促使小学生学习一种全新的社会规范——制度规范。在这样的制度环境中,小学生扮演着各种角色,学习、实践和内化角色规范,履行角色义务,从而通过这些制度规范的学习和实践,促进其社会性的发展。

(四)小学班级管理能促进小学生个性的发展[①]

从心理学上讲,个性是指个体在后天的活动和交往中形成的倾向性和稳定性的特征。班级生活通过促进小学生的自我发展、兴趣发展和交往发展从而促进其个性的发展。

1.通过加强自我认识而促进个性的发展

自我意识是指人对自身以及自己周围世界的关系的觉知,它主要包括自我认识、自我体验和自我调控。在班级日常学习生活中,小学生有意无意地通过了解、分析、判断同学和老师对自己的看法增加了对自己的了解和认识,促进了自我意识的发展。小学生也就通过对自己的清晰认识而达到促进个性的发展。

2.通过同外界的交往促进个性的发展

小学生与班主任和任课教师的交往是丰富学生文化知识、发展个体认识兴趣的重要途径之一。小学生由于年龄小,身心发展不成熟,自然会更倾向于认同和接受教师对自己的看法与评价。正因为小学生的这种向师性特征,小学教师的品格、言行通常会成为学生的榜样,一旦教师的人格品质、个性品质为学生所欣赏和悦纳,那班主任和任课教师就成为小学生个性发展的重要资源。另外,小学生通过与同辈群体的交往,这种群体因为"志趣相投"也会成为小学生个性发展的重要社会支持与心理支持。另外,小学生还在班级生活中,发展了自己特殊的认识兴趣,通过对自己兴趣爱好方面的认识和发展,也会促进自己个性的发展。

---

① 李学农.班级管理[M].高等教育出版社,2004(36).

二、班级建设的原则[①]

小学班级是小学的基层组织，是依据学校制度建立起来的正式组织。故小学班级既是小学生活动的主要场所，也是小学生行为习惯养成的场所，还是其个性品格形成的关键阵地。因此，小学班级建设应遵循一些基本原则，只有遵守这些原则，才能有助于良好的班集体的形成。

（一）积极发展的原则

这一原则体现的是"以生为本"的思想。学校教育活动的根本目的是促进学生积极的发展。学生的发展是指素质教育所要求的个体的全面发展和全体学生的发展。只有在学生发展需要得到普遍满足的班级组织中，班集体的特征才会显现，班集体建设的目标才会实现。班级管理不再是为了管理而管理，而是通过管理更好地服务学生，促进学生发展。"以生为本"的教育理念，将管理看成是一种服务，小学班级管理不再是强力控制或命令式的，而是以服务性为主导，以促进学生全面积极发展为主旨，即在班级建设中，一切方式方法都是以促进学生积极发展为原则，小学生也就不会在班级建设中感受到恐慌和不知所措。

（二）以学生为主体的原则

班级集体的重要特征是班级成员把这个组织看成是自己的组织，这个组织的目标是自己的目标，这个组织的规范反映的是班级组织成员自己的要求。一个集体要想生存、发展，必须要有一个规范进行约束管理。良好的班级秩序，需要师生的共同维护。因此，班级集体建设，不仅是教师的事情，更需要学生的积极参与和支持。集体是以成员的主体性为存在前提的，因此，在班集体建设中，必须把学生放在主体的地位，以满足学生发展需要为出发点，师生双方始终保持交流和沟通。教师蹲下身子，倾听学生的声音，让他们感受到自己的存在，鼓励学生的自主性行为，调动所有班级成员的积极性，这就是"以学生为主体"。

（三）民主性的原则

以生为本，以学生为主体，必须要求民主性，即尊重小学生的权益，班级建设中以小学生为主体，充分调动和发挥小学生的班级建设的主动性。同时，还

[①] 李学农.班级管理[M].高等教育出版社，2004(112).

要遵循小学生身心发展特点和教育教学规律,提供给小学生适合的表现与管理的机会,充分调动小学生对班级建设的积极性。也就是说,班主任不能搞一言堂,个人说了算,要充分尊重小学生的意愿。总之,有民主性才能反映学生的发展需要,才能把学生放在主体的位置。民主性为以生为本思想的贯彻与保证学生在班级组织中的主体地位提供了条件。有了民主性,在班级建设中才能充分考虑小学生的权利,才能明确小学生在班级建设中的责任与义务,才能更好地完成教育教学任务。

(四)开放性的原则

民主性的必然是开放性的。民主倡导多样化,开放才能有多样化。班级集体不是一个封闭的集体,班级集体的活力在于它同社会生活的紧密联系。开放性要求在班级建设过程中要加强班级与外界的联系,加强同外界环境的能量和信息的交换。因此,班集体在生动的社会生活中汲取养料,又能自主应对复杂多样化的环境。在班集体建设中,要创造条件,让学生关心身边的事情,关心学校的发展,关心家庭的发展,关心社会的发展。让学生认识"大环境",从开放的环境中汲取营养,增强对自己、对他人、对班集体、对学校、对家庭、对社会的责任感。如果忽视或弱化开放性,片面强调班级建设的封闭性,不注意同外界社会的交流,反而会影响甚至阻碍小学班级系统的正向发展。

三、小学班集体建设

马卡连柯指出:"集体不仅是教育的对象,而且是教育主体。"他指出了学生与集体发展之间的互动关系。集体是通过教育而形成的,反过来,集体又可以作为教育影响力量,促进学生的发展。因此,学校教育要努力营造一个有利于学生健康发展的集体。

(一)班集体建设的误区

班集体是班级建设的高级阶段。班集体是指在班主任的引导下,以某一阶段一定量的学生的发展为目标,以教学为核心,以学生自主组织为主的交往的共同体。在班级集体建设过程中,我们要警惕和防止学校教育中实际出现的误区:[①]

---

① 陆海富.班主任班级管理的艺术[M].吉林大学出版社,2010(110).

1. **集体对个性的压抑**

（1）外在表现。这种集体是以压抑学生个性作为代价换来的，学生任何一点与众不同，都会在服从集体的名义下渐渐消失了。这种对学生个性压抑的集体看起来也许纪律良好，团结一致，但学生在性格、兴趣、才能、思维等方面的个体差异都被集体强行统一起来了，学生只有绝对服从，而无任何相对自由；集体只有整齐划一，而无半点生机活力。在这样的集体中，虽然并不缺少统一的目标、严格的纪律，但需要学生对集体利益的绝对服从，从本质意义上分析，这种做法颠倒了目的与手段，纯粹是为了集体而不是为了每个学生个性发展服务的。

（2）指导。班主任要知道：真正充满集体主义气氛的班级，应该是每一个学生个性发展的良好环境。因此，要宽容地对待学生，承认"一千个人便有一千种智慧"。只要学生不违反纪律，不损害集体利益，集体就应该对学生各方面的异常甚至异端充满宽容。只有这样，学生才能够以各种方式发现、发挥、发展自己独特的禀赋与才能。而几十个个性鲜明、才华各异的学生又组成了一个既有统一意志，又有斑斓色彩的富有个性的集体。

2. **集体对教师的依赖**

（1）外在表现。在班级建设中，经常出现这样的"优秀集体"：课堂纪律良好，集会秩序井然，公益劳动积极，文娱活动踊跃……但其中都有班主任身先士卒的辛勤身影，一旦失去班主任的率领或守候，紧凑的集体便成了一盘散沙；在这种集体中，集体主义没有真正深入学生的心灵，学生既没有具备自我教育、自我管理的能力，也没有高度的自觉性、责任感，而且还没有来自学生的科学的管理制度。这样的班集体，缺乏自我管理的机制，它的形成、维持与发展都是班主任一手操办而成的，它始终处于班主任威严的注视之中。

（2）指导。班主任应该懂得：仅仅凭班主任的严厉或感化而形成的"良好班风"，永远不可能是真正的集体主义。当然，在班集体的初创阶段，班主任事必躬亲不但应该而且必须，但是，集体一旦初步形成，班主任应"退居二线"，"宏观指导"。班主任要想办法让学生意识到，这个集体首先是我的，而不是班主任的。对每个学生而言，他如果违反了纪律，不只是感到"对不起老师"，更是"对不起我心爱的集体"。

3. **集体对虚荣的追求**

（1）外在表现。追求虚荣的集体追求的不是内在的凝聚力，而是外在的装饰品。就班级建设而言，在一些建设者眼中，集体主义教育的成果，仅仅是一面面卫生红旗、一张张文娱奖状、一次次板报表扬……当前，这种把集体主义当做班级装饰品的情况并非少见。问题在于，如果离开了班级内部的和谐团结，离开了唤起学生心灵深处对集体的深厚感情,而只是一味忙于应付或主动追求各种各样的学校评比,甚至有时有的学生为了集体荣誉而不惜弄虚作假,这样的荣誉再多,也不足以证明集体主义教育的成功,相反,只会助长学生虚荣心的产生和发展。

(2)指导。班主任应明白:集体荣誉当然是任何一个班集体都需要的,但它不应是靠集体"专门追求"而获得的,而应该是学生把集体主义思想化为自己对集体的责任感后水到渠成的自然硕果。当然,良好的班集体理应争取在学校的各种评比中取得好成绩,积极参加学校各种集体活动本身也是集体主义教育的一种形式,但不是唯一的形式,绝对的目标。

4.集体对外界的排斥

(1)外在表现。在这种集体中,学生为了本班的利益不但不顾全大局,而且还往往有意以各种方式损害兄弟班级的利益。这种班级的学生对别班的成绩总是充满嫉妒,对别班的失误总是幸灾乐祸,而对本班的过失又总是极力掩饰,每当参加学校各种大型比赛活动,为了集体荣誉总会与外班发生一些矛盾甚至冲突。集体对外界的排斥是一种狭隘的小团体主义。这种盲目排外的,充满狭隘的小团体色彩和江湖义气的集体主义,与我们所说的以社会道德作为基本原则的集体主义是毫无共同之处的。

(2)指导。班主任要懂得:对学生进行集体主义教育的最终目标,显然不是让学生仅爱一个班,而是让学生的集体观念升华为对学校、对社会、对祖国、对人类进步事业的感情与责任。因此,班主任在提高认识、改进工作外,更要更新教育观念,科学而全面地评价教育成果,做到既重外在评比,更重内在凝聚力的培养,从而杜绝这种虚假集体主义的出现。

(二)小学班集体建设的标准[①]

小学中的班级,是儿童生活的主要地方,他们的每一天大部分时间都是在这里度过的。班级就是他们的共同的家园。班级要想成为儿童成长发展的美好家园,就必须依据一定的要求来建设,班级建设涉及面很广,作为其基本构架应参照理想班集体的内在标准来进行。理想的班集体的内在标准主要有:

1.具有共同的奋斗目标

班级集体是为了特定的目标组织起来的教育集体。实施素质教育,培养学生的创新精神与实践能力,以全班学生的全面发展为共同目标,使每一个少年儿童都能在德、智、体、美、劳等各方面得到全面的发展,是小学班级集体的共同

奋斗目标。只有有共同的奋斗目标,才能协调个人的奋斗目标,才会有集体的统一行动,才能朝着共同的方向前进。

2.具有健全的组织机构

班级集体作为社会组织,一定的组织机构是班级运行的基本要素之一。班级组织的社会结构是一个由职权结构、角色结构等组成的系统。职权结构指班级组织中各种正式职责在各层级上的分配关系。也就是说,班集体的正式组织是班委会,由班长和各个职能委员组成。少先队组织有队委会,由中队长和各个职能委员组成。角色结构是指在班级集体组织中,每个队员都扮演一定的角色,担负一定的责任。在这种角色结构中,班干部能正确扮演自己的角色,能正确地处理与教师以及与同学的关系,能够带领全班同学实践共同的奋斗目标。

3.具有完善的班级规范

班级集体是一种规范性的社会组织,其成员之间只有具有共同的行为准则和判断是非的标准,班级集体才能维护其统一。也就是说,要形成一个良好的集体,就应该有一个要求群体内每个成员必须遵守的思想和行为标准,即班级规范。班级集体的规范主要有两类:一类是由成人社会移植过来的,如明文规定的学生行为准则,成为形式规范。另一类是非形式规范,如约定俗成的舆论、风气、传统等。此种班级规范从日常生活和学习方面对学生进行约束和教育,使遵守纪律成为学生的习惯。换言之,小学生在本规范的约束下,能树立起正确的学习观、劳动观和公德心。

4.具有共同的心理情感纽带

班级集体成员对所在的集体组织是否具有心理或情感上的归属或认同感,无疑是衡量其是否为真正集体的标志。具有共同的心理情感纽带的班级,班级的组织目标和班级规范已经渗透在集体舆论中,形成了支持班级组织目标和规范的舆论力量。换言之,班级成员之间相互接受、悦纳,每一个班级成员都能感受到自己在这个班集体中的价值,班级形成了良好的班级心理氛围。反之,如果一个人仅仅从名义上隶属于某个群体组织,被迫地、被动地生活在某个群体组织中,或者带着某种功利目的加入到某个群体组织中,那么不管其他个体怎么样,至少对这个人来说该群体组织就不是一个真正的集体,因为他对该群体组织没有什么心理情感上的归属感和认同感。

第二节　小学班级建设的内容

有了班级,并不意味着就有了集体。要使班级发展成为一个集体,需要开展许多工作。如何解决班级建设过程中的问题,则是考验班主任是否具备管理能力和管理智慧的关键。本章就从班级目标建设、班级组织建设、班级制度建设、班级文化建设四个方面分别应该开展哪些工作,帮助大家对班级建设有一个初步的整体的了解。

一、小学班级目标的建设

班级目标是指基于学校规章制度、教育目标与班级特点,由管理者及班级群体共同协商形成的有关班级发展的指向。班级目标是国家教育方针、教育目的以及学校培养目标和学校发展目标的具体化。班级目标具有能够凝集班级各种力量,影响班级各项管理活动目标设定的作用。因此,班级目标不仅是班级建成的前提条件,也是班级集体是否成熟的标志之一。

(一)小学班级目标建设的内容

目标是人们的行动所要达到的目的,或某项工作想要达到的境地或标准。班级目标提得适当,可以使个人和集体有所向往、有所追求,对全体学生也有极大的引导和鼓舞作用。

(1)班级的共同目标,是使班上全体同学有共同的努力方向,并为实现共同目标而组织统一的行动。班集体的形成和巩固是以共同目标为前提的。

(2)班级的阶段目标,是指围绕着远景总目标有层次地、由低到高地确立一个个分目标,分阶段地去实现。如"文明班级",这是总目标;阶段性目标是开学初抓什么,期中、期末抓什么;知道怎么抓,达到什么要求;等等。

(3)班级的层次目标,是指目标的可分解性,以及分解后各因素、各环节之间的关系。如将"作业合格"的目标分解成"作业书写工整,独立完成"、"按时完成作业"、"作业有错要改正"等细项要求。

(二)小学班级目标建设的要求[①]

1. 要考虑到个人目标与集体目标相统一

个人目标与集体目标相结合是指在建设集体目标过程中要考虑到个人的需要,在个人发展需求的基础上使个人目标与集体目标保持平衡。如果集体目标不考虑个人目标,就会失去发展的基础,不能支撑起整个教育的目标,也就失去了集体目标的意义。反之,如果个人目标与班集体的目标相冲突,就会受到

---

① 时伟,高伟,刘红艳. 中小学班主任工作的理论与实践[M]. 合肥工业大学出版社,2004(107).

班集体目标的排斥。

2.要考虑到学校传统与班级个性相结合

学校传统与班级个性相结合是指在班级集体目标的建设过程中,必须考虑到不同班级的个性特征,把学校关于班级发展的要求同班级的实际情况相结合。也就是说,在各个班级组建之前,每个学校基于学校传统会事先给定各个班级初始目标,而这一目标是不考虑班级个性的情况下制订的。如果依此来确定班级的目标,而不考虑班级的特殊性,就会使两者冲突,最终导致班级建设的失败。

3.要考虑到班级目标静态与动态相结合

班级目标静态性是指目标表现为文字性表述,是全体学生可以通过阅读而能理解的文字,或是在理解的基础上,在全体同学中间以及每个学生身上所能贮存下来的共性观念。班级目标的动态性是指班级目标不是一成不变的,而是随时间与社会发展变化而不断进行调整的。也就是说,这些目标都处在动态发展之中,既有静态的终结性目标,也有动态的发展性目标。

4.要考虑到目标的阶段性和层次性[①]

目标的阶段性是指围绕着远景总目标有层次地、由低到高地确立一个个分目标,分阶段地去实现。如班级提出争做"文明班级",这是总目标,要使这个目标成为现实,就要明确开学初抓什么,期中、期末抓什么等阶段性目标。目标的层次性是指目标的可分解性,以及分解后各因素、各环节之间的关系。如针对班上许多学生没有认真按时完成作业的不良学习习惯的状况,在对学生进行明确学习目的、端正学习态度的教育的基础上,将"作业合格"的目标分解成"作业书写工整,独立完成"、"按时完成作业"、"作业有错要改正"等细项要求。这些要求符合学生学习实际,易于调动学生的积极性,随着这些层次性目标的逐个实现,学生也就逐步养成了良好的学习习惯。

(三)小学班级目标建设的方法

1.根据学生特点,制订班级目标

学生个体的成长有其自身的发展规律。为此,制订班级目标时,一定要认真研究学生的具体情况,要遵循学生身心发展的规律。如小学一年级学生刚刚由幼儿园升入小学,教师就应分析这一阶段的特点,制订出切实可行的班级目标,即要考虑到学生具有幼儿、半儿童的特殊性,在制订目标过程中要考虑到幼

---

① 赵克娇. 浅谈小学班级集体的目标建设[J].云南教育,2002(2).

小衔接的目标。

2.要依据班级的特点来制订班级目标[①]

班主任在制订班级目标以前,要深入调查研究,摸清楚本班的主要问题或带有普遍性的问题,为制订班级教育目标提供现实的依据。首先,对班级内部情况进行具体分析。就学生而言,要分析学生的总体精神面貌,包括班级学生的人数及各层次人数的比例,学生身心发展的总体水平和学生的心理倾向;就班级集体而言,要分析班级集体在学生心理上、行为上的影响力、凝聚力;班级集体舆论、规范对个体的调节作用;班级人际关系及相应的心理气氛等。其次,依据班级不同特点建设班级目标。如一个学习成绩落后于平行班的班级,班主任要把培养学生的学习态度、形成良好的学习氛围作为班级目标的重点。最后,班级目标提出后,班主任要反复讲解、动员,使班级目标逐渐转化为学生的自觉行动。

二、小学班级组织的建设

班级作为正式的社会组织,它的正常运行是建立在一定的组织机制基础之上的。没有班级的管理层次与有序的组织结构,就无法开展相应的活动,并带领班级成员实现班级目标。当然,离开了班主任以及全班同学的对班级管理组织序列的组织过程,同样不可能实现管理目标。班级中的正式组织机构是班委会,有时班委会下还设有小组。

(一)小学班级组织建设的内容

班级作为正式的社会组织,有一定的组织机构。班级的组织机构包括正式的组织机构与非正式的组织机构。正式的组织机构主要有:

(1)班委会。班委会是班级的核心组织。班委会一般由5—7人组成,设班长、副班长、学习委员、宣传委员、文艺委员、体育委员、生活委员和劳动委员。

(2)值日班长。值日班长负责检查督促各个岗位的工作和协助班主任处理当天的工作,并负责处理班集体当天发生的事情,以及对班级各项工作及时进行总结。

(3)各类型小组。班级内可建立各种类型的小组,使更多的学生得到锻炼的机会。小组设组长负责制,定期轮换。主要有学习小组、兴趣小组、小记者团等。

---

① 陆海富.班主任班级管理的艺术[M].吉林大学出版社,2010(90).

（4）学生大会。从民主管理的要求出发，应当在班级里设立学生大会制，给每一个学生创造一个表现自我、发展自我、塑造自我的环境。

（二）小学班级组织建设的要求

1.要讲求民主性

班级组织建设的民主性是指组织机构的产生应建立在民主的程序之上，促进全班同学广泛参与。学生参与班级的管理，会提高班级管理品质，提供每个同学与他人进行交流的机会，为学生的各种能力的发展奠定基础。反之，如果仅有班主任一人做主，没有同学的广泛参与，对于大多数同学而言就会逐渐丧失管理班级的热情，从而不利于班委会工作的展开，不利于班级各项活动与目标的实现，使班级集体失去了应有的教育意义。

2.要注意灵活性

班级组织建设的灵活性是指组织要富有弹性，不死板僵化，不教条，不机械与呆板，要使组织结构能够适应不同的环境，能够承受多方面的压力。具体到班级组织机构的设计而言，在关注学生之间与师生之间关系的同时，面对不同发展情势随时调整班级管理组织，把组织的结构、规范、风格与目标结合起来，综合考虑多种因素，不断调整组织结构，适应多种因素对班级发展的要求，使班级的组织与管理富有灵活性。

3.要重视主体性

班级虽然不是学校的一级行政组织，但由于学校以班级为基本的教学单位，因此，班级管理成为班主任与其他任课教师的经常性活动之一，故对班级管理而言，在组织设计时要避免从上到下的官僚体制，突出学生在班级管理中的主体地位与主体意识，要把学生的主体地位在班级管理中体现出来。此外，在选择干部，组成班委会，各活动小组及团体组织建设，形成传统的班级组织模式的同时，还要发挥非正式群体的监督与管理作用，发挥班级的舆论的监督作用，建立以班主任为主导，以班委会为核心的学生自治组织。

（三）小学班级组织建设的方法[①]

1.任命制

即由班主任推荐和任命。这种形式在班级刚刚组织建设时比较多见。因为在班级建立之初，班级是一个松散的群体，班级各方面还没有走上正式轨道，

---

① 古人伏.小学班队工作原理与实践［M］.华东师范大学出版社,2010(109).

这就需要班主任挑选一些表现比较好,能力比较强,有一定号召力的学生,或是某一方面有特殊能力的学生任命为班干部,这能在一定程度上体现班主任的意图,但由于学生干部的威望是外加的,所以往往缺乏班级学生的信赖,威信较低。

2.民主选举制

即通过学生提名和投票选举产生。由于这种方式产生的班干部众望所归,往往具有较高的威信,与大多数学生的关系比较融洽。但民主选举班干部前,一定要让全体学生明确班委会干部的岗位责任,使全体同学既有当班干部的荣誉感受,也有责任感。也就是说,班主任不能搞一言堂,要充分尊重班级小学生的意愿,尤其对少数小学生的意见要认真听取,做好解释说明工作。

3.自由竞争制

即在自由平等的气氛中,每一个学生都可参与班干部的竞争。这样能充分调动学生"参政议政"的积极性,有助于优秀人才脱颖而出,也有助于竞争意识、民主意识和主人翁意识精神的培养。这种形式往往和民主选举等形式相结合,即首先竞选候选人,然后通过民主选举,在若干名候选人中选出班干部。

4.轮换制

即根据一定的规则,班干部轮流担任。一般与民主选举或自由竞争等形式结合起来选出班干部,经后定期改选,但原班干部必须全部或大部分更换。这种形式的优点在于每个学生都有得到锻炼提高的机会,他们会在自己的任期中发挥出各自的聪明才智。但在实施过程中,要避免完全轮换制。因为完全轮换这是一种误解,虽然使大部分同学得到管理机会,但并不一定所有同学都有管理能力和服务同学的意识,完全轮换还不利于提高班级的管理效能。

5.继任制

这种形式常用于继任班主任工作之初,因为新任的班主任还没有完全了解班级的情况,为了保持班级工作的连续性和稳定性,就把前期的班干部直接延续下来,继续管理班级的各项事务,以实现班级管理工作的顺利过渡。

三、小学班级制度规范的建设

班级制度规范是指为实现班级发展目标,根据教育法律法规、教育目的的相关规定由学校管理者与班级群体共同制订的班级行为准则。简言之,班级制度规范就是班级成员在教育教学和日常行为活动中必须共同遵守的行为准则。班级制度规范的建设对于维持学校的正常教育、教学秩序,对于儿童的社会化发展,对于班级组织建设与发展,起着十分重要的作用。

(一)小学班级制度规范建设的内容

班级制度规范的形成要从班级规范制订入手,班级规范包括班级组织制度和行为规范两个方面。班级制度使班级的教学、教育、管理行为有章可循,使班级工作常规化、制度化。班级制度包括:学生在校学习和生活常规制度、课堂纪律要求、生活作息制度、值日生制度、课外活动制度、体育锻炼制度、奖惩制度、各种活动公约等;行为规范是指小学生所要遵循的行为准则,它包括班级生活中对学生品德、仪表、生活方式的要求,人际交往中的要求,集体生活中的要求等。

(二)小学班级制度规范制订的要求①

新课程改革指出:"教师要在与学生平等对话的合作互动中,加强对学生的点拨和指导,实现教学相长。"这里的对话不仅要落实于课堂教学中,也要落实到班级管理之中。班级规范的制订是班级管理的一个必不可少的环节,因此,教师在引导学生制订班规时,要体现出新课改的对话精神,与学生进行平等的双向交流。

1.让学生充分参与班级规范的制订

民主型的班级规范,多诞生于学生的讨论。凡是遭到学生抵触的班级规范,大多产生于班主任的办公室,因为规范的制订过程几乎没有学生的参与。因此,要制订出一份针对性强、指导意义大、具有可行性的班规,班主任要激励学生充分参与,由全班学生共同讨论制订。

2.班级规范既要约束学生,也要作用于教师

班级规范是一个班级的行为规范,教师作为班级的必不可少的成员,自然也要遵守班规,这也是体现师生人格平等的一个重要方面。所以,教师在引导学生制订班规时,也要考虑到把自己的行为和观念规范到班级里,这样才能显示出教育是教师与学生平等对话的交互活动。

3.班级规范要采用正面引导性语言

传统的班规采用禁令式的、模糊不确定的、恐吓式的语言。这种班级规范会让学生产生一种心理压抑感受以及操作的模糊性。因此,教师在班规的语言表达上要采用正面引导性语言,以"良好形象"和"常见陋习"两种形式同时给出示范,这样既是对学生的尊重,也是班级规范亲和力的魅力体现,更重要的是它能有效消除禁令式班规的压抑性。

---

① 赵凯.好班规打造好班级[M].西南师范大学出版社,2009(15).

4.班级规范内容呈现多元的正面引导

为了增强对违纪学生处理上的可操作性,不少教师常倾向于把班级规范制订成处罚条文。有的是明令体罚、罚款,如"迟到一次罚站立面壁思过二十分钟"。这种片面班级规范,很容易引起学生的抵触情绪。一份成功完整的班规应涉及学生岗位责任制、学生日常行为标准、教师岗位责任制、教师日常行为标准、教学问题解决方案等五个方面,既有对学生思想、行为的正面引导,也有对教师的要求,从细节上把握班规的内容,呈现出多元引导的局面。

5.教师应带领学生详细解读班规

班级规范制度制订出来后,有的班主任交给班干部在班上宣读一下,然后贴在教室里,就算具有了班规的效力,这种简单的做法极不利于学生对班级规范的理解,有时还会激起学生的抵触情绪。因此,即使对话状态产生的班规,班主任也应利用专门的时间与学生共同解读。

(三)班级规范制订的方法

班主任是一个班级的组织者和引导者。因此,在制订班级规范方面,班主任应该起引导作用。可以从以下几个方面进行:

1.师生共同制订班规

制订班级规范主要目的是规范学生的行为,既然学生是其中的主要针对对象,班主任在制订班规时,就应让学生参与进来,师生共同来制订班规,以便更好地管理班级。班主任利用班会时间制订班规:首先,由班主任提出班级内亟待解决的问题,问题不要太多,一般为一至三个问题。其次,让学生讨论这些问题会对班级的发展造成的危害,并提出具体解决办法。再次,各组组长代表本组发言,使同学们进一步达成共识。又次,师生共同制订班规,可以按约法三章就定三条,便于学生明确,并使每一位学生同意。最后,每周或每月总结一次,同时发现新问题,并据此补充和完善班规。整个过程必须体现两点:一是制订班规的目的必须明确,二是制订过程必须民主。另外,也可以由班主任指导班干部及学生代表拟出班规草案,然后提交全班同学共同讨论后再修订定稿。

2.学生自定班规

学生是学习的主体,也是班级组成的主体。因此,班主任在班级管理过程中要充分发挥学生的主体作用,鼓励学生自定班规。在制订过程中,可由班主任先主持讨论制订班规的意义,统一班级同学的认识。随后,班主任以布置作业的方式要求全班同学各自独立为班级制订一份班规并提出要求:一是针对性,要求学生自己观察分析班级现有的问题,并要善于归纳,找出解决问题的突破口,然后写出有针对性的班规;二是实效性,班级建设要从小事抓起,切忌空话和大话,一切从实际出发,使每一条班规都能行之有效;三是全面性,即把学习、生活、纪律、劳动、卫生、礼仪、群体等诸方面都考虑到。最后,班主任综合同学们的意见并提交班会上讨论,制订出班规。

3. 家长、学生和教师三方共同制订班规

让家长参与班规的制订,不但可以让家长了解班规,而且还可以让家长帮助班主任规范学生的行为,避免许多不必要的麻烦,拉近班主任同家长之间的距离。制订方法:开家长会时,班主任同家长们一起讨论班规方案,积极采纳家长们的建议,形成班规。会后,把班规印发给家长,以便随时查阅和监督孩子。

四、小学班级文化建设

班级文化是班级的一种风尚,一种文化传统,一种行为方式。它自觉或不自觉地通过一定的形式融入到班级同学的学习、生活等各个方面中,形成一种良好的自觉的行为习惯,潜移默化地影响着学生的行为。

(一)小学班级文化建设的内容

(1)班级物质文化。班级物质文化是指班级的物质环境的表现。高品位的班级物质环境文化能让学生时时感受到自然的抚慰、艺术的熏陶和大师的召唤,能让班级的每一堵墙壁会说话,每一个角落会传情、启智,能让有限的教室空间生发无限的教育资源,对学生的成长具有潜移默化的教育影响力和感染力。

(2)制度文化。(见前面小学班级制度规范建设)

(3)班级精神文化。班级精神文化是班级文化的核心与灵魂,是全班学生的精神支柱和共同信奉的价值准则,主要包括价值取向、班级风气、班级舆论、群体意识等。

(4)班级活动文化。班级的活动文化是指直接体现为班级学生在学校或班级活动中表现出来的各种行为,如良好的行为习惯、文明礼仪等。

(二)小学班级文化建设的要求[①]

1. 小学班级物质文化建设

(1)要有适应性与个性化。首先,适合学生的年龄特点,即小学班级的服务

---

① 徐英.小学班文化建设的探索[J].班主任之友,2007(3).

对象是不同年龄阶段的少年儿童,因此,班级物质环境文化建设也要根据对象的不同而选择不同的风格与格调。其次,适应新课程实施的需要。新课程条件下的物质环境文化建设既要符合学校整体文化建设的需要,还要符合学科课程和德育课程的需要。最后,符合个性发展的需要,班级物质环境文化建设与师生个性的发展是息息相关的。科学、优质的班级物质环境文化不仅有助于班级其他方面文化的发展,还能为班级师生的个性发展创设良好的条件,起到积极的促进作用。

(2)要有即时性与动态性。第一,充分运用现代教育教学技术,体现时代特点。第二,要应时而变,即班级物质环境文化建设不是一成不变的,它需要不断变化、完善、更新,始终为学生发展服务,体现其实效性,避免成为一种摆设。

2.小学班级管理制度文化建设

(1)以个性张扬为取向,展开岗位设置与管理机制。班级制度文化的建设要尽可能地为学生创设展示、锻炼、体验的平台,为学生提供更多的岗位,促进学生健康个性的形成与发展,实行轮流制、招标制、竞选制等,使学生成为班级管理的主人。

(2)以个性发展为取向,制订班级激励与评价机制。首先,提倡评价主体的多元化,注重学生自评、学生互评以及家长评价等。其次,提倡评价内容的人本化,评价内容绝不仅限于学业成绩,更要关注人的发展,如能力倾向、思想品德、人格发展等指标。最后,提倡评价方式的多样化,除了口头评价外,还可采取书面评价、即时评价、终结评价等。

3.小学班级精神观念文化建设

(1)培养自主精神。通过"学生班主任制度",每周都由一名学生担任学生班主任,主持、管理一周中班级的日常工作,处理班级同学发生的事件,组织班级同学们开展班级活动,培养学生的自主精神与能力。

(2)培养创新精神与实践能力,要充分挖掘学校地理优势,引导班级学生以小主人的姿态自主地参与到实践活动中,激发学生的探究、创新意识,挖掘学生的探究、创新潜能。

(3)主动学习的意愿。学习是学生的重要权利和义务。班级的学习氛围也称为学习文化,通常被作为班级文化建设的重要内容。在营造班级学习文化的过程中,班主任要改变过去偏重竞争意识、功利性价值观的现象,努力营造出自信、主动、合作的班级学习文化氛围。

(4)和谐团结的氛围。通过班级文化建设,使师生关系变为民主、和谐、平等的师生关系,而学生间形成互相帮助、互相合作的密切关系,从而促进学生的个性更为和谐健康的发展。

4.小学班级活动文化建设

(1)活动设计的多维化与童趣化。首先,要满足学生多方面的需要。其次,要最大限度地利用各种教育资源。再次,要从学生与教师的实际出发,体现校本化、地方化的特点。最后,内容与形式要富有童趣。

(2)活动过程的全员化与全程化。第一,开展班级活动的过程中,要注意学生参与的广泛性与普遍性。第二,学生的全程参与对于班级活动也很重要,不论是活动设计、活动实施,还是活动评价,要充分发挥各活动环节的教育作用。

(三)班级文化建设的方法[①]

1.告知

(1)班主任宣讲。班主任用生动而深刻的语言将价值和信念以及目标、愿望等传递给学生。通过课堂教学、班会、班级的各项制度诱导班级形成"文明有礼,善学乐思"的班级目标,引导和强化就会逐步地形成积极、健康的班级舆论和良好的班风、学风。

(2)宣传阵地。可充分利用黑板报的宣传作用,精心选取黑板报的内容,结合班级的实际和学生关心的话题,确定黑板报的主题;通过班级的墙壁布置、班刊开辟荣誉栏,张贴班级荣誉,让学生无时无刻都记着班级的荣誉,培养学生的集体荣誉感和自豪感,形成学生自觉争取和捍卫班级荣誉的良好氛围;此外,还可通过班级博客等舆论阵地营造和渗透班级文化。

2.组织讨论

班主任可以经常组织学生展开讨论,如对班级目标、班规、社会时事、班级不良行为现象等进行讨论,使学生在论辩中深入理解和领会班级价值和信念。如充分利用新班级的第一节班会课,全班大讨论"我们要变成一个什么样的班级"。在全班同学讨论、发言的基础上,集大家的智慧,归纳出班级的目标追求。

3.树立榜样

榜样是某种价值和信念鲜活而生动的体现,因此,榜样具有很强的说服力和感召力。因而可以大力表彰表现突出的先进典型,树立榜样,充分利用榜样的引领、带动作用。榜样可以有以下几种:

(1)班主任以身示范。"学高为师,身正为范",班主任不仅应是社会正面价值、信念的宣扬者,更应是自觉的践行者。

(2)学生榜样。积极肯定学生中的先进典型,大力宣扬学生榜样的事迹。

---

① 　邓艳红.小学班级管理[M].华东师范大学出版社,2010(85).

如充分利用班级的墙壁，开辟光荣榜，表彰班级的好人好事，先进事例，学习标兵，优秀习作，优秀手抄报，优秀书法作品等，在班级内形成榜样的引领作用，从而促进良好班级舆论的形成。

（3）社会人物榜样。通过社会人物榜样的感人故事感染学生，学生受鼓励、受教育。如通过张贴教育名言，让智者的思想光辉充分地影响学生，激励学生的学习。

4. 设计文化符号

班主任可以组织学生设计班徽、班旗、班歌、班级口号（班训）等凝结着班级核心价值观的文化符号，培养班级共同语言。班级文化符号作为班级的个性标志，将有助于强化学生对班级的认同感和自豪感。

5. 仪式

仪式是一种程式化的、重复性的活动。班主任可以精心设计一些仪式，如交往礼仪、晨会仪式、放学仪式、庆祝仪式、评奖和颁奖仪式等，使学生在庄重的仪式中熏陶，认同和体现班级共同的信念，如早操、升旗仪式、眼保健操、社会实践等活动的仪式促进学生行为规范的提升。当然，仪式的操作要避免过于随意或过于戏剧化而导致形式主义。

第三节　小学班级建设的过程

班级建设主要是指班级集体的建设，它也是班级工作的基本内容。班级是由一个个学生组成的，当他们从简单的集合体发展成为班级集体的时候，班级集体的特性已不再是个体特征的简单相加，而完全是一个整体面貌的出现，显示出巨大的教育力量。所以，加强班级建设，是班主任的一项十分重要的工作。

一、班级建设的途径[①]

班级是为了特定的目标，依据一定的规范而组织起来的一个教育单位。班级不是一个静态的存在，而是过程的存在。在班级管理中，并没有一个纯粹的班级建设过程，班级建设是在具体的班级管理活动中实现的。

---

① 李学农. 班级管理［M］. 高等教育出版社，2004(113).

(一)通过班级日常工作开展班级建设

任何一个组织都是在日常生活中存在的,对组织的日常管理,就是提供组织生活的条件,确保组织目标和任务规定的活动能够开展,组织生活能够按照组织预定目标发展。因此,把一个班级组织建设成一个集体,首先要求班主任在日常班级管理中围绕班集体建设的目标开展工作。

1.通过日常生活规范管理进行班级建设

班级日常管理是班主任每日每时所开展的工作,日常管理构成了小学班主任在班级中开展管理活动的最重要的活动,也是小学班主任开展班级建设的重要途径。因此,通过对小学生的道德指导、学习指导、安全与法规指导、健康与卫生的指导等日常生活指导,规范小学生的日常行为规范,达到班级建设的目的。

2.通过奖励与惩罚进行班级建设

奖励与惩罚既是教育的手段,也班级管理的手段。因此,通过奖励与惩罚的手段对小学生行为的纠正、培养与塑造,培养学生良好的生活习惯、行为习惯,形成良好的班风,从而达到班级建设的目的。

(二)通过各种班级活动进行班级建设

班级教育活动是班级管理的重要途径,也是班级建设的重要途径。班级教育活动的主要形式有班会、队会、社会实践活动等,这些班级教育性活动主要是以班级为单位来组织进行的,因此,这些教育性活动对班级建设有重要作用。[①]

1.利用各种主题班级活动进行班级建设

班级主题活动能充分利用学校的各种活动,规范学生的行为。如早操、晨会、升旗仪式、社会实践活动、第二课堂活动等大型集体活动能强化学生的行为规范,培养团队精神和集体荣誉感。

2.利用各种班会活动进行班级建设

利用班会课,组织全班同学讨论,集大家的智慧,在同学发言的基础上归纳出班级的目标追求。同时,通过班会课上创设情景和进行体验式的教育,扎实有效地进行行为规范的教育,使学生明确良好行为习惯的重要性,明确良好的规范对自己的重要性,从而达到班级建设的目的。

---

① 范月英. 小学班级文化建设的实践与探索[J].新课程学习,2011(12).

3.利用各种与家庭或社会的联系活动进行班级建设

利用家长开放日或家长会的契机,多与家长沟通,大力表扬孩子的进步并提出对学生行为规范的要求,使家长能和学校的行为规范教育形成合力,从而达到班级建设的目的。

(三)通过班级发展水平的评估进行班级建设

班级建设是一个动态的过程,在班级的形成、巩固与发展过程中适时进行评估,对促进班级建设有重大的作用。进行班级发展水平评估时要注意:评估的主体应以学生为主,通过评估促使学生更自觉地参与到班级建设中来;评价的方法要正确,采用正确的评估方法,能准确地判断班级建设达到的水平。

1.通过对班级与学生的形成性评价与终结性评价来进行班级建设

新课程理念倡导的发展性评价方法,要求教师对学生的管理不仅注重结果,更要重视学生成长的过程,将终结性评价和过程性评价结合起来。即通过形成性评价,帮助学生认识自己发展的水平和班级发展的状况;通过终结性评价了解班规精神、执行班规的情况以及未来应该如何做人做事,把这两者结合起来,促进班级的发展。

2.通过激励性评价促进班级的建设

教师对小学生日常表现进行观察与判断,应该更多地赞扬和激励学生,及时发现他们的优点和长处,发现和赏识每一个小学生的点滴进步。通过赞扬和激励,培养小学生良好的班级习惯,达到促进班级发展的目的。

3.通过学生自评、教师、家长互评等方式来进行班级建设

灵活使用多元评价方式,建立以教师自评为主,校长、教师、学生、家长共同参与的评价制度,使教师从多种渠道获得信息,给予小学生恰当的评价和指导。同时,还应引导小学生进行积极的自我评价。总之,综合利用评价结果不断改进班级管理工作,促进班级管理工作。

二、班级建设的方法[①]

(一)目标管理法

目标管理法是指在班级建设中,科学地确立班级集体奋斗的目标和个人的

---

① 李学农.班级管理[M].高等教育出版社,2004(114).

奋斗目标,以经过努力可以实现的目标来推动班集体建设的方法。在实施目标管理的过程中,班主任要做好以下工作:

1.制订班级发展总目标

组织学生共同制订班级的奋斗目标,提出带有激励性的集体目标。以奋斗目标为核心,分步制订出阶段性目标和具体目标,使目标不至于落空。目标可分为三层,一层是班集体全面发展的目标,二层是集体组织管理目标,三层是小组与个人目标。

2.加强总目标的宣传

实现总目标是一个较长的过程,因此,班主任要教育学生认同内化目标,把班级的目标变成自觉的行动,人人为实现目标而努力。

3.制订班级的各种工作计划

为实现目标,要提出相应的措施,制订具体的行动计划。制订班级工作计划是班主任有的放矢地进行工作的重要环节,有利于协调各方面、各因素之间的关系,有利于统一师生行动方向。好的计划能很好地起到规划、导向、激励作用,而不搞计划或只搞形式主义的计划都会导致班级工作的被动、不利局面。班级计划包括班主任工作计划、班委会工作计划、少先队工作计划,各种小组和个人的计划等。值得注意的是各种计划要有内容、有时间保证、有实施方法。

4.加强对计划的定期检查

目标管理法中最重要的工作是定期检查、评价集体目标的实现情况,把握时机,运用激励,树立榜样,使学生明确前进的方向。

(二)规范管理法

规范管理法是班主任以规范去引导和规范学生的言行,从而推动班级的形成与发展。班级规范是一种微观的教育制度,它以规范约束来引导每个班级成员。班主任要组织学生学习《小学生守则》和《小学生日常行为规范》,使生活在这个班级中的成员知道该做什么,不该做什么,并逐步训练,使学生养成良好的学习、生活和文明交往的习惯。这样,一方面班级规范转化为每个学生个体发展的内在需求,使学生在内心深处自觉地接受与维护班级规范;另一方面班级规范也形成了对全班同学的外在约束力,也同时形成了群体的内在自觉性,具有内在约束性。这种管理要在开学初、期中、期末分段进行检查和评价。另外,也可利用课堂教学、班会、晨会、劳动等各种时机,有计划地对学生进行训练,养成良好的习惯,达到班级建设的目标。

1.通过班级规范管理

班级是学校进行教育、教学工作的基本单位,为实现班级目标,需要一整套科学的全面可行的运行机制。如制订《班级公约》可使班级工作有章可循,可以避免工作的盲目性和随意性。《班级公约》可以规定一套较科学、全面可行的班级运行规章。

2.通过班级常规管理

加强班级教学常规管理,班主任对建立稳定、正常的教学秩序负有责任。因此,班主任一方面要加强维持正常的教学秩序,如学生座位的安排、自习课纪律、考试纪律等班级教学常规的管理;另一方面要加强班级行为常规的管理,包括考勤、请假制度、升旗、校服、课间的良好行为、广播操、自行车的放置、爱护公物、学生交通管理、学生值周等行为常规的管理。

(三)系统教育活动法

系统教育活动法是指在班级建设中,围绕班级奋斗目标所开展的一系列教育活动,使班级建设通过各项活动来实现的方法。班级活动对学生的教育培养,是一个持续并不断深化的过程,围绕着某一个教育目标,常常需要开展一系列的教育活动。因此,班主任可以围绕某一目标开展一系列活动培养学生的良好习惯,达到班级建设的目的。但不同年龄阶段的学生,班主任要善于选择不同的活动内容,如培养学生劳动观念的班级活动:对高年级的学生可以组织他们参加公益性劳动,比如参加义务种树活动、到福利院打扫卫生等;对低年级的学生,可以组织适合他们年龄的扣纽扣、系鞋带比赛等自理性活动。总之,班级活动可以产生凝聚力,能使每个学生的主体性、积极性得以发挥,使师生关系更加密切。另外,通过系统的教育活动还可以满足学生个性发展的需要,发展学生的聪明才智,培养学生的集体主义精神,从而推动班级的建设和发展。

(四)自我管理法

自我管理法是指在班级建设过程中,班主任指导学生充分发挥管理作用,使集体在自我管理氛围中健康发展的方法。自我管理包括个体的自我管理和集体的自我管理。通过自我管理法,可以发挥学生自身的积极主动性,增强学生的自觉性与自信心。因此,从根本上说,儿童能否受到良好的教育,有内外两方面的因素。而引导小学生自我管理正是其内部因素发挥作用的重要途径,这样可使学生在更好的环境中接受教育,如鼓励学生积极参与班级规范的建设,使之自觉地自我规范,增强小学生的责任意识。集体自我管理主要是通过集体的舆论宣传,使班级的规范得到集体舆论力量的支持,形成良好的班风,从而促进班级的建设。总之,在班级管理中有效地实行自我管理,有利于儿童认识自我,了解他人,明确人与人之间的合作关系,引导全班的每一个同学发扬主人翁精神,个个都成为班级建设的积极参与者,如此班级集体方能建成。

三、小学班级建设的过程

一个良好的班级组织一经形成,便是进行各种教育教学的重要载体和重要手段。但是,一个良好的班级组织的形成,是不能凭借行政命令实现的,也不是随着时间的推移自然形成的,而是需要班级管理者付出大量的、艰辛的和创造性的劳动才能实现的。班级管理者要认识到班级组织建设不是一蹴而就的,而是需要长期坚持的工作。

(一)班级建设的准备阶段

小学生刚入学,面对学校的一切,既新鲜又陌生,他们满怀期待和希望。因此,小学班主任要为他们创造良好的学习、生活环境。故小学班主任要做好充分的准备:

1.了解学生情况

班级和学生个人的自然状况,是新带班主任必须了解的情况。这些情况是制订班集体建设目标的重要依据。当然,这些情况会随着年龄的增长、班级管理的侧重、班级风气的变化而变化。班主任需要了解的班级基本情况有:[1]

(1)班级基本情况。主要包括:

①男女生人数;

②学生家庭地址、电话、电子邮件、所属居委会;

③家长的籍贯、职业、工作单位、工种、周休息时间、联系方式;

④独生子女人数、少先队员人数、共青团员人数;

⑤家庭环境、经济来源、生活条件、平均生活费用;

⑥家庭类型(核心家庭、单亲家庭、三代同堂、寄居他人、缺损型等);

⑦班级人际关系(学生与学生、学生与家长、学生与教师、家长与教师、教师与教师);

⑧学生学习成绩、能力发展水平、学习风气等;

⑨学生劳动观念、集体荣誉感、班风、纪律、制度等;

⑩学生健康情况,如近视眼发病率、肥胖学生、慢性病患者等。

---

[1]　陆海富.班主任班级管理的艺术[M].吉林大学出版社,2010(90).

（2）学生个人情况

①思想道德状况、文明习惯、进取性、自觉性、心中崇拜的人物等；

②学习成绩、学习态度、学习习惯、学习方法及学习动态变化；

③集体观念、人际关系、在集体中的地位和游戏玩伴；

④生活习惯、饮食习惯、作息时间和劳动态度、自立能力；

⑤兴趣爱好、特长能力、阅读范围和深度；

⑥心理发展状况、个性气质、有否值得注意的情况；

⑦喜爱的学科、喜欢的老师、经常参加的活动；

⑧喜爱的书籍、人物、影视作品；

⑨家庭经济状况、服饰打扮、消费习惯；

⑩健康状况，包括近视眼发病、肥胖等。

2.思想和组织准备

（1）思想准备。在新的班级管理工作之前，小学班主任应当学习相关理论，对即将开始的班级管理工作进行全面的思考和规划，以保证对班级管理工作有充分的思想准备。

（2）组织准备。作为新任班主任，要召集所有本班的任课教师一起研究新建班级的工作，向任课教师介绍班级学生的组成情况、班级建设任务、需要任课教师给予的支持，以及征求他们对班级建设的意见，达成教育与管理的共识。

3.材料准备

（1）教师信息卡。新生入校后提供给家长，便于联系。主要包括：班主任简历、联系方式、工作宗旨，以及各任课教师的联系方式等。

（2）家教指导材料袋。袋内有《小学生行为规范》、作息时间表、课程表、学校对新生的要求、家庭教育意见及保险知识等。

（3）各种常规管理文档。包括：点名册、家长与学校联络簿、班务日记本、班会（队会）记录本、班费收支记录本和班级物品登记本等。

4.环境准备

教室是小学生在校的主要生活场所，班主任应对教室环境精心设计和布置，让新生一进教室就有"家"的感觉，营造出安全的、支持性的学习环境，为师生有效利用学习空间和资源创造条件，从而有利于提高学习效率和效能。

（二）班级建设的实施阶段

为了确保班级管理工作的正常进行，开学后应及时建立班级组织机构。具体来分析，可从以下几个方面来进行：

（1）对学生进行班级组织生活的教育。对班级组织生活教育的主要内容有：小学班级组织作为学习的组织与集体生活的组织的性质；组织成员在班级中的责任、权利与义务；班级组织中学生干部的性质、权利、责任与义务；班级组织干部产生的方式等。

（2）班级组织机构的建立。班级组织机构建立的过程也是对学生进行组织生活教育的过程。可以采用如下几个步骤：首先，任命班级的临时召集人，以协助班主任开展班级管理工作。其次，民主选举产生班委会干部。此步骤在学生对班级组织有了深入的认识之后才能进行。再次，组建班级行政小组。行政小组人数不定。行政小组既是课堂的学习小组，也是活动小组，还是劳动小组。最后，加强对班干部的培养教育。

（3）确立班级目标。首先，让学生建立目标意识，也就是建立组织生活中的目标意识，理解组织目标对组织的意义；其次，结合班级实际，准确地给班级组织目标定位；最后，加强班级各种目标的建设。在目标建设时，既考虑到学校的教育活动目标，也要考虑到班级成员的实际情况，还要把目标的制订与学生的自我教育结合起来。

（4）班级制度与班级文化建设。任何一个组织，为了达到组织目标而开展活动，都必须制订出一定的行为准则。首先，加强生活常规制度、课堂纪律要求、生活作息制度、值日生制度、课外活动制度等制度的建设；其次，加强规范的训练，形成组织常规；再次，利用各种形式、渠道、方式与方法，加强规范的培养与训练，养成自觉的规范意识，形成制度文化；最后，建立班级舆论宣传阵地，加强班级物质文化和行为文化的建设，形成遵守规范的压力，形成良好的班风、学风，增强班级的凝聚力，形成班级民主平等、团结互助的氛围。

（三）班级集体的建成阶段

班级集体建成的重要标志是：一是班级集体有一个较稳定的、团结的领导核心，班级干部熟悉自己的工作并能胜任工作，即班级干部各司其职，主动工作，已成为坚强有力、团结和谐地独立开展工作的领导核心。同时班主任对班级的管理与领导能够顺利实施。二是班级的目标已转化为广大同学自己的奋斗目标，班级组织目标与班级成员的目标融为一体，班级成员的发展需要也得到最大的满足。三是班级规范已被全体班级成员所接受，班级规范已成为班级成员的自觉性行为，班级集体的正确舆论和班风基本形成，学生自我教育能力强，集体已成为教育的主体。

【思考题】

1. 小学班级建设的方法有哪些?

2. 如何做小学班级建设的准备工作?

3. 班集体建设的误区有哪些? 是什么原因造成的?

4. 班级建设的内容有哪些? 如何建设?

【扩展阅读】

1. 李学农编:《班级管理》,高等教育出版社,2004。

2. 赵凯著:《好班规打造好班级》,西南师范大学出版社,2009。

3. 邓红艳编:《小学班级管理》,华东师范大学出版社,2010。

4. 古人伏主编:《小学班队工作原理与实践》,华东师范大学出版社,2010。

【实践探索】

1. 浏览一些小学班级博客,对其中所体现的价值取向进行比较分析。

2. 深入当地一所小学,了解班级学生核心团队的组建途径和表现形式,以及班主任和小学生对于"班干部"概念与角色的认识。

第三章 小学班级活动管理

内容提要：

1. 理解班级活动的意义，提升对班级活动的认识。

2. 初步掌握组织小学班队活动的基本途径和方法。

3. 能根据各种班级活动的特点及规律设计班级活动。

4. 能够整合各种教育资源，组织有效的班级活动，促进小学生健康成长。

活动是人存在和发展的根本方式，是人主体性生成的源泉和动力。人的活动是社会及其全部价值存在与发展的本原，是人的生命和个性形成与发展的源泉。叶澜教授曾提出："人类的教育活动起源于交往，教育是人类一种特殊的交往活动。"儿童应当通过有声有色、有情有趣的集体活动来积累社会生活经验，进而使自我的成长受到刺激和控制。积极开展班队活动，特别是社会实践活动，对巩固、加深理解课堂所学知识，对陶冶情操、提高觉悟、增长才干、锻炼能力，全面提高学生素质具有十分重要的意义。

第一节 小学班级活动内容

一、班级活动概述

小学班级活动是儿童在校学习生活的重要组成部分，是培养"完人"的重要载体和课堂教育的必要补充。绚丽多彩的班级活动，能更好地实现引导人、陶冶人，能对儿童的价值观产生终身的影响。班级活动是在班主任或辅导教师的指导下，根据国家课程目标和学校培养目标，有目的、有计划地为实现班级教育目标而举行的各种教育、教学、实践活动。班级活动的教育学基础是人的全面发展理论、现代儿童发展观和小学教育基本目标。

(一)班级活动的内涵

1. 班级活动是一种特殊形态的课程

教育不能让学生远离生活世界,班级活动为学生开辟了一条与他生活世界交互作用、持续发展的渠道,丰富了学生对自我、社会和自然之间内在联系的整体认识与体验。班级活动正是基于生活常识、经验,密切联系学生自身生活和社会生活的一种课程形态。班级活动这种特殊形态课程的实施,是多种课程的延伸、连接与运用,可以实现课内与课外的整合。这是一种以学生的经验与生活为核心的活动性课程,它不是其他课程的辅助或附庸,而是具有自己独特功能和价值的相对独立的课程,它与其他课程具有等价性与互补性。

2. 班级活动是一种教育性实践

班级活动可以营造一种无论何时学生都能向人求助的意识,在活动中建立起友谊、信赖等人际关系。在这种关系中,每个人的存在都能够得到大家自觉的尊重、认可与关注。在此基础上,自然会形成这样的班级——全班孩子有依赖感、彼此帮助、互相要求。这种关系对于孩子会有奇迹般的影响力、教育力。通过班级活动,会使那些从来不能满足的令人苦恼的小孩立刻转变为愉快的工作者;出名的破坏者会变成他们周围环境的最热心的保护者;一个行动杂乱无章的吵闹喧嚷的孩子,会转变成为一个精神宁静、非常有秩序的人。

3. 班级活动是一种生命体验过程

班级活动不是为活动而活动,而是一种激发学生的情绪体验、活跃学生的思维的过程,这一过程是知识、能力与情感态度价值观的有机统一。因此,学校科目相互联系的真正中心,不是科学,不是文学,不是历史,不是地理,而是儿童本身的活动。教师可以通过班级活动的实施来实现对学校课程实施的延伸与运用。孩子们在活动中所感受到的欢乐,使他们以几乎过度的热情完成他们遇到的每一件事,于是,学生和他生活的世界形成了一个有机整体。

(二)班级活动的特点

1. 班队活动的目的性

设计班级活动首先要考虑的一个基本点就是目的性,每召开一次班级活动,都必须有明确的目的。班级活动的目的可以从多个角度去界定,大到和国家的教育目的一致,小到和每一个学生的身心发展要求一致。班级活动关注学生在活动过程中所产生的丰富多彩的学习体验和个性化的创造性表现,随着活动的不断展开,新的目标不断生成,新的期待不断涌现,学生在这个过程中兴趣盎然,认识和体验不断加深,某些想法、诺言、梦想都会悄悄驻入心田。因此,在班级活动的开发和实施过程中,目的一定要明确,教师将学生的需要、动机、兴趣等置于核心地位,为其个性的发展留有自由空间。

2.班级活动的自主性

儿童对活动的需要几乎比对食物的需要更为强烈。参与班级活动是儿童的精神态度完整性和统一性的标志。儿童就是这样在五花八门的活动中,激发智慧,打开想象的大门,实现着成长。但是,要是儿童缺乏适当的外部环境,他永远不能运用自然赋予他的巨大精力。班级活动能够培养孩子的归属感,能够让孩子爱上班级和他人,能够让班级融为一个彼此取暖的整体,能让学生由生疏而变得亲密……活动的意义,就在活动本身,就在流淌于活动全程的纯净、忘我的快乐。孩子在活动中自主地寻找启示,充实自己的精神世界。

3.班级活动的开放性

班级活动时要采取自由开放的态度。真正的活动,是以个人的需要和兴趣为基础的自发性工作。有了这一态度,孩子就不必拘泥于活动的特性,也无须关心一次活动是否真正意味着它所期待的目的。活动并不意味着要儿童做他们要做的任何事情,最重要的是,它要求儿童立意做他们要做的事,他们应当主动而不应当被动行动。班级活动要面向学生的发展需要、尊重人的成长规律与学生的兴趣爱好,它随着学生成长的轨迹而变化,其实施目标与内容具有开放性。

二、班级活动的形式与内容

关于小学教育活动的类型,就活动途径分,有校内活动(主要是课堂教学和课外活动)和校外活动;就活动内容分,有教学活动、保健活动、道德教育活动以及文艺、科技活动。概括起来包括以下六个方面:

(一)教育教学活动

教育教学活动主要是指为了完成教育目的,在教室内开展的旨在促进学生知识、技能、情感、道德品质、身体等各方面发展的活动。教育教学活动主要包括教学活动、卫生保健活动、道德教育活动三个方面。[①]

---

① 古人伏.小学班队工作原理与实践[M].华东师范大学出版社,2010(10).

1. 教学活动

此种活动主要体现在课堂中,是由教师和学生双方互动而构建的活动方式,是小学教育的主要活动。由于在活动结构中,学生处于主体地位,因而传统教师只管讲、学生只管听的灌输式教学受到质疑,教师只有在顾及学生认知发展水平及实际接受能力的前提下施行教育,使学生调动多种心理因素,主动极地学习,才能取得教学活动的结果。

2. 卫生保健活动

这种活动是有益于小学生身体健康发展的活动。一方面,通过跑、跳、投、体操等运动锻炼身体;另一方面,领会和养成爱惜身体、保护身体的知识和习惯。卫生保健活动应明确活动目标,注意适度,运动过量过强反而对身体发育有害。

3. 道德教育活动

这种活动是培育和完善小学生良好道德品质的活动。课堂教学是实施德育的主渠道,通过班级在集体中开展道德教育活动是其主要形式。开展道德教育活动应让学生在道德认识、道德情感、道德行为诸方面得到综合发展。

(二)常规班级活动

常规班队活动也称日常活动,指的是在相对固定的时间里开展的周期性班级活动,主要包括晨会、班级例会、课间活动等类型。常规班级活动的特点就是时间相对固定,一般以周和日为周期。常规班级活动看似比较零散,每次活动的时间也很短,但是它的意义却是我们不能忽视的。组织得好,它能促进班级的建设和管理;相反,就会白白浪费很多时间,对班级管理非常不利。

1. 晨会活动

晨会活动是班级在晨会时间开展的教育活动。晨会活动的主要特点是简短、及时。晨会活动每天进行,具有迅速传递信息、及时解决问题的功能。班主任或辅导教师组织晨会活动一般有三种形式:组织学生参加全校性的晨会活动、按照学校安排的栏目组织晨会活动、完全自主地组织晨会活动。

2. 班级例会

班级例会是指在班主任或辅导教师的指导下,在班会课时间里,由老师或班干部主持,讨论、处理班级日常事务,进行班级集体建设的班会活动。班级例会的特点是常规性、事务性和民主性。班级例会是处理班级日常事务、总结班级情况、实现班级民主化管理的重要途径。

3.课间活动

学生在课间所从事的活动称为课间活动。小学生的课间活动主要是指小学生在课间休息时间和学生提前进校到上课及放学而未离校的这段时间内所进行的活动。课间活动是连接两节课的纽带和桥梁,它对课堂教学的效果有着直接的影响。课间活动具有学生身心的疲乏性、时间确定的复杂性与短暂性、内容和形式的灵活自主性三个方面的特点。

(三)班级主题班级活动[①]

主题班级活动指的是经过学生和教师精心设计和准备而开展的有明确主题的班级教育活动。主题教育活动比一般的班级活动更富有教育意义。它最大的特点就是主题鲜明,具有强烈的针对性。根据活动的主题不同,可以把主题教育活动同德育、智育和法制安全教育等结合起来。主题班级活动一般可采用主题班会、少先队活动等方式进行:

1.主题班会

主题班会是围绕某一主题,在班级活动时间内开展的班级教育活动。主题班会具有主题鲜明、形式多样的特点。主题班会活动常常运用讨论、游戏、竞赛、表演等活泼的形式,富有时代气息和儿童情趣,深受小学生喜爱。由于这种寓教于乐的方式符合儿童身心发展的规律,目前已成为对儿童进行集体教育以及自我教育的有效形式,也是创建良好班级,营造团结进取的班集体氛围的重要途径。

2.少先队中队活动

少先队活动是少年儿童学习共产主义的课堂,组织性和自主性是它的两大特点。开展少先队中队活动时要举行中队活动仪式。少先队中队活动主要有一般性队会、主题队会、系列性主题活动和即兴队会四种。《中国少年先锋队章程》第十二条列举的活动有:举行队会、组织参观、访问、野营、旅行、故事会、开展文化科学、娱乐游戏、军事体育等,以及参加力所能及的公益劳动和社会工作。

(四)班级社会实践性活动

班级社会实践性活动是指班级学生在教师的指导下走出教室,进入实际的社会情境,在力所能及的范围内直接参与并亲历各种社会生活和社会活动领域

---

① 李学农.班级管理[M].北京:高等教育出版社,2004.154-156.

的活动。社会实践性活动主要是为培养学生的创新能力、实践能力和社会责任感而开展的班级活动,主要包括科技创新活动、社区服务活动和参观访问等。开展社会实践性活动是提高学生综合素质必不可少的一项措施,也是避免"高分低能"的最佳途径。

1. 科技活动

科技活动作为一种探索性的实践过程,具有科技性、实践性和探索性的特点,其任务是探索未知,其最为突出的特征就是"创新",因此,科技活动是培养少年儿童创新素质的最佳切入点。科技活动是对少年儿童进行科学世界观教育的极好途径。儿童从科技实践活动中懂得:物质是世界的本原,实践是认识的源泉,理论来源于实践又反过来指导实践。同时,会使少年儿童从活动实践中懂得事物是有客观规律的,按规律办才能成功。结合科技活动,让少年儿童感受科技在社会进步中的作用,激发他们参与科技活动的自觉性和积极性。科技小发明、小制作、小试验是培养少年儿童科技兴趣的最佳方式。

2. 社区服务活动

社区是养成教育的一个重要基地,也是学校德育工作的一个十分重要的场所,还是学生体验社会的主要阵地。社区的自然环境与社会环境对孩子的成长起着十分重要的作用。充分利用社区教育资源,参加社区服务活动,参与社区公益活动,既能培养小学生的公民意识、参与意识、社会责任意识和主人翁精神,也能使小学生了解社会生活和社会环境,增长从事社会活动所需的知识与技能,提高人际沟通、适应现代社会生活的能力,还能培养小学生学以致用、服务社会的意识,形成诚恳助人、乐于奉献的积极态度和情感。社区服务活动可通过志愿者活动、宣传活动、参加劳动等形式进行。

3. 参观访问活动

参观访问是一种直观的教育形式。参观访问能使儿童走向社会、接触社会、了解社会、学会做人、学会做事,加强社会责任感和主人翁意识。可以组织儿童到工厂、科研机构、教育基地等单位调查、参观,简单介绍机械原理、工作程序、产品功能等,加深对理论与实际结合的再认识。

(五)班级课外活动[①]

班级课外活动是指在学校课堂教学以外,学校有目的、有计划、有组织地指导儿童从事多样的活动,以进行多方面的教育和培养全面发展的人,使成为德

---

① 瞿保奎. 教育学文集·课外校外活动. 第 11 卷[M]. 人民教育出版社,1991(211).

才兼备、体魄健全的社会主义建设者和接班人。课外活动不仅能促进学生脑力劳动与体力劳动相结合、理论与实践相结合,还能培养儿童的个性与特长,发展其智力与创造力以及自学能力。

1.班级文艺活动

班级文艺活动是班级文化艺术娱乐活动的简称,是指学校通过健康的文化艺术娱乐活动对学生进行熏陶和教育,以发展学生的美感和健康心理品质的教育活动。文艺活动能丰富学生的课余生活,活跃班级气氛,促进心灵交融,增进团结,提高学生的艺术修养和身体素质。文体活动的主要形式有小型联欢会、歌咏会、故事会、庆祝节日活动、各种文艺兴趣小组活动等,其中联欢会是常用的形式。

2.班级体育活动

班级体育活动有别于单纯的体育比赛,其特点应是融德育、智育、体育为一体。这种体育活动具有教育性和趣味性相结合、群体性和个体性相结合的特点。在这种班级体育活动中,有趣味的内容吸引班级成员参加,同时考虑到适宜该年龄段学生的心理特点、生理特点、身体现状,既要有喜闻乐见的个人体育活动,又要有群体之间的交流的体育竞赛,尽量体现出集体的力量。

3.班级游戏活动

游戏是人类最基本的、对人的发展具有重大影响作用的活动。儿童时期的游戏是人生创造事业的源泉。游戏可以愉悦儿童的情绪,同时能够给予儿童许多知识,培养儿童良好的品格。游戏的趣味,能吸引儿童的注意力,培养儿童的主动性;游戏的规则能培养儿童合作、公正的品格;游戏的要求能培养儿童的团结精神、集体纪律。总之,游戏是发展儿童智慧的绝好途径。常见的游戏有智力游戏和体育游戏。

(六)心理辅导活动

班级心理辅导是目前小学实施心理健康教育的一种有效途径和主要形式,也是近年来我国学校心理辅导工作者创造的一种方式。通过集体辅导、个别辅导、教育教学中的心理辅导以及家庭心理辅导等多种形式,帮助学生认识自我,自我接纳,自我调节,从而充分开发自身的潜能,促进其心理健康与人格和谐发展。它对于推动我国现阶段小学生心理健康教育发挥了重要作用。小学心理辅导的内容有:

1.学习辅导活动

学习辅导主要是对学生的学习技能、学习动机、学习情绪与学习习惯进行训练与辅导。它有广义与狭义之分：广义的学习辅导是对学习者学习过程中发生的各种问题（如认知技能、知识障碍、动机、情绪等）进行辅导；狭义的学习辅导是对学生经历了学习挫折和困难时产生的心理困扰和行为障碍进行辅导。为扩展学生的视野，提高学生的学习积极性、学习能力和学习效果，应定时开展班级学习活动。主要方式有：作业展览、学习经验交流会、学习方法指导、知识竞赛、智力竞赛、课外阅读、成立学习小组等。

2.人格辅导活动

这里的人格是指与个人对己、对人、对事等方面的个性心理品质。它着重对学生的自我意识、情绪的自我调适、意志品质、人际交往与沟通，以及群体协作技能进行辅导，以培养学生良好的个性心理与社会适应能力。比较常见的方式是以班级为单位，围绕学生发展主题，一般采用游戏法、角色扮演法、榜样示范法、讨论法等，着力营造一种乐学、合群的氛围，重在习惯的养成。

3.生活辅导活动

它主要是通过休闲辅导、消费辅导和日常生活技能辅导等，培养学生健康的生活情趣、乐观的生活态度和良好的生活技能。这对于学生将来获得幸福而充实的生活具有潜在的影响，同时，对他们发展个性、增长才干、提高学习效率也具有重要的迁移作用。

三、班级活动的意义[①]

（一）班级活动能使学生发现自我，形成良好的个性

班级活动能促进班成员间的交往，满足孩子强烈的同伴交往的需求。在种种以儿童与同伴对话、与教师对话、与自我对话、与物或教材对话的活动中，孩子们可以沉浸在心情舒畅的气氛中，可以安心地、轻松自如地形成人与人之间的基本的信赖关系——有你有我，你中有我，我中有你，我需要你，你支持我。班队活动创造的良好的心理扭转，可以唤醒孩子的"生命感"和"价值感"，使孩子在交往中走向他人，发现"自我"。在活动中，他们或寻求着心怡的同伴或加深了与心怡同伴的友谊，其尊重与自重的需要、自我表现的需要得到满足，从而有利于学生发现和认同自己的个性，不断完善自己的个性。

---

① 薛宗梅.班级活动价值探微[J].教学与管理,2010(12).

(二)班级活动能使学生养成良好的生活态度,培养其生活能力

班级如同一个小型社会,班级活动可以深化学生的生活经验及强化各方面的能力。有组织的班级活动不仅可以帮助学生形成理想的社会道德态度与行为方式,还能影响学生日后的生活经验与能力。班级活动的进行可以培养学生积极主动、民主做事的素养,通过民主程序了解相互尊重的重要性,培养少数服从多数、多数尊重少数的态度。儿童总是在多姿多彩的班级活动中掌握着一定的态度和行为方式,亦即通过一定的人际关系,用一定的态度对待学习与成长。具体而言,就是学会了生活、学会了学习、学会了做人,为其以后的生存能力奠定了基础。

(三)班级活动能扩充学生的学习领域,培养学生多方面的才能

教育是一种激发、召唤,苦口婆心的空洞说教往往是徒劳无功的。一切教育都是通过个人参与活动而进行的。班级活动能与课内所学有机地结合起来,有效地激发学生的求知的兴趣,它使学生的学习机会增多了,学习领域扩大了。班级活动能熏染个体的意识,形成主体的习惯,锻炼个体的思想,激发个体的感情和情绪,不断地发展个人的能力。我们要在尊重儿童个性和相互需要的基础上,去触发、组织、发挥活动的深远价值。班级活动可以让学生积极主动地认识自己,把学生的创造力诱导出来,让他们在班级生活中有自我实现的机会,培养并发掘他们在各方面的才能。

(四)班级活动有助于班集体的形成,培养学生的集体主义精神[①]

班级活动是形成班集体的基本体现,是学生学校生活的基本形式,没有活动就没有真正的班集体。组织丰富多彩的班级活动,能使学生在愉快的活动中增强学习的兴趣和上进心。组织形成班集体都是以协调一致的集体工作和有益的班级活动开始的,同时,班集体也是在实现班级奋斗目标的活动中发展和巩固起来的。如果没有活动,学生就不会感到集体的存在,也不主动地关心集体,为集体的利益而奋斗。在活动中,培养了学生的集体生活的习惯,增长了在集体中生活的本领,学会了正确处理个人与集体、自由与纪律、民主与集中、权利与义务等关系。学生在活动中感受集体的存在,体会个体对于集体的存在关系,可以激发为集体的荣誉而努力的观念。

---

① 邓艳红.小学班级管理[M].华东师范大学出版社,2010(102－103).

第二节 小学班级活动的基本途径和方法

一、班级活动的原则

班级活动的原则是指为了保证班队活动的良好效果,在设计、组织和开展活动时必须遵循的基本要求,它是反映班级活动指导过程的客观规律。班级活动效果如何,与活动过程中是否准确地遵循这些原则有密切关系。

(一)教育性原则①

班级活动的教育性原则就是要求在组织和开展班级活动时,要以对学生的教育与发展有积极影响和有力的促进为目的。班级活动的教育意义是多方面的,它可以是提高学生思想道德水平,可以是开发智力,可以是提高实际操作能力,可以是增强审美情趣,强身健体等等。教育性原则不只是要求教育者在组织班级活动时出于一个良好的教育愿望,更主要是通过班级活动的组织,切实使受教育者获得真正的教育,获得实实在在的发展,或增长了知识,或陶冶了情感,或培养了良好的品德。因此,好的班级活动应发挥教育的综合功能:首先,在制订班级活动目标时,要寓庄于谐,寓教于乐,最大限度地发挥班级活动的教育作用;其次,教育性还要体现在活动内容与过程上,活动内容是教育性最重要的体现,而活动过程是教育性的具体体现;最后,活动准备的场地要有教育氛围,会场布置要体现教育情境、活动气氛,标题的书写、展板的摆放、桌椅的形式都要做整体设计。总之,在活动进行中,要最大限度地使学生动口、动手、动脑,在亲身实践中受到教育。

(二)针对性原则②

班级活动的针对性原则是指要根据班级组织与建设的实际需要,针对学生的年龄特点,以及学生所处的地域环境和条件对学生进行教育。在界定活动目的的时候还要考虑的一个因素就是针对性。首先,要考虑学生的年龄特征和个性特点。对不同年龄的孩子,要根据他们不同的特点来组织活动。同时,班级活动不应仅考虑全体学生共有的一般年龄特征,也要照顾到每个学生的个性特

---

① 岑万国.班主任在开展班级活动时应注意的几个原则[J].科教文汇,2008(3).

② 古人伏.小学班队工作原理与实践[M].华东师范大学出版社,2010(168－169).

点,对他们每个人的兴趣爱好、能力水平都要加以考虑。其次,还要考虑到班级建设的需要。班级活动的主要任务之一,就是要建立一个良好的班集体,通过这个集体教育来影响学生。从该角度来讲,开展班级活动必须有利于班集体的建设和发展。最后,班级活动要针对集体或学校所处的地区的条件,充分发挥地区优势,因地制宜。

(三)有效性原则

确定好目的后,接下来要考虑的就是活动的有效性了,即活动的目的能否实现的问题。这是组织班级活动时必须要考虑的关键性问题,否则活动的开展就毫无意义了。其他班级活动亦是如此,注意避免重形式轻效果。因此,班级活动的设计和实施要遵循有效性原则。有效性原则要求除了主题的选择要切合学生的实际情况以外,在活动的形式和内容的选择上要从学生的身心特点出发,采取他们乐于接受的主题和形式,这样才有可能实现最佳的教育效果。因此,在组织、设计和开展活动时,一定要克服两种偏向:一是一味追求活动的"教育性"或"塑造性",不顾学生的兴趣和需要,使活动形式单调,内容单一而无变化;另一种是为了活动而活动。总之,组织和设计活动时一定要做到内容丰富、主题鲜明、形式新颖,使学生感到新奇、有趣,乐于参加,使班级活动以理服人、以情感人、以趣育人,从而达到很好的效果。

(四)生活性原则

生活性原则是指班级活动要扎根生活,深入实际,使活动符合客观现实发展的真实情况,让学生在真实的活动中体味生活、感情、人生,以达到对学生的自然而然的教育。班级活动的组织与开展,一定要贴近生活、贴近实际、贴近学生。要从学生的学习生活实际出发,从学生最关心的问题入手,深入浅出,寓教于乐,循序渐进。切忌远离实际、远离生活,忽视活动对学生的自然启发性。因此,对于班主任来说,班级活动的设计要结合学校所处地区的实际情况,以及班级现有的条件,从时间、地点、人力、物力等多方面考虑,使得活动的开展具有现实性和可操作性。

(五)整体性原则

整体性原则是指班级活动的内容、活动的全过程、活动的教育力量都要成为一个系统,用整体的教育思想指导整体的教育活动,达到教育目标实现的整体性和学生身心发展的整体性。从活动内容看,要有整体教育的考虑,要包含德、智、体、美、劳诸方面活动,形成全面的信息网络,使学生得到多方面的教育和发展。从活动的全过程看,整体活动和个别活动是辩证统一的。就一次活动来说,只有从酝酿、设计、准备阶段发动学生全身心地投入进来,活动实施时才会有激情。从整体活动看,活动之间也应有一个系统性和连贯性的安排。另外,从活动的时间安排上也要有整体性,这要求指导者对每个学年、每个学期的班队活动做整体的考虑和总体的规划,精心设计每一次活动,以保证活动效能的充分发挥。

二、班级活动的途径

(一)确定班级活动题材的途径

1.从学生的学习与生活中选择

学习是学生在学校最主要的活动,因此,指导教师可以在班级建设和学生的学习生活中发现并提炼活动的题材。如,为了提高学生的学习自觉性,可以开展学习先进的主题理想教育活动。学生在校的生活,看似平常,但为班级活动提供了丰富的题材。

2.从教育目标和教育计划中选择

指导教师根据学校的教育目标和教育计划来选择题材,组织活动,既是对学生进行教育的一条重要途径,也有利于教育目标的实现。

3.从地域特点和重大的节假日选择

每一个地区,都有自己特有的自然环境、风土人情、名人轶事、建设成就、新人新事等,这些都蕴藏着十分丰富的教育内容。另外,我国的许多法定节日、传统节日、杰出名人的诞辰与逝世纪念日,都含有宝贵的思想道德教育资源,也都可成为班级活动的基本素材。

(二)班级活动主题确定的依据

主题是班级活动的源头,也是活动最终要达到的教育目的。班级活动不能是玩玩闹闹,一定要有教育目的或期望。所以,主题的确立是至关重要的。主题的确立可以考虑以下几个因素。

1.以全面贯彻党的教育方针为根本宗旨

班级活动作为学校教育的主要形式,必须全面贯彻党的教育方针,兼顾学生的品德、智能、身体、审美等各方面的健康发展。因此,要根据国家形势发展的需要和国民教育的整体发展来安排班级活动。当前,在基础教育课程改革的背景下,应特别注重以学生为本,注重创新精神和实践能力的培养。

2.落实学校的教育计划

班级活动的主题应依据学校的教育计划设计。每学期,学校都会对本学期的工作进行具体部署和要求,班级活动应尽量与学校整体活动安排同步,以便学生在学校整体的活动氛围中获得更多的熏陶,更深刻地体会活动主题的内含。

3.要与时俱进,具有时代特征

指导者在设计活动题材时,要善于把握时代特征,有计划地组织一些符合时代要求的活动,作及时有效的引导,使他们向着现代社会所要求的方向发展。因此,班级活动的主题可以围绕社会中的某些重大事件、流行思潮、热点话题确定。

4.避免形式化,要有思想性

在开展班级活动时,要避免活动的形式化倾向,要求早作计划,早作准备,使活动不仅要活跃学生的学习生活,还要寓教育于活动之中,使学生的素质通过生动、活泼、丰富多彩的形式得以提高。

(三)组织班级活动的要求[①]

1.班级活动的组织要有周密的计划

要能使活动丰富儿童的精神生活,还必须从时间安排上、组织形式上、活动内容上精心设计和切实保证,即班主任应做好班级活动计划。详细的计划可以避免活动中的随意性,减少突发事件的产生,保证活动完成的质量。

班级活动计划可以分为学期活动计划、系列活动计划和某项具体活动的计划等不同层次。活动计划的内容一般包括活动目的、内容安排、时间安排、场地准备、人员安排及辅助手段等几个方面。不同层次的计划详略程度可有所不同,具体的某项活动计划应有较强的可操作性。

2.班级活动要针对学生的年龄特点

班级活动的出发点不能仅仅基于外在的社会要求,还要基于儿童的成长需要,也就是要求活动的内容及形式要符合学生的年龄特点,让丰富多彩的活动成为学生的一种生命经历。这就要求针对本班学生实际。班级活动应与学生的生活相关联,并能对学生的生活产生积极的影响。在确定活动主题前,班主任应关注学生在关心什么、在做什么,学生的想法是什么,思考学生应该知道什

---

① 邓艳红.小学班级管理[M].华东师范大学出版社,2010(107－110).

么、应该做什么,使班级活动与学生的年龄特征、思想实际相吻合。

3.班级活动要力求突出班级特色

在选择班级活动的内容和形式时,要充分展现本班的特色。班级管理的每个同学虽有不同的爱好、情趣和个性等,但经过较长时间的共同生活之后,同学之间相互影响,某个相对集中的爱好或个性便形成了一个班的特色。选择能展现本班特长的活动内容和形式,有利于培养学生的归属感和集体荣誉感。实际上,班级活动是充分展现本班特色的过程,也是在有意培养班级独特个性的过程。

4.班级活动应充分调动学生的积极性和创造性

学生、班主任是班级活动的共同体。班主任要与班干部密切配合,并最大可能地调动全班学生的积极性,集思广益,共同行动,这样才能使活动计划设计得更精彩、实施得更到位。小学生思维活跃,想象力丰富,蕴藏着很强的创新性,班主任应充分信任学生,为学生提供更多的创造机会和时间。要让班级活动吸引学生,必须不断创新。因此,班主任在活动中的角色应是协调者、组织者、指导者,不能包办代替、独断专行。

5.班级活动要坚持全员参与

坚持全员参与,即要让全班每一位同学都意识到自己是班级的一员。实际上,小学生都十分向往参加班级活动,一旦有了展现自己的机会,通常会全力以赴;即便有些看似"一无所长"的学生也拥有很大的潜力,同时,这也正是需要班主任提供机会予以锻炼、指导提高的对象。因此,设计活动一定要把学生都考虑进去,不能总是形成少数几个学生表现而多数人旁观的局面。

三、班级活动的组织与实施

(一)活动设计①

活动设计是对班级活动进行策划并撰写活动方案,它是开展班级活动的基础,活动设计是否有新意,关系到班级活动的质量的高低。活动设计包括活动策划和活动方案的撰写两个方面的工作。

1.活动策划

活动策划有四个方面的内容:第一,选择活动的主题。班级活动主题的选

---

① 李学农.班级管理[M].高等教育出版社,2004(175-176).

择既可从学生的学习生活中选择,也可从教育目标和教育计划中选择,还可从地域特点或传统文化中选择。第二,选择活动内容。活动内容是活动主题的具体表现。选择活动内容要注意求"近"(即活动内容贴近学生的思想与生活,或是学生身边的人和事)、求"新"(即活动内容要新颖有创意,能引起学生的兴趣)、求"小"(即活动内容切入主题的角度小,使内容集中,易于小题大做)三个原则。第三,选择活动的形式。活动的形式为活动的内容服务,要符合小学生的心理。因此,活动形式要新颖、多样、多变,能发挥同学的特长,并易于操作。最好采用"寓教于乐"的游戏、表演、竞赛等形式。第四,设计活动的名称。活动的名称要文字简洁、语言形象、语音响亮,能提示主题,且能给人以深刻印象。

2.撰写方案

活动方案的撰写是对活动内容进一步具体化、细节化的过程。因此,活动方案的撰写过程也可以看作是对活动主题和活动内容进行进一步设计的过程。活动的方案有简案和详案两种。目前,小学班级活动的方案多采用详案形式,因为它对活动的目的、活动的意义、活动的内容、活动的过程、活动的提示等作了具体而详细的介绍,操作性强,便于准备和实施过程的顺利组织。

(二)准备

充分的准备工作是班级活动成功的保证。班级活动准备得越充分、越细致,活动实施就会越顺利,活动效果就会越好。其实,准备阶段也是班级活动的一部分。指导教师指导学生做好准备工作就是培养学生学习能力、交际能力、自我管理能力和活动能力的过程。班级活动的准备可以分为:思想准备、组织准备、人员准备和物质准备。

1.思想准备

第一,班主任在开展一项活动之前应明确最终要达到什么目的,预计可能出现的问题和障碍。班主任对活动的高度重视是激发学生参与热情的重要因素,是对同学最大的激励。

第二,班主任应发动班级学生认真准备,即通过引导学生对活动意义的充分认识,激起积极参与活动的心理倾向。

2.组织准备

活动的准备工作量大,头绪多,要求指导教师精心组织,积极指导,要做到:统筹安排,各显其能,既要依靠全体同学,但也依其长处来安排工作;分工明确,各尽其职,即对工作任务进行明确分工,责任到人;指导认真,检查到位,即任务分派后,要详细指导,甚至做到手把手教,并随时检查,发现问题,解决问题。

3.人员准备

人员准备包括：首先是主持人准备，主持人培训是活动的灵魂，指导教师要有意识地通过活动来培养学生的主持能力。其次参与人准备，班级活动的每一项具体任务应落实到人，根据不同的任务要求和学生特点分配不同的工作，使每一位学生都有机会发挥自己的作用。最后是来宾邀请，指导教师要指导好学生确定来宾的依据和邀请技巧。同时，指导教师要定时督促、检查，并及时帮助解决困难。

4.物质准备

物质准备主要指环境布置（如板报、会场布置、桌椅摆放等）、服装与道具准备（参与者的服饰道具、音乐、节目等）、设备准备（活动的音响设备、器材、多媒体等）。班主任一方面要鼓励学生自己动手、动脑，另一方面要及时了解所需，帮助学生解决困难。

（三）实施

实施是活动组织的第三个阶段的工作，是指在预定的时间与地点将活动设计的蓝图变为活动实践的过程。在活动实施之前，指导教师一定要做最后一次的检查，确保活动的顺利进行。在活动实施过程中，指导教师要起到指导与保障的作用。

1.指导

指导的工作有：指导活动人员的进场座位的安排，以及来宾的专人接待；指导工作人员维持好活动现场的秩序与纪律；指导主持人的主持。如，活动现场气氛不热烈或太热闹，主持人控制不了现场，或是主持人和参与同学因紧张出现错误，这时指导教师一定要冷静，不要埋怨学生，而要帮助主持人采取相应的对策。

2.保障

指导教师要保障班级活动准时开始和结束；保证活动按照活动方案顺利进行；要及时处理解决活动中出现的一些技术性的问题。

（四）总结

总结是对本次活动的一个回顾评价，也是巩固和提升活动效果的方法。总结是理性的反思过程，是认识过程的又一次飞跃，也是学生得以形成正确的观念和方法的必要途径。因此，班级活动开展后，不论成功与否，都应当进行总结。总结让学生在活动中体验成功，提高自信，得到成长。

1.总结的要求

(1)总结要具体、中肯。要具体、中肯地总结活动的质量。班级活动是全班同学都参与的,活动的质量当然也为全班同学所关心。总结切忌泛泛而谈,仅仅一句"总的来说不错,还需要继续努力"是远远不够的,因为这样可能会使学生对今后的活动失去兴趣;也不能只说好话,不说坏话,否则,久而久之会导致学生的盲目自傲。因此,总结应尽可能做到具体和中肯,要实事求是地分析活动中的不足和问题,找出原因所在,总结教训。

(2)总结尽量以肯定为主。总结要注意学生的感受,充分肯定成绩,以鼓励为主。班级活动开展之后,不仅班主任要充分评价活动的质量,更要让学生充分显示自己的感受,总结活动的得与失。对于存在的问题,班主任要主动承担责任,切忌指责批评学生。让学生在活动后既得到了付出努力后的赞扬,又清楚了自己的弱点或班级中存在的问题。这种师生之间、学生之间的相互评价,往往会收到非常好的效果,在总结与反思中,教育的主题得到了升华。

2.总结的形式

总结的形式是多样的:班主任在活动结束时做总结发言,对活动过程和效果作简单扼要的口头评价,是最基本的总结方式;让学生记日记、写作文、出墙报交流体会和收获,这也是很好的活动总结方式;还可以采用学生写总结报告、写课题论文的方式进行总结,或是通过展览、举办评比形式进行总结。此类总结主要适用于活动周期长、内容丰富的系列活动,以便学生展示成果,进行经验交流。

四、活动中的问题解决策略[①]

(一)活动中可能出现的问题

在搞活动之前要未雨绸缪,对于可能出现的问题要进行充分预设,并尽可能设计多种解决方案。这样,若当真发生问题,也能做到临危不乱。班主任可以从以下几个方面考虑可能遇到的问题。

1.安全问题

这是最重要的问题。班主任要把学生的安全放在第一位,事先应安排专门的时间对学生进行安全教育和纪律教育,确保学生在活动过程中的人身安全。

---

① 邓红艳.小学班级管理[M].华东师范大学出版社,2010(113).

比如春游,首先就要考虑行车安全问题,再是活动地点自然环境的安全问题,如是否靠近水边,是否需要登山,等等。如果对地点不熟悉,班主任事先还应了解行走路线。

2. 学生问题

首先是学生的身体问题,如外出乘车时晕车,应事先准备一些晕车药等急救药品;其次是结组活动时人员的搭配问题;另外还有个别有困难的学生如何帮助的问题,等等。

3. 环境问题

组织活动时要考虑全面,事先做好备用方案。如外出活动时天气突变怎么办,搞活动时突然停电怎么办,等等。一般的处理是将活动顺延到下一周,或是临时搞一些不受天气或停电等因素影响的活动。

4. 组织问题

在活动没有真正开展起来时,谁也无法保证肯定会成功。很多时候设计得很好,但真正实施的时候,可能会因为各种原因没有达到预期的效果,甚至会失败。如,邀请来宾并请来宾参与活动项目时,来宾因事不能参加,活动项目便不能再进行,等等。所以,活动前要充分考虑如果失败应该怎么办。一般来讲,从保证活动顺利进行考虑,对有不确定因素会影响活动方案执行时,准备活动过程中要考虑备用方案。

(二)突发事件的应对

突发事件最能考验班主任的智慧、胆量和人品。班主任在应对突发事件时要注意以下几点。

(1)班主任自己首先要镇定。一旦发生突发事件,所有的学生都会期待教师来帮助妥善解决。作为成年人,教师的镇定会给孩子们带来安全感,减少骚乱的发生。

(2)一切决定要以保护和尊重学生为出发点。当学生出现失误或做出不适宜的事件时,班主任不能简单、粗暴地训斥,而要用宽容的态度对待学生。一方面及时反思为什么会这样,是哪方面教育的缺失造成的?另一方面注意尽量大事化小。

(3)从不好的现象中寻找好的因素,因势利导,使事情向好的方面发展。

(4)及时寻求领导、同事等他人的帮助。活动前在预设可能出现的问题时,如果需要他人的帮助,班主任应提前找到相关人员加以说明。

第三节　少先队活动

　　小学班级既是学校教育教学的基层组织,也是少先队的基层组织。小学班级管理者往往既是班主任,也是少先队中队的辅导员,具有双重角色。因此,小学班级管理者不仅要熟悉小学班级及其活动,也要熟悉少先队组织的中队及其活动。

一、少先队的历史

　　我国的少先队是由革命战争年代的儿童团组织发展而来的。第一次国内革命时期,中国共产党先后在武汉、上海和广州等地组织成立了劳动童子团。这是中国共产党领导的第一个少年儿童的革命组织。1930 年,共青团中央召开五届三中全会,会后作出《儿童运动决议(草案)》,明确儿童运动的性质是"共产主义儿童运动",苏维埃区域内的儿童组织可以统一称为"共产儿童团"(5—15岁参加)和"少年先锋队"(15—23 岁参加)。抗日战争爆发后,中国共产党在广大抗日根据地建立了抗日救国的少年儿童革命组织——抗日儿童团。在解放战争时期,解放区的儿童团参加了土地改革和支援前线的活动。新中国成立后的 1949 年 10 月 13 日,中国新民主主义青年团中央常委会举行了扩大会议,通过了《关于建立中国少年儿童队的决议》和《中国少年儿童队章程草案》,从此少年儿童有了全国性的统一组织——中国少年儿童队。1953 年 6 月 23 日,中国新民主主义青年团第二次全国代表大会召开,决定将队的组织名称改为"中国少年先锋队",并于 1954 年 6 月 1 日正式公布了《中国少年先锋队章程》。十年浩劫期间,少先队名称被"四人帮"反革命集团取消,代之以"红小兵"组织。粉碎"四人帮"后,经党中央批准,1978 年共青团十届一中全会通过决议,才恢复了中国少年先锋队的名称。

　　在社会主义建设时期,党和政府非常重视少先队的工作,关心儿童的成长。1980 年邓小平为《中国少年报》、《辅导员》杂志题词:"希望全国的小朋友,立志做有理想、有道德、有知识、有体力的人,立志为人民做贡献,为祖国做贡献,为人类做贡献。"1984 年邓颖超在少先队员和辅导员代表会议上提出了"三个创造"的要求,即希望孩子们要树立创造的志向、培养创造的才干和开展创造的活动。1986 年全国少先队工作委员会发出了《关于在全少先队员中进一步加强共产主义教育的建议》,明确提出要进行以"五爱"为核心和基本内容的共产主义思想品德教育。1993 年全国少工委提出并发起了"跨世纪中国少年雏鹰行动"。1994 年江泽民同志为此题词："自学、自理、自护、自强、自律，做社会主义事业的合格建设者和接班人。"1999 年，中国少先队建队 50 周年，在党和政府的关怀下，少先队深入开展以"自学、自理、自护、自强、自律"为核心的"雏鹰行动"，探索了一条在新时期搞好少先队工作的新路子。

二、少先队的性质与特点

中国少年先锋队是中国少年儿童的群众组织，是少年儿童学习中国特色社会主义和共产主义的学校，是建设社会主义和共产主义的预备队。少先队的活动有：举行队会，组织参观、访问、野营、旅行、故事会，开展文化科学、娱乐游戏、军事体育等各种有意义、有趣味的活动，以及参加力所能及的公益劳动和社会实践。少先队有以下几个特点：

(一)组织性

中国少年先锋队是一个少年儿童的群众组织。作为一个组织，它具有明确的目的和鲜明的标志。少先队的目的是：团结教育少年儿童，听党的话，爱祖国、爱人民、爱劳动、爱科学、爱护公共财物，努力学习，锻炼身体，参加实践，培养能力，立志为建设中国特色的社会主义现代化强国贡献力量，努力成为社会主义现代化建设需要的合格人才，做共产主义事业的接班人。同时，维护少年儿童的正当权益。另外，作为一个组织，少先队还有自己的队旗、队礼、呼号和队员标志。这一系列标志都说明了少先队具有鲜明的组织特征。

(二)群众性

《中国少年先锋队章程》第十一条明确规定："凡是 6－14 周岁的少年儿童，愿意参加少先队，愿意遵守队章，向所在学校少先队组织提出申请，经批准，就成为队员。"这一规定不仅明确了少先队组织具有儿童性的特点，还明确了少先队组织的群众性特征，即除了年龄规定外，没有任何其他条件的限制，只要本人提出申请，就应当批准其加入。少先队的全称是中国少年先锋队，这并不意味着她只是少数"先进儿童"的组织，因为她的目标是"全童入队"，先组织再教育，这是由党建立儿童组织的根本目的所决定的，这就是"为了组织和教育全国少年儿童"。

(三)教育性

教育性首先体现在组织上，如《中国少年先锋队章程》指出，中国少年先锋队是"少年儿童学习中国特色社会主义和共产主义的学校",把少先队比喻成学校,这体现了少先队组织的教育性。其次,体现在榜样的示范和激励作用上,如党以"先锋"命名少先队,就是要求少先队时刻以"先锋"的名称、"先锋"的榜样来激励教育广大少先队员从小学"先锋",长大做"先锋"。这种"先锋"的目标,既有示范作用,也有激励作用。

(四)革命性

少先队的历史就是一部少年儿童参与革命斗争和经济建设的历史。在这部历史中,少先队和中国共产党始终紧密联系在一起的,这是少先队的革命性的首要表现。其次,少先队的革命性最直观地表现在少先队组织的标志和仪式当中。如以红领巾作为队标,代表烈士用鲜血染成的。另外,少先队组织的革命性还表现在少先队章程的明确规定。《中国少年先锋队章程》明确规定:"中国少年先锋队是中国少年儿童的群众性组织,是学习共产主义的学校,是建设社会主义与共产主义的预备队。"可以看出,少先队与一般意义上的儿童组织的根本区别在于她具有鲜明的政治宗旨。

(五)自治性

少先队从性质上说,是一个带有自治特征的相对独立的组织,并不属于学校行政的附属机构。少先队的全部工作应当由少先队员当家作主。首先,民主选举少先队干部,管理少先队事务。少先队组织一般以学校为单位建立一个大队,以班级为单位建立中队,中队设立若干小队。这些组织机构的产生是学生自治的结果。另外,少先队的实践活动具有很强的自治性。少先队员在辅导员的指导下自主地发起和开展丰富多彩的社会实践活动。

(六)实践性

少先队带有鲜明的实践性,少先队组织的生命在于开展丰富多彩的少先队实践活动。少先队的实践活动与班级的社会实践活动的最大区别在于其活动突破了课堂的教育形式,注重让少先队员自己参与实践,亲自调查、参观、访问、探究,注重少先队员自身的真实情感、体验和感受。正是这一特点才使少先队活动与少先队组织形成对全体儿童的吸引力,同时也与课堂教学开成良性的互动。

三、班级工作与少先队工作的关系[1]

(一)班级工作与少先队的联系

1. 教育对象相同

在小学,少先队组织与班级工作的对象是都是小学生,班级的成员同时也是少先队成员。小学阶段是一个人一生发展最为关键的时期,也是在德、智、体、美、劳几个方面打基础的时期。在认知、情感、行为方式等方面,少年儿童有其自身的特点,不管是班级工作者,还是少先队工作者,都应根据这些特点开展工作,进行教育,以最终使学生得到全面发展。总之,两者教育的对象相同,对少先队员的教育同时也是对小学生的教育,对小学生的教育同时也是对少先队员的教育。

2. 教育者相同

班主任往往兼着少先队辅导员。虽然班主任和少先队辅导员所承担的职责、工作侧重点不同,但因为他们都担负着教育下一代的任务,同时,两者的组成成员也是相同的,所以,社会对他们的素养要求是一致的,主要为以下几点:

(1)热爱教育事业。热爱教育事业,是教育工作者职业道德的最基本内容。班级工作者的工作既是光荣的,又是十分辛苦的。它需要班级工作者有事业心,只有这样,才能发挥主动精神,战胜一切困难,出色地完成社会赋予的重任。

(2)热爱学生。只有热爱学生的教育工作者,才会任劳任怨地培育学生;才会动之以情,深于父母;晓之以理,苦口婆心。班级工作者对学生的这种热爱,会使师生间产生奇迹般的亲和力。实践表明,谁爱孩子,孩子就爱他,只有真正爱孩子的人,才有可能教育好孩子。

(二)班级工作与少先队工作的区别

1. 工作目标不同

少先队与班级工作有着同样的教育目的,都是为了培养德、智、体、美、劳全面发展的一代新人。但就具体目标来说,两者各有不同的侧重点:

(1)班级是以学习教育为中心建立起来的组织。班级组织就性质上来说,是以学习为中心而组建的小学生日常生活共同体。班级承载的是小学生日常生活,

---

① 古人伏.小学班队工作原理与实践[M].华东师范大学出版社,2010(37-38).

这一生活是以学习为中心的,还包括其他诸如娱乐、游戏、情感、交友等方面的生活。班级的这一目标决定了班级必须促进小学生德、智、体、美、劳等全面发展。

(2)少先队是以道德教育为中心建立起来的组织。少先队是少年儿童学习共产主义的学校,是建设社会主义和共产主义的预备队。它同样要求学生全面发展,但其核心是对少年儿童进行革命思想和革命传统教育,通过开展丰富多彩的活动,对少年儿童进行共产主义理想教育和集体主义人生观教育。

2. 领导和制度体系不同

(1)领导体制不同。班级是学校教育教学的基层组织,它必须接受学校行政的领导,学校行政委托并通过班主任对班级中的学生开展教育教学工作。而少先队组织是由党委托中国共产主义少年团领导的,在每一个学校都设立一个大队,由大队辅导员指导大队委员会的工作。少先队组织不是学校的附属机构,她本身的领导体系相对独立。

(2)制度体系不同。班级组织最基本、最有力的规范是《小学生守则》以及各个班级具体制订的班规班约。而少先队组织的最根本、最有力的章程是《中国少年先锋队章程》。

3. 工作方法不同

(1)班级强调的是引导和指导的方法。在班级中,班主任是组织者、教育者和指导者,学生是受教育者。班主任作为教育者,一般都受过专门的训练,对儿童的发展有一定的认识,并对自己的工作有较强的社会责任感。他们在思想、知识、能力等各方面能够胜任对学生的指导,并能科学而合理地设计、组织和实施教育活动,引导学生积极参与,同时发挥小学生的主体作用。

(2)少先队强调的是自我教育的方法。在少先队里,少先队辅导员主要是辅导和指导帮助中队或大队委员会进行工作,组织活动。队员们根据自己的兴趣和要求组织各种生动有意义的活动,他们既是各项活动的积极参与者,又是各项活动的设计者和组织者。少先队辅导员工作着重培养、发展少先队员自我教育的意识和能力。

四、少先队中队活动

(一)少先队中队活动的内容

相对于少先队大队而言,少先队中队活动开展得最普遍。少先队中队活动是以少先队中队为单位,在辅导员的指导和帮助下,由少先队员当主人,自己组织活动。

(二)少先队中队活动的特点

1.组织性

少先队中队活动是按中队的组织系统,以中队的组织形式开展的,在开展活动时要配合使用中队所特有的组织形式:少先队中队队会仪式。

2.自主性

少先队作为一个相对独立的社会组织,有相对独立性。少先队活动需要辅导员的指导,但不能由辅导员包办代办。

(三)少先队中队活动的类型

1.一般性队会

一般性队会是以中队形式进行的、以处理中队队务和进行少先队的常规教育为主要内容的少先队活动。一般性队会又称组织管理队会或队务队会。是少先队特有的组织事务管理的形式。一般性队会是少先队员在辅导员的指导和帮助下,在中队组织中学习当家做主,学会关心群众,进行自我管理和自我教育的重要形式。

2.主题队会

主题队会是以中队为单位开展的有教育主题的少先队活动。与其他中队活动形式相比,主题队会活动的特点是活动主题鲜明,教育内容集中,能使队员在某一方面集中地受到教育。

3.系列性主题活动

系列性主题活动是指中队或小队依据全国或区域性少先队活动主题,确定一个自己活动的主题,在一段时间里,运用多种形式,围绕这个主题开展一系列活动。它具有三个特点:一是系列性,少先队主题活动围绕活动主题,开展一系列相关联的活动,活动内容丰富,活动容量大;二是实践性,少先队中队系列主题活动内容与社会生活联系得更为紧密,具有社会实践的特色;三是自主性,少先队主题活动是以中队或小队为单位,主要由少先队队员自己组织和设计的活动。

4.即兴式队会①

即兴式队会是由活动的观摩者当场给出主题,由中队队员当场设计,稍微

---

① 陆士桢,华耀国.少先队基础教程[M].科学普及出版社,1998(231).

准备后,组织开展的少先队活动。即兴式队会的特点有:一是临时性,和主题队会相比,即兴式队会也要围绕主题开展活动,但主题是由测试者当场提供,活动的开展要根据命题要求临时设计,事先无法准备;二是测试性,即兴式队会也称"测试式"队会,是用来测试少先队集体及队员个体的发展水平的一种队会形式,由于它事先不能准备,故能较真实客观地反映中队建设和队员思想素质、能力水平的实际状况;三是创造性,由于测试者规定了队会的主题,但对如何表现主题并没有加以限定,同时又是当场设计组织,所以也给队员在活动创意方面提供了发挥主动性、创造性的很大空间,能有效激发队员的创造力、应变力和组织能力。

(四)少先队中队仪式[①]

1.集合整理队伍

在举行少先队中队仪式前,要集合队伍、整理队伍。中队集会时,可按小队列成横列,整队时,中队长站在队伍前面的中间,中队辅导员的位置一般在中队长的左后方。

2.报告人数

先由小队长向中队长报告人数,接着由中队长向辅导员报告人数。报告人数时也有一定的要求。如,小队长报告人数前,先向本队发出"立正"口令,然后跑步到中队前,敬礼,报告:"报告中队长,第×小队有队员×名,实到×名,报告完毕。"中队长回答:"接受你的报告!"小队长返回原队,全小队稍息。中队长向辅导员报告时也是如此,只不过报告时,辅导员可根据实际情况提出祝词、要求和希望。

3.活动开始

报告人数后,活动开始进行,应履行这样几个程序:一是全体立正;二是出旗(鼓号齐奏,全体队员敬礼);三是唱少年先锋队队歌;四是中队长讲话;五是活动开始(重点)。

4.活动结束

活动结束时,应履行这样几个程序:一是辅导员讲话;二是呼号;三是退旗(鼓号齐奏,全体队员敬礼);四是结束。

若受场地、天气或时间等条件的限制,队会举行时可从实际出发,省略部分次要的程序。但出旗、唱队歌、呼号、退旗这几个程序不能省略。

[①]　共青团中央少年部.少先队工作问答[M].中国青年出版社,1992(53).

【思考题】

1.如何理解小学班级活动？班级活动的特点有哪些？

2.小学班级活动的类型有哪些？如何指导？

3.小学班级活动的原则有哪些？如何确定班级活动的主题？

4.少先队的性质有哪些，如何开展少先队活动？

【扩展阅读】

1.教育部:《中国少年先锋队章程》(2005)

2.古人伏:《小学班队工作原理与实践》,华东师范大学出版社,2010。

3.经常浏览中国班主任网(http//www.banzhuren.com)上的内容。

【实践探索】

1.书是少年儿童成长过程中不可缺少的伙伴。请以"读书"为主题,设计一个班级活动。

2.实习作为一个小学班级辅导员,设计该班少先队"学雷锋月"活动计划。

第四章　小学班级课堂管理

内容提要:

1. 了解课堂管理的意义与功能。

2. 理解课堂管理的本质与原则。

3. 知道课堂问题的表现,掌握课堂问题产生的原因。

4. 能根据课堂管理的理论预防课堂问题的出现,达到课堂教学效率最大化。

第一节　课堂管理与小学课堂管理

自从 17 世纪夸美纽斯创造出"班级授课制"的教学组织形式以来,课堂管理就已经存在于教师的教学活动中。对课堂管理的关注始于 20 世纪心理学的发展,由于教育有了心理学做基础,教育研究更多是从心理学角度考虑问题,课堂管理从而也有了心理学依据。但直到 1970 年,被称为"课堂管理之父"的库伯首先发表了对成功教师管理课堂的研究,才开始了对课程管理基本内容的深入探讨。课堂管理是教师为了完成教学任务,调控人际关系,和谐教学环境,引导学生学习的一系列教学行为方式。管理好课堂是开展教学活动的基石,教师必须不断地提高课堂教学管理技能。

一、课堂管理的概念

课堂管理是指教师为了保证课堂教学的秩序和效益,协调课堂中的人与事、时间与空间等各种因素及其关系的过程。因此,课堂管理,不是简单地以课堂纪律规范学生的行为,而应该是对课堂教学活动过程、对教与学的行为进行有效的组织、协调和控制。通过科学地、机智地对课堂上各种行为和关系的合理调控,才能营造平等、和谐、严肃、活泼的学习氛围,才能激发学生主动学习的热情和潜能,真正实现有效教学、高效教学,才能引领学生逐步形成良好的学习品质,在学习中学会学习。

(一)课堂管理的本质

1.课堂管理是一种教学交往活动[①]

课堂管理是一个交往行为,在教师与学生这两个主体间进行。教师针对课堂的现状进行管理,学生在成为被管理者的同时也是管理者,除了针对管理行为作出自身的反映,反馈给教师并让教师及时对管理行为的有效性作出判断并予以调整,并且进行自我管理,以保证教学的顺利进行。课堂管理是一种教学行为,它是在教学中进行的,并贯穿于教学活动的始终,最终的目的是使教学有效顺利地进行。所以说,课堂管理是一种教学交往活动。

2.课堂管理是对课堂环境基本构成要素进行的协调和控制[②]

课堂是在特定时空条件下,具有不同特征的教师和学生以一定的课程为中介相互作用而形成的特殊人际心理环境。作为一种特殊人际心理环境,课堂是由教师、学生和课程三个相互关联的最基本的要素构成的。教师和学生是构成课堂这一特殊人际心理环境的人的因素,课程是文化因素。构成课堂人际心理环境的三个基本要素由于各自的特征不同,因而存在彼此协调和相互配合的问题。因此,课堂管理的实质是对课堂基本要素进行的协调和控制,目的是为课堂教学营造和谐而融洽的人际心理环境,主要表现为对正当课堂行为的维持和强化,以及对不当或违规课堂行为的矫正。

(二)小学课堂管理 [③]

小学课堂管理是指在小学课堂教学过程中所进行的管理,即小学教师以课堂教学的全过程为对象、以小学生自身的特点为前提、以提高教学成效为目的,建立和维持班级团体,提供能够挖掘小学生潜能和促进小学生学习进步的良好的课堂生活,以使其发挥最大效能的一连串行为和活动。小学课堂管理具有以下特点:

---

① 商雪飞,袁世超.论教师课堂管理[J].河北软件职业技术学院学报,2007(3).
② 李森,潘光文.行为分析理论视角下的课堂管理策略[J].课程·教材·教法,2003(11).
③ 李阳.小学课堂教学管理有效性探析[J].湖南第一师范学院学报,2008(6).

1.管理对象的特殊性

小学生正处于身心发展的阶段,机体的能量代谢大,好动,自制力不强,注意力的集中时间有限,一般在 10—25 分钟内,年龄越小集中的时间越短。因此,对小学教师而言,课堂教学管理具有较大的难度。学生要学到知识,就必须集中精力。因此,在课堂教学中,教师必须审时度势,"张"、"弛"有度,以有趣的开场白等来集中学生的注意力。另外,针对学生自制力不强的问题,教师要制订出完善的课堂规范。

2.师生关系的特殊性

(1)小学生的向师性很强。小学生十分依赖、相信教师,具有很强的向师性。总认为老师说的就是对的,老师的话甚至比父母说的还管用。因此,小学教师应做到以身作则、为人师表,对小学生起到明显的表率作用。以身作则、为人师表同时也是小学教师职业道德的一个重要特征。小学教师职业的特殊性在于育人,不仅用自己的学识去教人,更重要的是用自己的高尚品德去育人。在教育过程中,小学教师的人格本身是一种教育因素,直接影响小学生的人格,对小学生良好思想品德的形成有着潜移默化的作用。因此,小学教师必须在思想品德、学识才能、语言习惯、生活方式和举止风度等各方面成为小学生的表率。具体地说,新型的小学师生关系要求小学教师必须具有高尚的道德情操和崇高的精神境界,树立优良的教风和具有文明礼貌的风度。

(2)小学师生关系对学生发展的影响大。教师对学生的喜、怒、哀、乐,期待与信任,无时无刻不对学生的身心发展、学习进步、人格形成都产生重大影响。因此,小学教师要善于控制自己的感情,克服自己的消极情绪,发展自己的积极情绪。在教育教学过程中碰到一些令人难以忍受的情况时,作为小学教师必须头脑清醒,沉着冷静,千万不能发怒,千万不能辱骂小学生,更不能对小学生进行体罚。否则,不但不能解决任何问题,反而会使师生之间的关系更为紧张,使师生双方都对对方耿耿于怀,不利于小学教学过程的顺利进行。对于小学教师来说,善于制怒,善于控制自己的情感、行为,能够抑制无益的情绪和冲动,这既是职业道德修养必不可缺的心理品质,也是衡量小学师生关系好坏的尺度。

二、小学课堂管理的原则①

(一)价值观群化原则

人的个体行为受其价值观的左右,而人的群体行为则取决于群体价值观,价值观是组织文化的核心。群体价值观能够使学生的个人目标和集体目标结合起来,从而激发学生的内在积极性。价值观在很大程度上决定学生的理想和目标,不同价值观导致不同的目标和追求。群体价值观使得全体学生具有共同的目标,并促使他们把集体目标的实现作为个人自觉努力的内在动力。群体价值观形成一种文化氛围,对人产生内在的规范性约束。课堂的群体价值观构成课堂的心理氛围和文化氛围,随时随地影响着学生能动性的发挥。只有形成了群体的共同价值观,全体学生才能对课堂产生一致的认同感,进而形成牢固的凝聚力。

(二)动态生成原则

动态生成,是指在师生交往互动的课堂管理中,教师以即时出现的有价值、有创见的情境或观点为契机,善于调整或改变预先的活动设计,挖掘学生的潜能,引发学生深入思考,充分展现学生的个性,从而达成或拓展课堂目标,使课堂活动获得成功。由于课堂受社会因素、自然环境因素、学校因素、家庭因素、教师、学生、教学手段、教学内容等的影响,这些影响因素又处在不断变化之中,使得课堂发展呈现出一定程度的不确定性。因此,课堂管理必须坚持动态生成的原则,以变化的眼光来看待课堂问题,以发展的视角进行课堂管理。

(三)主体性原则

学生是有着主观意志的主体,应该享有一定的自主选择和自我发展的权利。自主选择体现了对对方主体性的尊重,这也是师生互动在精神层面上的更高准则。每个人都有自己的理想、信念和做人的准则。因此,在社会共同的基本价值观的大前提下,应该为每个人留有余地,给予对方自由选择的权利。教师尊重学生的自由选择的权利,就包含着对学生的信任和热切期待,学生就会向着这种期待去努力。主体性原则就是在充分发挥教师的主导作用的前提下,引导学生主动参与课堂管理,学会根据环境要求自主选择目标、自我调控、自我

---

① 章方良,郭大伟.文化管理视野下的课堂管理[J].教学与管理,2009(11).

发展,最终健康、积极地适应环境。它要求教师善于创设适宜的课堂情境,给学生以主动选择的空间,以使他们的主体性能得到发挥,学会选择,学会负责。

(四)活动性原则

活动是人的存在和发展的基础,小学生的发展不是外在强加的,而是学生借助于他们所参与的活动而主观构建的。活动是保证儿童身体健康发育的重要条件,六七岁至十一二岁的小学儿童处于生长发育的重要时期,通过开展各种活动,使儿童自发地运用各种肢体动作,促使儿童健康成长。另外,活动是促进小学儿童基本心理机能发展的必要条件。小学阶段的儿童,在认知、情感、社会化水平等心理机能上都处于较低的水平,也是出于不断向前发展的比较关键时期。活动性原则要求课堂管理要以活动为主要载体,通过组织和引导学生主动参与活动,来提升学生主体意识和能力,促进学生全面和谐发展。

三、小学课堂问题的特性[①]

(一)课堂问题的行为特性

1.课堂问题行为具有消极性

课堂上学生未经允许乱讲话、随意走动等捣蛋行为,影响了自己和其他同学的正常学习,会导致学习成绩下降,会影响教师基本的教学权,反过来又影响学生的学习;处理捣乱行为使教师失去大量本来应用于教学的时间,不利于课堂教学目的的顺利实施;消耗了师生的精力,影响了学生的学习动机,导致学生形成不良的学习态度;使师生之间失去信任,因而阻碍了有益的合作关系的发展。

2.课堂问题行为具有普遍性

这不仅指世界上不存在没有问题行为的课堂,而且不论什么学生在课堂上都会有问题行为,区别在于数量多少、发生频率和程度轻重不同而已。

3.课堂问题行为的程度以轻度为主

课堂问题行为都主要表现为轻度问题行为,而且持续时间短,易变性强。换言之,课堂违纪行为大多是浪费时间的行为,即学生在不应该讲话的时候讲话、混日子、做白日梦以及未经允许就在教室里乱走等,很少发现学生有充满敌

① 崔允漷.有效教学[M].华东师范大学出版社,2009(216).

意的公然反抗行为。我国对小学课堂违纪行为的调查资料也显示,轻度的占84%,比较严重的占14%,非常严重的占2%。

(二)课堂问题的时间特性

1.课堂问题易发生在活动的转变时期

当一种活动转向另一种活动的时候,就容易发生课堂问题。这种情况也有三种类型:一是开始上课时,学生由于在课间休息的时候一般都有比较大的活动量,大脑处于兴奋状态,不容易马上平静下来,因此,开始上课时容易出现违纪的事情。二是从某一类课程转换到另一类课程的时候,例如,从一堂生龙活虎的课进入一堂要求注意力高度集中、长久静坐的课程,或是从一堂大受欢迎的课转向一堂不太喜欢的课,或是由一堂不作严格要求的课转向思维上更加求同的课,学生就容易转换心思。三是在上课过程中从一种活动转向另一种活动的时候。这主要是因为学生没有做好从事下一个活动的准备工作,在转化期间,学生对什么是适当的行为存在着含糊的期望,如学生在教师讲完一个内容后让学生自己学习时,学生容易出现随意讲话或四处乱翻等违纪情况。

2.课堂问题易发生在活动结束时期

教师结束一堂课讲授时,这个时候学生能感觉到快要下课了,嘈杂指数陡然上升,学生开始烦躁不安地摆弄课本、纸张和个物品。如果教师拖堂,则引起的反感情绪会更加强烈。

四、课堂管理的功能

课堂管理虽不是课堂教学本身,但它与课堂教学紧密结合在一起,对教学活动的效果产生着十分显著的影响。具体说来,课堂管理在教学活动中具有下述三方面的功能。[①]

(一)助长功能

课堂管理的助长功能是指良好的课堂管理可以最大限度地满足课堂内个人和集体的合理需要,形成积极良好的课堂学习环境,激励学生的参与精神,激发学生潜能的释放,从而达到教学目标,圆满地完成教学任务。课堂管理的助长功能对教学活动有积极的促进作用,它是教师教学及管理艺术高水平发挥的结果。

---

① 商雪飞,袁世超.论教师课堂管理[J].河北软件职业技术学院学报,2007(3).

(二)维持功能

课堂管理的维持功能指教师通过一定的管理手段,较持久地维持课堂教学的基本秩序,形成比较稳定的教学环境,经过师生的共同努力完成教学任务,实现教学目标。在课堂教学过程中,由于经常会出现各种新的问题,发生各种偶发性干扰事件,因此,及时预见并排除各种干扰课堂教学活动的不利因素,有效维持正常教学秩序,对于教学活动的顺利进行也具有重要意义。

(三)致弱功能

课堂管理的致弱功能是指不良的管理方式可以激化课堂教学中的冲突和矛盾,破坏正常的教学秩序,从而给教学活动造成消极影响,妨碍教学任务的顺利完成。由于以上几种功能对教学活动有着不同的影响,因而教师在课堂管理过程中要尽量避免管理不当引起的负面影响,在正常维持教学秩序的基础上最大限度地发挥课堂管理的助长功能,使课堂管理在提高教学质量方面发挥应有的作用。

第二节　小学课堂问题的处理

一、小学课堂问题的表现

课堂问题行为,简单地说,就是学生违反课堂常规所表现出来的行为,或是由于教师处理不当的行为。这些行为是那些在特定的情境中教师认为阻止或威胁到学习活动,它破坏了课堂学习活动的连续性。

(一)教师方面的课堂问题

1.教师课堂问题的表现[①]

(1)要求不当。有的教师对学生要求过严,学生忙于应付,稍不留意就违反了规定。教师既不分析自己的要求是否合适,也不分析学生的具体情况,只通过严惩学生以维持纪律,导致师生之间的矛盾和冲突逐渐尖锐化;而有的教师则对学生要求过低,只要学生不惹是生非,不冒犯教师,其余一概不管。有时,

---

① 何志武.小学课堂问题的艺术管理[J].宁夏教育,2012(10).

教师也会被某些学生的问题行为所激怒,在"惩一儆百"之后仍一如既往,放任自流。这样的课堂纪律必然涣散。

(2)方法不当。指教师在课堂上滥用惩罚手段。从表面上看,惩罚常能迅速而有效地制止课堂内的问题行为,但不分青红皂白地惩罚,不但不能增强学生的纪律性,反而会降低教师在学生心中的威信。特别是对学生进行体罚或变相体罚更易使学生产生怨恨情绪,有可能诱发学生产生攻击性的问题行为,也有可能诱发退缩性的问题行为。

(3)教师缺乏自我批评的精神。当问题行为严重地干扰课堂教学时,教师多严厉惩处,很少自我反省。由于教师缺乏寻找自己在教学和师生关系方面不足之处的主动性,也不在学生面前坦率地承认自己的疏忽,从而加剧了学生的不满情绪。教师和学生应该是平等的行为主体,每个人都有自己的尊严、需要和权利,这是课堂管理的基本出发点。为此,课堂规则和纪律的制订宜以民主的方式商定产生,而这样产生的规则和纪律也会被自觉地遵守。

(4)教学不当。指教师由于备课不充分,缺乏教学组织能力,或者由于表达能力差而造成的教学失误,进而引起课堂问题的行为。常见的教学不当有教学组织不当,如教学从一个活动跳跃到另一个活动缺少"过渡",会使学生无法参与教学过程;讲解不当,如教师在学生面前讲课时显得无能、迟钝、笨拙,而在一段时间困死在一个问题上,学生就有可能置课堂于脑后。

2.教师课堂问题的分析

(1)管理思路上的问题。主要包括:管理时太过于主观化和情绪化,即把自己的主观认识或情绪转移在学生身上;只会责备别人,不想反思自我,即问题发生时,错误都是学生的,自己没有一点错;没有多种假设,只有简单归因,即只从学生的角度找原因,从来不从社会、家长、教师自身等方面来找原因;迷信权力、管理、说教和惩罚,即动不动就对学生打骂或是威胁;把课堂问题简单化,分不清课堂问题的性质,即不分清楚问题背后的性质是道德问题、心理问题、学习问题,或是纪律问题。

(2)方法上的问题。主要包括:用权力吓唬学生,主要是通过教师的权威对学生进行体罚(如,罚你把作业抄 100 遍,罚站等)或威胁学生,也就是心罚(如,教师说:"走着瞧"、"把家长叫来"等),这些教师常常在课堂上动不动就中断课堂,对学生加以训斥,甚至不惜用整节课的时间进行冗长的训斥或漫骂,或者是常常不分青红皂白地运用各种手段对学生进行惩罚,所有这些都能引发学生的怨恨情绪,甚至诱发攻击行为。另外,靠集体压迫学生,主要通过班级集体评比、排名来进行,这种方法的实质是把教师的霸权行为转化为大多数学生的霸权行为,或是把教师同学生的矛盾转化为大部分学生同问题学生的矛盾,其实,本方法对成绩落后的学生有很大的伤害。

（3）威信上的问题。在学生心目中，失去威信的教师是很难管理好课堂的，失去威信的原因是多方面的，一般来说有这样几个方面：教学业务水平低，教学方法不好；对教学不认真负责，教学懒懒散散；对学生的要求不一致，说了以后没有检查；向学生许愿，但从不兑现；从不关心学生，对学生冷漠；带有偏见，处理问题不公；明知有错误，还强词夺理。

(二)学生方面的问题

大多数在课堂上出现的问题行为，都是一种"本不应该出现，但是学生故意让它出现"的行为。这样产生的"问题"，通常包括干扰其他同学学习，破坏课堂活动的顺利进行，或违反纪律，对抗教师和学校的合理要求等。

1.小学生课堂问题的表现

根据课堂学生行为表现的主要倾向，把课堂问题行为分为外向性问题行为和内向性问题行为两大类。外向性问题行为是直接干扰课堂正常教学活动的攻击型行为，这些行为是容易被觉察的；内向性问题行为是不容易被觉察的，对课堂教学活动正常进行不构成直接威胁的退缩型行为。

（1）外向性问题行为。主要包括：行为粗暴、争吵、挑衅推撞等对抗性行为；交头接耳、高声喧哗等扰乱秩序的行为；出怪声、做怪脸以惹人注意的行为；语言粗俗、顶撞其他同学及教师的盲目的逆反行为；迟到、早退、随意离开教室、随意走动等抗拒行为等。

（2）内向性问题行为。主要表现：在课堂上心不在焉、胡思乱想、发呆、做白日梦等注意力涣散行为；害怕提问、抑郁孤僻等厌恶行为；神经过敏、烦躁不安、频繁活动、乱涂乱画等不负责任行为等。

2.小学生课堂问题的动机

大部分课堂问题是由学生本身的因素引起的。这些因素主要有：

（1）厌烦而表示不满。由于教学内容太难或太易，学生感到索然无味，或是由于教师的教学方法单调，语言平淡，甚至无意义地重复，学生感到厌烦，因而寻求刺激，以示不满。

（2）寻求关注。那些没有获得他们所需要的关注的学生会主动或者被动地寻求关注。主动寻求关注表现在敲打铅笔、装模作样、大声喊叫、问无关的问题等；被动寻求关注表现为浪费时间、不思进取和不愿听话。

（3）寻求注意以确定地位。当一些学习成绩落后的学生发现自己无法从学习或竞赛中获得教师和同学的认可时，或当学生没有得到足够的关注，没有觉得自己是班级的一员时，他们常会产生以问题行为来寻求教师和同学的注意来寻求权力,或是争得自己在班集体中的位置。主动寻求权力可能有的行为表现是发脾气、顶嘴、不尊重和挑衅;被动寻求权力的行为表现有漠然地不听从教师的指导,或者将自己的意愿隐藏在懒惰、遗忘和疏忽等行为背后。

(4)挫折与紧张的发泄。对于教师提出的学习、行为方面的各种要求,学生会有不同的反应。有的学生顺利地达到了教师的要求,频频成功;而有的学生则连遭挫折,面临失败的威胁。挫折使学生紧张,紧张累积到一定程度就会进行发泄。有的学生在班上遭受了实实在在的或者假想中的伤害,会着手向同学或者教师实施报复。

(5)寻求逃避。有的学生因感觉不能胜任,宁愿表现得懒散而不愿让自己显得愚蠢,希望每个人都不要理他们,从而避免面对达不到期望的现实。这反过来为许多教师用高压手段来使学生就范提供了理由。

二、课堂问题产生的原因

课堂管理对教师来说主要是在学生出现问题行为,尤其是那些影响教学活动正常进行的问题行为时,能采取有效的干预措施,并且能够未雨绸缪,减少课堂问题行为的发生。有多项研究表明,在课堂教学中,教师用于教学的时间大约仅占一半,另一半时间用在课堂管理上,而后者中大部分时间又是被处理纪律问题消耗的。[①] 可想而知,学生在课堂上真正用在学习任务上的时间其实并不多。

(一)学校方面的原因

1.学校管理观念的原因

课堂问题行为是发生在课堂里的,看似同学校没有多大关系,但学校对课堂的管理是学校管理的缩影和反映,其管理思想和管理行为同学校的管理有很大的关系。如有的学校把常见于工厂、军队甚至监狱的那套管理用在课堂上,甚至是作为先进的办学思想来宣传,这种思想或是管理方式使学生感受不到有人关心、有人尊重,感受到的是自己的行为被压迫、自己的个性受到压抑、自己的尊严受到践踏、自己的自由受到限制,在这种环境下,自己得有所作为。可以说,教育者眼中的学生的捣乱行为也许事实上就是学生对学校教育的一种合乎情理的批判,一种不得已的反抗。

---

① [美]Jones,V.F.全面课堂管理——创建一个共同的班集体[M].方彤,译.中国轻工业出版社,2002(5).

2.学校教学制度的原因

学校的教学计划和教学管理上也可能存在一些问题,表现为班级人数过多、不利于个别辅导、缺乏现代化教学设备和教学手段、课程安排不合理、教师教学任务重等。现代化辅助教学设备与教学手段已配备但未得到充分利用,教师对于教育技术的运用还需要进行系统的培训。

(二)教师方面的原因

1.教师教育观念的原因

教师的教育观念问题主要是受传统的应试教育的影响,主要表现在对学习成绩好和差的学生不能一视同仁、片面追求高分、忽略学生能力的培养,这些使教师在教学过程中片面强调学生的学习成绩,一切教学活动均以提高学生学习成绩为中心,而忽视学生的创造力、学习动机、学习兴趣、创新精神以及学生身心健康的培养等问题。

2.教师教学态度的原因

有些教师往往把教学工作例行公事化,把自己预设的一套凌驾于活生生的学生真实交往之上,很少考虑学生在怎样的课堂上才能坐得住的问题,也很少去分析学生因年龄问题、能力差异、性别因素、社会经济背景甚至文化差异导致的行为差异对自己的诉求,反倒假设学生在课堂上知道什么时候该做什么和怎么做,教学变成了教师自导自演、要学生配合的事情,学生充其量作为从属作出回应。学生在课堂上因为没有归属感、没有得到满足就容易发生问题行为。

3.教师教学设计的原因

教学实践表明,有无好的课堂管理,关键看有无好的管理设计。课堂管理的第一步是具体设计课堂教学活动。在开展教学活动前,教师首先要确定教学活动的目标,选择实现目标的方法步骤,分配教学时间,分析教学环境条件,预估教学效果等,这些教学设计工作如果做得好,准备充分,那么教师在课堂中就可以胸有成竹地按计划组织、推进教学,避免一些因准备、设计不足而造成的课堂失误,保证教学活动在高质量设计方案的基础上高效运行,从而达到预期目的。如果教师事先没能很好地了解学生的学习状况,教学目标设计不当,对学生要求过高过严或过低过松,都可能影响学生的课堂努力程度,并可能产生课堂问题行为。

(三)学生身心因素

1.生理障碍与心理缺失的原因

大部分课堂问题是由学生本身的因素引起的。如有视、听、说等方面障碍的学生或者患有"多动症"的学生,在课堂上免不了会出现一些问题行为。另外,小学生由于发育期的紧张、疲劳、营养不良等也会引起问题行为。

2.学生个性倾向性的原因

这其实是一个人发展差异性的问题。年龄小的孩子由于那些可想而知的原因更容易出现课堂问题行为;随着年龄的增长,学生的独立性也在增长,他们有时喜欢测试一下老师的限度和自身的限度,看看教师、同学有什么反应。外向型的孩子感觉不到刺激,厌倦无聊的课堂,会表现出一些易见的影响课堂的方式,而内向型的孩子同样会以自己独特的方式折磨着教师的神经。

3.学生自制力的原因

学生在一节课中耐久力是有限的,而且年龄越小,耐久力就越差。如果让学生长时间坚持,他们会感到无聊、反感并产生违纪行为。教师分配和解释任务时,学生之所以容易出现不良行为,是因为总有一些学生不那么热衷去完成分配的任务,学生感到厌烦,因而寻求刺激,以示不满。

(四)环境因素[①]

1.家庭方面的原因。小学生由于阅历浅,其价值观、人生观往往与社会的准则不一致,这常常导致直接的冲突。如家庭经济条件较差的孩子往往自尊心较弱,经济条件优越家庭的教育内容往往更符合校园里教育的价值观念和行为标准,经济条件较差的孩子更有可能发觉自己能力的不足,家庭优越的孩子更能实践并理解推延满足感。因此,学生的家庭生活方式和价值观可能与学校的价值规范大相径庭,学生在家里的某种语言和行为习惯可能在学校里不被允许,因而,价值观的冲突也是不可避免的。

2.社会方面的原因。大众传媒如电视里有关暴力行为和犯罪行为生动逼真、淋漓尽致的描述也极大地影响着学生的行为。当今社会,大众媒体非常发达,这意味着孩子们很容易接触过诸如暴力、色情、凶杀、追求感官刺激等庸俗的商业性的、低级趣味的的内容。学生容易受到这些内容的影响,耳濡目染,潜移默化,甚至盲目模仿和具体尝试其中的动作与行为,这些行为也常常延伸到

---

① 崔允漷.有效教学[M].华东师范大学出版社,2009(220).

课堂。有研究表明,如果学生看到电视上所描述的暴力行为和挑衅行为的环境与他们本身所处的环境相似,那么,他们就很可能仿效那种行为。

3.课堂环境方面原因。课堂环境包括物质环境和心理环境。物质环境包括教室的形状、大小和布置,座位的摆设,设备和资料的有无和放置等。心理环境有时被称为课堂气氛,主要指课堂的感情基调,学生对教师、学习任务和其他同学的感受。比较拥挤的教室,容易令人烦躁,增加攻击性行为,降低注意力。就是常见的教室座位安排来说,坐在教室中间的或前面的学生较常与教师有互动关系,而坐得较远的同学问题行为也随之增加。

三、小学课堂问题的处理

在课堂教学中,教师普遍感受到为难的一个问题是如何管理课堂。课堂管理不是把学生的行为控制起来,而是教师为创造有益于学习的课堂环境所作出的决策和所采取的行动。课堂管理技能足以决定教学的成败,一个缺乏课堂教学管理技能的教师,显然不会在教学上取得像样的成就。

(一)小学课堂问题处理的依据

1.问题的影响范围

教师在应对课堂问题行为时必须确定干预会多大程度上妨碍教学活动来决定是否中断课程教学的进程。也就是说,处理问题行为时产生的负面影响不应该比要去处理的问题本身负面影响大,否则学生实际用于学习的时间会因不恰当的干预而大量丧失,不利于课堂教学任务的完成。

2.问题的影响程度

教师应该根据问题行为的性质和严重性来决定是否干预。因为违规行为不同,问题行为的影响程度也就不同,教师的反应也应有所不同。对于转瞬即逝并且没有扰乱课堂的问题行为可以忽略不计;对学生本来就知道他们应该做什么,而捣乱的性质十分明显时,教师用没有干扰的技巧让他们的注意力回归课堂就行;当问题行为十分严重或者扰乱性较大,教师当时很难弄清事情的原因时,可以先制止,事后再了解情况。

3.问题涉及的学生

教师实施相同的手段对所有的学生并非有相同的效果,最好应制订多样化的干预措施。也就是说,处理的方式方法要适应学生的个性特点,正如学生需要个性化的学习计划以满足他们不同的学习需求一样,教师对他们应有不同的对待方法,如,对在课堂上走动的问题行为,教师对是否有学习意愿的同学以及对是否有自控能力的同学的处理方法应该有所不同。

4. 问题发生的时间

对于课堂违规行为处理与否,要考虑此种行为发生的时间,即要考虑到问题行为的背景及其对学习的影响。如,一开始上课和临近下课的几分钟,或是课堂中二个活动过渡时期,由于学生的注意力不易转移的原因,教师可以容忍,而不加以干预,但在课程主要活动进行时,一旦有问题行为则必须干预。

(二)小学课堂问题行为的处理方法

课堂的问题很多,但并不是所有的问题都要当时在课堂上进行处理。忽略小而且转瞬即逝的问题行为。教师要根据课堂问题的严重程度、影响范围、学生的实际状况来决定是否要在课堂处理。一般来讲,许多小小的课堂违纪行为,尤其是转瞬即逝的违纪行为,教师可以不加干预。如因为某个学生突然"叭"地折断铅笔而暂时分散了课堂的注意力,或是两个学生在课堂低声交谈并马上停止,这些课堂违纪行为都可以忽略不计。

1. 言语提醒

课堂上学生出现做小动作、接话茬、喧闹、过分放肆等违纪现象,教师理应当机立断地处理。教师可以做一个细小的停顿,采用旁敲侧击的方式,使对方知道他的行为已被老师注视而且应立即纠正。

(1)情态语言提醒。当学生做出违纪的行为且无法忽略时,教师可运用简单的眼神注视、摇头、脸部表情、走近、接触、打手势等非语言线索来使其终止,无须中断课堂加以干预。对绝大多数学生来说,干扰只是瞬间的一种失控表现,并不是有预谋的行为。教师应慎重地考虑学生的情感和自尊心,如盯他一眼,朝他点点头,轻轻敲击一下他面前的书桌,或站在他身旁略为停留,或叫他本人或周围学生答问等,通过微妙的方式把信息传递过去。这样,师生情感容易沟通,见效快。

(2)言语提醒或提问。如果情态语言或是暗示不能奏效时,教师可以用正面的言语来提醒该学生回到学习活动上来。当然也可用提问的方式,即通过向没有认真听课的学生提问使他们的注意力回到课堂中来。

2. 反复暗示

对于课堂上有一些问题行为,有的学生故意不按教师的要求去做,或者教师辩解、找借口等,想以此来试探教师的决心与忍耐力。教师应明确要求学生应该做什么,坚定重复地要求学生去做应该做的事。这样既可避免教师控制不住自己的情绪对学生大发脾气,也可以避免学生放任自流。

（1）目光暗示。当学生出现注意力涣散、做小动作、交头接耳等情况时,为避免影响课程的进行,教师可继续上课,还可以始终注视有不恰当行为的学生,或站在这个学生旁边,用眼睛盯着这个学生,直到他停止行为为止。

（2）旁敲侧击。课堂上,当学生出现做小动作、说话、喧闹等违纪现象时,教师要机智地进行处理。如果教师讲授完毕,可以让学生自己看书或者做练习,也可以看学生一眼,朝他点一点头,轻轻地敲一下他的书桌,或站在他身旁,或叫他和同桌回答问题等,从而达到有效的课堂教学管理。

（3）距离暗示。调整和学生之间的距离也会影响学生课堂的行为,使学生保持注意力。因此,教师可通过调整与学生间的距离来保持课堂纪律。如,走近行为不良学生的身边,让他注意到你的出现,从而重新投入到课堂学习中去。

3.表扬与罚劣

针对课堂管理中存在的批评惩罚多、鼓励关怀少的现状,教师应坚持积极鼓励引导、恰当使用惩罚的教育原则。心理学研究表明,在课堂管理中,奖励的矫治作用远远大于惩罚,教师通过鼓励理想行为去纠正克服不良行为的效果要比对不良行为实施过度的惩罚要好。因为,奖励有助于加强行为,增强行为发生的可能性,并逐渐巩固起来成为良好的习惯,而惩罚则只能减弱行为,缺乏积极的正面引导作用,容易造成学生的恐惧心理,影响师生间的融洽交往。

（1）表扬。表扬是一种强有力的激励。教师对学生赞美期望的行为比正面干预的效果要好得多。表扬以精神奖励为主,如口头表扬,增加操行分等。表扬有两种方式:一是表扬与问题行为相反的正确行为。即教师可以反其道行之,从表扬学生的正确行为入手,来减少课堂问题行为的发生。二是表扬其他学生,表扬其他学生的良好行为可以使违纪学生表现出类似的行为,也就是要求老师不要直接去干预学生的违纪行为。如,当某个学生出现违纪行为时,教师可以表扬另外一个同学能在课堂上认真听课或是注意力集中,从而使该学生停止违纪行为。

（2）罚劣。罚劣应当努力将惩罚变为一种学生愉快的自我教育。如魏书生老师创造的学生学习"违法"自我惩罚的五种方式就是很好的例子。谁"违法",除了补上学习任务外,还要从五种方式中挑选一种进行自我补偿。五种方式是:一是为别人、为集体做件好事,以补偿内疚心理;二是为大家唱支歌,或表演个节目,增强自制观念;三是写一份说明书;四是写一份心理病历;五是写一份个人法庭审判程序。

第三节　小学课堂问题的预防策略

一、创设良好的课堂环境

课堂教学环境包括自然环境与心理环境。课堂自然环境指课堂中那些可见的具体的环境因素,包括教室的形状、大小、座位的摆放、设备和资料的有无和放置等。课堂心理环境既包括课堂的氛围与班级风尚,也包括用颜色、灯光、温度、陈列品来创造一个让学生感到安全、舒适、有吸引力的课堂气氛。但对上课教师较有普遍意义的是与学生建立良好的关系。

(一)安排好课堂物质环境

教师与学生置身于一定的课堂之中进行活动,首先要保证课堂的表层实体,即课堂物理环境的舒适与合理。物质环境是指班级成员行为的物化结果,它既反映班级成员的行为方式,同时也影响班级成员的行为方式。物质环境也能规范班级成员的行为方式,对班级成员行为方式起调控的作用。

1.物质环境要有利于学生听课

物质环境设计会影响心理环境,教室的光线、色彩、温度、湿度、噪音等条件对课堂教学有着基本的影响,因此,要保证学生在听课过程中所接受的各种刺激的适宜度。另外,课堂物质环境的设置还要有助于增进学生良好的情绪情感体验,诸如安全感、舒适感、归属感等。也就是说,教室的装修、布置与摆设要温馨如家,富有个性色彩和地方文化色彩,从而通过物质环境达到调控课堂上学生行为的目的。

2.物质设施要能满足学生听课

课堂物质环境要满足学生听课的需要,即物质环境的设计不能影响学生,要让所有学生能够看见黑板、投影机荧幕、地图和其他教学用具。如果教师所用的教学用具挡住了学生的视线,或者展示在投影机、写在黑板上的文字等太小,那些受影响的学生会做出违反课堂纪律的事。可见,这些物质设施直接关系着学生对课堂、对教学、对教师的情感与态度体验,最终影响课堂教学结果的有效性。

3.物质环境有利于师生间的沟通

课堂物质环境的设计要有利于课堂师生间的交流与沟通,即课堂物质环境的设计要方便每一位学生的听讲,适合他们与教师、与同学之间的交流,适合他们畅所欲言,方便其进行合作探究和深入实验等。像课堂桌椅的摆放方式等对教学质量有很重要的影响,因此,班主任要围绕座位安排多做一些文章。座位排列方式很多,教师至少要了解按排摆放、环形、半圆形等这几种主要的座位排列方式的利弊,并加以有效利用。座位按排摆放这种方式,容易形成一个"作业区域",对不在这个区域内的学生不利,教师可通过把有问题(学业上的或行为上的)学生调整到这个区域内,注意提问坐在边上的学生,或定期地让问题学生坐在教室前面,或者就是通过自己多在教室里来回走动,改变作用区域的位置来消除负面影响。

(二)设计好课堂心理环境[①]

课堂管理的良好运行还需要在师生之间营造一种良好的心理条件,即课堂气氛的营造。课堂气氛是班集体在课堂上所表现出来的心理气氛,通常是指课堂里某些占优势的态度与情感的综合状态。有效课堂的氛围应当是安全的、鼓舞人心的、民主的、适度竞争的;班级风尚应当是积极向上、合作团结、相互尊重、鼓励个性成长的。

1. 与学生发展一种友好而恰当的关系

良好的课堂师生关系有如下特点:师生之间相互尊重,学生之间友好合作;教师能运用很强的人际技巧,帮助学生之间建立紧密的联系;学生具有主人翁意识与归属意识,且表现出信任感和满足感;教师具有主人翁意识且能够表现出真正的自我,具有人性化的一面等。师生长期在一起却互不了解是极为不正常的。教师必须努力通过发现学生生活上的细节、参加学生的活动、创造和学生私下交谈的机会等多种途径真正去了解学生,与学生发展一种友好而恰当的关系。教师要将严格、热情和关心人三者很好地结合起来,致力于建立一种相互关心、相互支持的师生关系。

2. 多说肯定的话而非否定的话[②]

研究表明:教师课堂上的积极评价可以促进学生行为的改进。因此,教师在课堂上,应尽量不要使用消极否定性的语言,多用积极引导的语言,不仅要告诉学生"不要怎样"、"不能怎样",更要告诉学生"应该怎样"、"怎样才能做得更好",不仅使学生意识到自己不良行为的缺陷,更要指出学生努力改进的方向,从正面引导学生的发展,从而有助于学生良好行为品质的形成和巩固。

---

① 崔允漷.有效教学[M].华东师范大学出版社,2009(228).
② 邱乾.西方有效课堂管理的基本策略[J].外国中小学教育,2006(1).

（1）教师要尽量使用积极的评价。积极的评价是将学生的不良行为看作是有待解决的问题而不是应该惩罚的行为,通过积极的评价或方式来帮助学生改正。因此,教师应尽量使用"我信息",如"作为教师,我对你上课看小说的行为感到不满",向学生传达出教师对问题情境的感受和对学生正当行为的要求,避免"你信息",如"你太懒惰,你如果不改进,你将一无是处"这类引发学生反感的标记性言辞。

（2）教师的评价要对事不对人。教师在评价学生时要注意"对事不对人"。例如,教师可以说"我喜欢你,但是我不喜欢你现在做的事情",但不能说"你真是不可救药","我讨厌你"。总之,过多的对人式评价会让学生觉得教师不谅解人、不关心人、没有帮助、不公平,反而不利于学生不良行为的改正。

3.传递高期望

皮格马利翁效应表明:教师的期望对学生的学业成绩有一种预言实现的效应。故教师应向全体学生多传递积极期望。当然,对所有学生都寄予厚望并不意味着不加区别地对待学生,即教师要明确什么是期望的学生行为。教学前,教师必须对适当的行为和不适当的行为有一个清楚的界定。当然,由于课堂教学形式的多样性和复杂性,教师对学生行为的要求是不同的,但必须让学生明确在不同的场合自己应该做什么。教师不宜通过威胁的方式强迫学生遵守规则和接受不遵守规则的相应后果,应避免与有问题行为的学生发生正面冲突,以此维持教师的教学权利和其他学生的学习权利。当然,教师不应总着眼于消极后果,要不断运用积极强化的方式将学生的注意力集中到期望的行为上,并不断鼓励他们。

4.运用有效的沟通

教师如果不擅长沟通,任何试图通过良好的管理来创建积极的学习环境的努力都会受挫。因此,教师要在课堂管理中运用有效沟通技能,沟通技能分为发送信息的技能与接受信息的技能。前者是指与学生说话时使用的技巧,用于与学生交流那些需要他们改变的方法、给学生提供反馈意见、对学生提出积极的期望。后者是指倾听的技巧。学生总是有他们的疑惑、忧虑需要教师来倾听,否则,学生会觉得不受重视和尊重,就会以消极的行为来表达。

（1）正面诱导。所谓正面诱导,是向学生传达出他们负责任的、有能力的、有价值的信息。比如在门口与学生打招呼,表示非常高兴见到学生,夸奖学生的学业等。相反,负面诱导则是指向学生传递出他们不负责任的、没有能力的、没有价值的信息。如考试辅导时,教师对该生说:"别担心,反正你从来就没通过考试。"这种讽刺的话表现出教师的负面诱导。正面诱导不仅能形成学生的积极态度和良好的师生关系,还有助于矫正学生的不良行为。

（2）要善于倾听。教师的倾听体现着对学生的接纳和重视。倾听是表达尊重的标志，是满足学生被接纳、受重视等需求的重要途径。心理咨询实践表明，仅仅让受询者说出与他的生活挫折有关的内心感受就可能治好他的心理疾苦。因此，教师要善于掌握倾听的艺术和技巧，并把它应用于与学生的交流中。具体来说，教师在倾听时要注意停下正在做的事情，不要轻易打断学生的讲话，并尽可能从学生的立场设身处地地理解其所表达的思想和感受。

二、建立课堂规则和常规[①]

建立课堂规则和常规能够使课堂复杂程度降低，更加可预测，因而可以节省教师的指导时间，减少师生的压力，而学生因为知道他们该干什么，就较少可能做出不合规矩的事。课堂规则和常规本质上都是有关行为的期望和规范，前者指一般性的期望或标准，用以规定学生的言行举止，后者是指完成常规工作和其他在课堂里频繁、重复发生的具体活动的方法，其作用在于使学生能知先后顺序、循序行事。

（一）制订课堂规则

课堂规则是形成良好课堂纪律的前提条件，必须认真细致地制订课堂规则。制订课堂规则不是教师自己想出几条然后告诉学生这样简单，还要遵循以下几个基本准则：

1. 让学生参与

课堂规则应通过教师与学生的充分讨论，共同制订。课堂规则不可由教师凭个人好恶独断设立，而应经过学生的讨论与认同。学生通过参与讨论，共同制订课堂规则，就会自觉遵守并乐于承担责任。换言之，让学生参与制订课堂规则，既能提升学生对规则的拥有感，增加学生遵守班规的可能性，又能强调学生自我控制和个人责任，还能视学生为道德思考者，协助他们清楚班规背后所蕴涵的道德观。

制订规则时，教师可从以下几个方面入手：教师可以先提出一个暂时的决定，然后学生根据自己的意见作出修改；教师提出一系列选项，让学生选择；教师提出一个问题，然后广泛征求学生的建议；等等。教师可以根据学生的年龄等实际情况，选择一种让学生参与的方式。

---

① 崔允漷.有效教学[M].华东师范大学出版社,2009(228－231).

2.为规则提供理由

规则不是随意制订的,要有支持其存在的充分理由。有关政策法规、教育目标、学校政策、教师个人的课堂管理哲学、学生的物质状况和班级实际等都是制订课堂规则的依据。如,制订的规则不能侵犯基本人权,制订的规则要符合新课程倡导的"自主、合作、探究"的精神;制订的规则如果有违教师本人的教学哲学,也是不能得到执行的;另外,制订课堂规则也要针对学生在课堂上多发的那些行为问题。

3.规则数量以五条为宜

学生违规经常是因为他们忘记了规则。一般认为五条规则比较合适。这些规则必须进行充分讨论,以便把真正需要的规则制订出来。同时,规则内容的表述应坚持正面引导为主,多用积极的语言,如"希望……"、"建议……"等,少用或不用"不准……"、"严禁……"等语句。

4.清楚和明确地陈述规则

"带着课本、笔记本、纸和笔来上课"这种表述,比"总是准备好才来学校"效果好,因为前者在描述要求的行为上是明确的,它的意义也很清楚,而后者需要额外的解释。使用更通用的词语来陈述规则,提供遵守的规则的例子以及破坏规则的例子。另外,描述规则时最好使用积极的口吻,少用"不准或严禁做什么"之类的词句。

5.一并考虑不遵守规则的后果

当有人违反规则时,教师一时不知道如何回应,也是常有的事。因此,最好在制订规则时就向学生说清楚处理违规行为的方案。这对正在养成习惯的年纪小的学生来说更显必要。

(二)拟订课堂常规

教师除了要和学生一起制订课堂规则外,还要教给他们一些常规,以便他们在参与具体的课堂活动时能按照这些程序来做。与数量有限的规则相反,需要建立的常规非常多,可以说几乎对学生在教室里所做的每一件事,都必须制订一个明确的程序。如怎样削铅笔?怎样传递和上交作业?怎样排队?等等。另外,教师在备课的时候,也不要忽略程序问题。课程内容和教学策略固然重要,但是程序问题可以使一堂课成功也可以使一堂课失败。教师要事先考虑一下将怎样处理这些课堂上的程序,确定学生们是否已经知道这些程序,不要让任何程序问题留下机会。

课堂常规的类型很多,一般来说有以下几种:根据课堂常规的活动性质,课堂常规可分为:"点名"、"出入教室"、"上课"、"收发作业"、"值日生工作"等内容;根据适用课堂常规的项目性质,课堂常规可分为:"礼貌"、"秩序"、"整洁"、"勤学"等方面;根据场所性质可将课堂常规分为:"教室规约"、"上下学规约"、"集会公约"、"运动场所规约"等。

(三)严格执行①

良好的开始是成功的一半。研究表明:有效的管理者从开学的第一天开始,并在此后的两三周内,用更多的时间来抓全班的规则和常规管理。这对无论是不是第一次教相同班级的教师来说都是值得借鉴的。

1.教导规则和常规

教师不能只是呈现规则和程序,正如抽象地教导一个概念或原则是有缺陷的。教师要创造性地教授规则和常规,如讲故事、纠正错误、签订合约等。例如学生在接到信号时能停止正在做的事,将所有的东西都要放下,注意听教师讲。教师每天做二至三次的演练,合规则的行为模式就能稳固地建立起来。值得注意的是,因为常规很多,教师要分清楚哪些是开学第一天就需要教给学生的,哪些是以后要教给学生的,这样就不会让学生一下子必须接受太多的信息而被弄得晕头转向。

2.彻底一贯地执行规则

学年开始的这段时间是建立有益学习环境的关键期,教师要彻底一贯地掌控和执行规则。当有人违规时,教师应立即予以纠正,也就是说,每一次违规行为发生时,教师都应加以制止,并立即提醒学生注意规则,以及强调这规则为什么重要。对那些有意违规来考验教师的学生,教师更要通过处理其违规行为来展现规则的坚定性,这样学生就会养成自觉遵守规则的习惯。

3.加强与家长的沟通

教师从学年开始就要重视与家长的沟通。可以采用以下方式:一是给家长写信,列明上课和作业规则,希望家长们能理解与支持。二是对表现好的学生,写一张简单的便条,让其带回家,增加鼓励。三是学生有什么需要其家长处理的问题,教师应尽早告知学生家长,这传递了教师了解和关心学生的信息。

三、加强教学过程的监管

即使学生已经熟悉了课堂上的一切,包括规则,也掌握了做事的许多习惯

---

① 崔允漷.有效教学[M].华东师范大学出版社,2009(232—234).

做法,但仍然不意味着专心有序的课堂学习环境已建立起来。教师要加强课堂教学过程的监管,最大限度地减少学生课堂问题行为的发生,让学生有更多的时间投入到课堂学习活动中去。

(一)保持课堂进行过程流畅

1.保持学生课堂学习的连贯性

在一个连贯性好的课堂中,学生总是有事可做,不太可能捣蛋。既使是枯燥无趣的内容,通过与学生感兴趣的话题建立连接,也能使教学变得生机盎然。教师要保持课堂的连贯性,须做到:既不不能过度关注违纪行为,也不能过度关注已掌握的内容。前者是指教师中断课堂去训斥某种原本可以忽略的行为,后者是指教师翻来覆去地讲学生已熟悉的内容。

(1)课堂教学目标的设计要关注不同学生的要求。这就要求我们关注不同层次学生的发展需求,从教学目标、课堂提问、作业与练习等方面实行分层教学。结合学生平时的具体表现,教师在备课时精心制订每节课的教学目标,让学生围绕不同层次的目标进行学习。在设计课堂提问时,应注意面向不同基础的学生,使所有学生学得轻松、学得主动。在作业与练习的设计上,应分别设计以巩固、熟练应用和灵活应用为目的的练习,以适应不同学生的需要,调动所有学生的积极性。

(2)课堂教学过程的设计要排除不良的干扰。良好的课堂管理是指教师能设计良好的教学过程,排除教学过程中各种不良的干扰,紧凑而富有节奏地安排学生学习,使学生参与课堂,同时采取有效措施排除不必要的课堂干扰,维持课堂秩序,保证课堂进程的时效性。它包括预防性的管理与应对性的管理。预防性的管理包括在每一堂课之前教师对课堂干扰的预见与预防,例如:课前的准备(去除不必要的干扰物,准备好课堂用具等);设计吸引学生注意、防止学生分心的方法手段;设计不同性质的教学任务并进行教学方法的适当转换,防止学生疲劳;针对不同学生的特点预计学生的学习进度和学习反应并制订对策等。应对性的课堂管理是指对课堂教学中出现的课堂意外实施干预,从而保证教学进程的管理。

(3)课堂教学过渡的设计要注意引起学生的注意。教学的流畅性是指不断注意教学意义的连贯性,即课堂上从一个活动转向另一个活动时所花的时间极少,并且能给学生一个注意信号。过渡是指从一个活动向另一个活动的变化,如从讲授到讨论、从一门课程到另一门课程等。因此,课堂教学过渡的设计要注意引起学生的注意。过渡的设计时应遵循三个原则:一是过渡时应给学生一个明确的信号;二是在作出过渡之前,学生要明确收到信号后该做什么;三是过渡时所有的人同时进行。

2.教师要把握好课堂教学的节奏①

有效的课堂要求教师掌握好课堂教学的节奏,保持课堂教学进程的连贯性。保持教师课堂教学进程的连贯性要求教师不能从课堂教学跳跃到琐碎的事务上,继而又跳到不必要的课堂纪律上,或是已开始了另一个活动,却还在旧事重提。这些都会分散学生的注意力。

(1)教学语言要抑扬顿挫。课堂教学是语言的艺术。教师除了要注意课堂教学语言的准确简练、形象生动外,还要特别讲究抑扬顿挫,张弛有度,讲究节奏感和韵律美,使自己的语言富有感染力。教师可以根据不同的教学内容,时而语调柔和,感情委婉,如泪泪清泉,似微微流云,给学生以身临其境之感;时而慷慨激昂,热情饱满,如江河奔涌,似急风暴雨,以激起学生心灵的火花。教师的语言一旦达到此种境界,就能牢牢地吸引学生课堂的注意力。

(2)教学内容要疏密相间。疏密相间的教学内容,会带给学生有张有弛的心理节奏,保持旺盛的精力,更好地接受教学内容。如果教学内容密而不疏,学生精神长时间紧张,就容易疲劳;如果疏而不密,学生的情绪就会过于松弛,注意力难以集中。因此,在教学内容的安排上要多少适宜,难易适中,轻重适度。

(3)教学方法要灵活多变。什么时候以讲为主,什么时候以练为主,什么时候讨论;何处引导,何处点评,何处设疑;悬念如何设置,文眼如何体现,板书哪些内容;何时何处运用多媒体教学,何时何处运用传统教学手段等等,凡此种种灵活运用,合理搭配,就能构成课堂教学方法的节奏。反之,课堂气氛或是死气沉沉,学生昏昏欲睡,或是课堂无规律地急促跳跃,课堂气氛闹哄一片。

(二)维持课堂中学生的团体注意力

维持课堂中学生的团体注意力是指吸引和保持全体学生的注意力。这要求教师注意学生课堂学习的责任心和团体警觉。责任心是解决在课堂教学的每一环节都要让所有学生参与进来的问题。如让其他的学生注意某个学生的任务完成情况。团体警觉是指教师在讲授和讨论期间,教师用来维持所有学生的注意力的提问策略。本策略可以通过以下方式进行:

1.通过有效地提问来保持

课堂提问是教学设计的一个重要内容。它能够集中学生的注意力去探求知识,发现规律的"导向",是发展学生智力的"体操",也是一种重要的教学手段。管理式课堂提问不仅是师生之间传递教学信息的方式,也是调控学生心理

---

① 胡涛.生态课堂的情绪管理[M].西南师范大学出版社,2008(40).

活动、维持良好教学秩序的重要手段。管理式提问有两种使用方式：一是在发现学生说话、走神的情况下，用提问激发学生与学习内容有关的思维活动，牵回学生的注意力。应注意的是，问题必须与教学活动相关，尽量避免"你为什么不注意听讲"之类难于获得真正答案的问题。二是在讲解某部分内容之前，告诉学生讲解结束后将请他们回答问题，以引起学生的广泛关注 。通过询问或提醒学生应该做什么，让学生重复他们应该遵守的规则和常规，以及让他们注意行为是否适当，从而让学生保持警觉。提问要注意以下五点：

（1）忌盲目。课堂提问要紧扣教学目的、重点、难点，直接指明教学意图，确切恰当，构成课堂结构的合理层次，引导学生深入钻研教材、熟悉教材，充分调动学生的思维，从而达到把学生注意力集中在课堂上来的目的。

（2）忌不当。课堂提问应切合实际，符合小学生的接受能力，要符合维果斯基的"最近发展区"，对学生提出适当的要求，这些要求不高，只要学生稍微努力就能达成，学生就容易从心理上接受教师的要求，从而接受教师的课堂管理。久而久之，不断强化和提高对他们的要求，让他们养成遵守课堂纪律的习惯，从而实现教师的有效课堂管理。相反，过于复杂的问题使学生不知所措，达不到提问的目的。

（3）忌含糊。课堂提问应表述清楚，要求明确，使学生一听就能明白，对于笼统或思考范围很广的提问，往往不知从何答起，无所适从。

（4）忌抽象。课堂提问应符合小学生直观、立体、形象的思维特点；直观形象是思维活动最强烈的诱因。因此，在观察的基础上提问，学生就会融会贯通。

（5）忌片面。课堂提问应面向全体，一个学生回答的问题，不能代表所有学生，要照顾到差生，因为差生的信息源最能反映教学效果。

2.通过同时兼顾来保持

同时兼顾是教师在同一时间内能注意或处理两个以上事件的能力，也就是在同一时间内，既能照顾到全班学生的学习活动，又能回答个别学生的问题。如教师在指导小组学习时，一方面指导全组学生读课文，另一方面迅速地回答个别学生的问题而不影响小组活动的顺利进行。缺乏经验的教师有时会因为处理个别学生的问题而拖延过久，使大多数学生精神涣散而影响学习。另外，教师也可通过控制好完成任务的时间来保持团体注意力，即控制好学生课堂完成任务所需的时间，提醒学生注意时间界限，帮助他们对自己的行为负责，也可以使学生能更好地参与学习。因为太少的时间会导致担心、紧张，甚至诱发违纪行为；而太多的时间可能导致学生闲谈或闲散的举动。

【思考题】

1. 课堂问题有什么特点？

2. 小学课堂管理有哪些特殊性？

3. 课堂问题的类型有哪些？是什么原因造成的？

4. 如何你是一名教师，如何预防课堂问题的发生？

【扩展阅读】

1. (美)艾斯奎斯著：《第 56 号教室的奇迹》，卞娜娜译，中国城市出版社，2009。

2. 崔允漷著：《有效教学》，华东师范大学出版社，2009。

3. (美)Jones，V. F.：《全面课堂管理——创建一个共同的班集体》，方彤译，中国轻工业出版社，2002。

4. (美)Renee Campo：《课堂问题分析与解决——成为反思型教师》，赵清梅、王建魁、胡昌送译，中国轻工业出版社，2007。

【实践探索】

1. 设计一个课堂小学生违纪问题的观察记录表，观察并记录。

2. 走访 1—3 名小学老师，了解他们对课堂管理的措施并进行评析。

第五章　小学班级学习管理

内容提要：

1. 了解学会学习的涵义与意义。

2. 知道指导小学生学会学习的方法与学习策略。

3. 理解影响小学生学习的因素，并能从实际出发培养小学生的学习能力。

4. 能够依据小学生的实际指导小学生进行课程和课外学习。

第一节　小学班级学习管理概述

一代教育宗师叶圣陶先生曾在《叶圣陶教育文集》中对教育的目的作出精辟的论断："教就是为了达到不教"。这是无数教育工作者穷其一生想要达到而难于达到的境界。埃德加·富尔在《学会生存》一书中也一针见血地指出："未来的文盲不再是不识字的人，而是没有学会学习的人。"因而，在推行新课标的今天，新理念指导下的新课堂应致力于学生的长远发展，为学生形成终身学习的能力而努力。

一、指导学生学会学习的意义

学习是一种复杂的心理现象，它不仅与感觉、知觉、注意、记忆、思维、想象等认识过程直接相关，还涉及学习者的学习动机，学习是学习者通过经验或练习而改变其行为的历程，学习是人类最有意义的基本活动之一。

(一)学会学习的概念

广义的学习指有机体获取经验并凭借经验以适应变化的环境的过程。狭义的学习是指人类的学习,即人们在社会实践中,通过语言,有目的、有计划、自觉主动地掌握个体经验的过程。学会学习就是在获得必要的基础知识和基本技能的同时,掌握有效的学习方法,具有调控自我学习心态、监控自我学习过程、实现学习目标的能力。可见,"学会学习"是现代学习的一种新观念。学会学习具有以下特点:

(1)"学会学习"者在学习科学、文化、知识、技能、方法等诸多方面形成高度统一。学生的学习是在教师的指导下,有目的、有计划、有组织、有系统进行的,是以掌握科学文化知识和技能、开发智力与培养能力、形成世界观和良好的思想道德品质为主要任务的活动,是为未来生活做准备的。

(2)"学会学习"者具有学会自我修养良好学习品质和优良学习作风的方法,能正确选择、确定学习内容、学习重点、学习程序,进行科学决策,制订科学的学习策略的方法。

(3)"学会学习"者具有学会自我教育、自我调控的基本方法。

(二)学会学习的意义

1.教师专业发展的要求

教会学生学会学习,已成为世界教育科研普遍关注的课题。教师更应该站在时代和社会发展的高度,确立自己在教学中的主导地位和角色,转变传统的教育观念,针对应试教育的弊端,认识学会学习的重要性,注意挖掘学生学会学习的潜力,加强"学会学习"的指导和培养,让学生学会自己构建目标体系;教会学生善于选择达到目标的适宜手段;教会学生善于在检测中采取有效的调控措施;教会学生善于总结自己达到目标的成功手段,总结成功的学习方法和思维方法。学校要采取相应的激励措施,鼓励先行,鼓励冒尖,鼓励先进,促进更多的教师主动、积极参与"学会学习"工程,大面积地提高教学质量。

2.素质教育顺利推进的要求

目前,我国教育的最大弊端就是"应试教育"。它是以应付升学考试,而不是以提高学生的素质为目的的。因而出现了忽视大多数学生,只关注少数能够升学的学生;只重视智育,忽视德育、体育、美育和劳动技术教育;只强调知识的传授,忽视能力的培养;其基本的方法是死记硬背,题海战术,使得学生学业负担过重,一部分学生甚至厌学、逃学。这种情况不改变,必然会影响到人才的培养。

3.深化新课程改革的需要

当前,基础教育工作必须着眼于学生潜能的唤醒、开掘与提升,促进学生的自主发展;必须着眼于学生的全面成长,促进学生认知、情感、态度与技能等方面的和谐发展;必须关注学生的生活世界和学生的独特需要,促进学生有特色的发展;必须关注学生的终身学习的愿望和能力的形成,促进学生的可持续发展。这些任务的完成和目标的实现都有赖于学生学习方式的转变,即建立和形成旨在充分调动和发挥学生主体性的多样化的学习方式,这也是新一轮课程改革的核心任务。新课程倡导的新的学习方式是自主学习、合作学习和探究学习,这也是实施新课程最为关键的环节。

4.社会发展对人才素质的要求

现代科学技术正迅猛发展,新知识、新信息成几何级数加速发展,科学技术知识的更新周期日益缩短。这决定了新世纪需要的是能不断掌握新技术的学习型、创造型人才。信息社会对人才的要求,不同于以往的社会。如果说在工业社会初期,在学校学习的书本知识就可以应付一生职业的需要,那么在今天,面对瞬息万变的世界,学生在学校学习的书本知识,可能到毕业的时候不少已经变得陈旧。这又决定了个人所受教育的学制、类别界限将被打破,决定了学校不可能教给人们一生所需要的知识。每个人进入社会后,都要接受继续教育和终身教育,都必须有多次的知识和技能的补充和更新,才能胜任多种工作岗位和社会角色的需要,学习将成为一个人的终身需要。因此,最好的方法就是在学校里不满足于学习现存知识,更重要的是学会学习,学会获取知识的方法,这就是我们常常提到的"能力"。教育不仅要教给学生知识,更要培养学生的能力。培养能力是素质教育的核心内容,而学生学会学习则是实施素质教育的突破口,亦是实施素质教育的迫切需要。

二、学习管理的原则[①]

(一)学习管理的原则

1.指导与反馈相结合的原则

班主任对学生的学习动机、学习态度、学习方法等进行有意识的指导后,应通过各种途径去了解学生的学习进展、学习动态。例如通过课堂教学中师生之间的双边活动,通过课内外各种作业完成的情况,通过学生成绩的变化以及通过家访等途径获得关于指导后学生的学习效果、学习态度等。并对反馈信息进行分析研究,了解对学生进行学习指导的成效,找出问题的原因,从而适当及时

---

① 时伟,高伟,刘红艳.中小学班主任工作的理论与实践[M].合肥工业大学出版社,2004(139).

地对自己的指导方式、内容作出调整。

2.整体指导与个别指导相结合的原则

班主任在指导学生学习时,既要面向全体学生,又要针对学生的实际情况进行特殊指导,也即在指导时,不求"一视同仁",不能千篇一律,集体指导可使大多数学生掌握一般学科时的基本学习方法,形成良好的学习习惯。同时,引导学生将学习同他们自己的学习兴趣特长结合起来,以促进学生个性的全面发展。但是,由于班里学生的学习层次、能力水平、个性特点都不同,各门学科的最优学习方法也不一样,因此在集体指导时,要依据不同对象、不同学科的不同特点,采取不同的指导措施。

3.协调一致原则

学习指导不仅是班主任的事,也是各任课教师与学生家长的责任。在学习活动过程中,班主任要注意不能单枪匹马,更不能和任课教师或家长的指导发生相互矛盾。例如,班主任提倡减轻课业负担,在时间安排上劳逸结合,而数学老师却强调要搞题海战术,这样学生反而会不知所措。所以,在进行学习指导时,班主任应尽量创造条件,带动任课教师和家长也参与到本班的学习指导工作中,加强相互间的交流,相互协调,保持一致。

4.理论指导与实际训练相结合的原则

班主任的学习指导切记不能单纯地以理论灌输而忽视结合实际。纸上谈兵对学生来说收效不大。因为掌握科学的学习方法,实际上是形成一种学习能力,仅仅了解一些理论是不够的。因此,班主任在进行学习方法的传授时,更要重视让学生进行掌握学习方法的实际训练,只有通过实际去操作,学生才能找到适合于自己的学习方法,并在实践中加以巩固和创新,最终形成自己的学习能力。

(二)班级学习指导的方法

1.专题讲座法

专题讲座就是在宏观上对学生进行学习指导,它是班主任根据学生学习的需要,采取专题形式定期或不定期地举办学习指导讲座,讲座的内容可以围绕学习方法也可以围绕学习能力等进行。这种方法可以是报告会形式,也可以利用校刊、校报、班级学习园地等形式进行。讲座法的优点是形式灵活,具有针对性和实用性。也就是说,学生进入不同的年级,可以根据学生的心理发展水平和所开设学科的特点,定期进行学习知识专题讲座,如:怎样记忆繁多的英语单词,怎样开展课外阅读,等等。班主任要精心安排讲座时间,要认真准备,要结合实例,结合学科知识,结合学生的思想实际和学习现状,增强讲座的针对性和实效性。

2.诊断治疗法

这是一种个别指导的方法。班主任可以通过问卷、谈话、观察、提问、改作业等形式对学生的学习动机、学习兴趣、学习方法、学习效果等方面进行较全面的了解,加以认真分析,从而诊断出学生在学习上存在问题的主要根源,然后有针对性地加以指导。由于学生情况千差万别,影响学生学习的因素也不止一个,所以班主任运用这种指导方式就具有针对性强、适应学生差异的优势,特别适用于对学习困难学生的个别指导,能及时有效地解决学习困难学生在学习上的问题。班主任要全面细致地了解班里每一名学生的学习情况,需要花费较多的时间与精力,这样才能对症下药。

3.经验交流法

通过班主任的组织,让学生们自己现身说法,在同学之间相互进行学习方面的心得交流。常用的形式有召开主题班会、座谈交流会、优秀学习方法报告会、作品展览等,这些活动都可以让学生就学习问题进行相互间的交流。这种方式有利于学生从同学身上获得自己实际的经验,同时,组织学生定期总结和交流,通过学习实践自己得出来的心得体会,具有鲜明的个性特征和亲切可接受的特点,对于增强学生学习自信心、学习喜悦感都有推动作用。班主任可随时随地组织这类活动,不受时间、空间的限制,且轻松随意,易于被学生接受。

三、不同类型学生学习心理的管理策略[①]

小学班级是由一个个不同的、有鲜明个性的个体组成的。班级学生个性的差异决定着班级存在着不同类型的学习心理,这种差异要求班主任加以重视和研究,采取不同的对策加以指导,这既有利于他们个性的发展,也有利于他们的学习得到全面、普遍的进步。

(一)思维类型差异:快智型与慢智型

快智型与慢智型思维类型是具有典型意义的一组思维类型。小学班主任弄清楚这组思维类型的特征并对属于这组思维类型的学生尤其是对慢智型思维类型学生的学习心理指导,是小学班主任学习心理指导的一个重要组成部分。

---

① 林建华,曹树.中学班主任与心理指导[M].南京师范大学出版社,1999(72-90).

1.快智型与慢智型思维类型的特点

正常人的思维能力差异表现在广阔性、深刻性、独立性、灵活性和敏捷性等方面。慢智型与快智型思维主要是依据思维能力中的敏捷性即速度的角度来划分的。

(1)慢智型思维的小学生的思维特点:一是思维速度或者说智力活动的速度比较缓慢;二是思维能力中的灵活性明显不够;三是他们思维活动的广阔性、深刻性、独立性和批判性均比较优秀,具有智力活动细致、深刻、高质量的特征。

(2)快智型思维的小学生的思维特点:一是思维速度或者说是智力活动的速度相当快,通常也能正常地解决问题;二是思维过程中或者说智力活动中的思路相当灵活,往往能随机应变;三是他们思维的广阔性、深刻性、独立性显得不够平衡,因此,他们解决问题虽然果断却往往不够全面,得出的结论往往偏激而不准确。

2.对快智型与慢智型思维类型学生的指导

(1)班主任要正确认识这两种思维类型的学生,并贯穿于平时的教育教学工作中。首先,要认识到这两种思维类型的学生都具有培养和发展的前途,尤其要正确看待慢智型思维的小学生,要改变以往对其轻视的偏见;其次,要认识到慢智型思维的小学生有可能成为创造型人才;最后,要辩证地看待快智型思维的小学生,既要看到其思维的灵活性对其成长有利,也要看到其思维的广阔性与深刻性不足对其成长的不利。

(2)班主任要重视对慢智型思维学生的发现。第一,慢智型思维学生一般不适应考试,因此,班主任不要以考试评价此类型学生的优劣。第二,要分清慢智型与智力落后的学生的区别。前者思维清晰,方向正确,对事物有自己的看法;后者思维混乱,没有自己的看法。

(3)班主任要加强对慢智型思维学生的具体指导。第一,要帮助此类学生认识到自己思维活动的方式,学会利用自己的长处,树立自信心。第二,班主任从自己做起,在自己所任的课程的教学中进行改革,建议学校领导进行教学改革,让此类学生有足够思考的时间。第三,要倡导考试方法与评价方法改革,要真实、客观评价此类学生的学习状况,推动他们的学习。第四,要帮助这类学生学会自学。

(二)学习时间偏爱差异

随着社会的发展,时间对学习者的意义也越来越引起人们的关注。小学班主任要深入对小学生的学习时间偏爱差异的认识,并有针对性地进行学习心理指导,使他们充分地、科学地、合理地利用学习时间,从而提高学习效益。

1.四种学习时间偏爱类型的特点

根据学习者对不同学习时间的偏好,可以分为两组四种类型,即百灵鸟型与猫头鹰型、上午型与下午型。在小学生中,也存在着这四种类型的学生。

(1)百灵鸟型。这类学生在清晨头脑清醒,反应敏捷,记忆和思维效率高。

(2)猫头鹰型。这类学生一到夜晚,大脑即进入高度兴奋状态,且特别清醒,注意力集中,精力充沛,思维活跃,学习效率高。

(3)上午型。这类学生上午学习效果好,效率最高,尤其是上午九点之后,头脑才完全清醒,注意力集中,思维活跃。

(4)下午型。这类学生偏爱下午学习,他们在下午学习效果好,效率高。他们通常要午睡,哪怕是午睡一会,用凉毛巾一擦,精神大振。

2.对四种学习时间偏爱类型学生的指导

(1)了解班级同学的学习时间偏爱类型,对各种类型的同学加以指导。

(2)班主任可建议学校教务处在排课时,为学生薄弱的课程或难度较大的课程排在大多数所偏爱的学习时间里面进行教学,根据学生学习风格特征安排课表。

(3)班主任还要注意在给学生排座位、分小组时,要将各类不同学习时间偏爱的学生分在一个小组内,以便他们在各自的小组内发挥最佳学习和听课的效果。

(4)班主任还应注意防止少数学生以自己的学习时间偏爱为理由,不认真听课,要耐心地进行指导。另外,还要注意对学习时间混合型,或者是对学习时间没有明显学习时间偏爱的学生学习指导,主要是指导他们养成正常的学习生活习惯。

(三)学习心理的性别类型的差异

在男女性心理差异中,学习心理差异是很重要的一部分。小学班主任对学生的学习心理性别类型要加以区别,准确把握男生与女生的学习心理特征,有针对性地加以指导。

1.男女生学习心理的特点

(1)男女生的知觉风格。女生的听觉感受性高,尤其是辨别声音频率的音调能力具有优势;在学习方法上,喜欢听教师的言语讲解,喜欢朗读,言语表达能力强;书面表达上,用高速比较多,情感色彩浓。而男生长于视觉和空间知觉,在学习上表现对几何、物理等学科感兴趣。女生的知觉速度优于男生,注意力的转移也比男生快。

（2）男女生的记忆风格。女生长于形象记忆、情感记忆和运动记忆，而男生长于逻辑记忆；女生的绝对感受性高，情感体验比男生深刻得多；女生的无意记忆优于男生，男生有意记忆强于女生；女生机械记忆强于男生，而男生意义记忆优于女生。

（3）男女生的思维风格。在思维的广阔性、深刻性、独立性上男生优于女生；女生依赖于直观形象思维，满足于现成的知识解决问题。男生处理问题善于随机应变，而女生的思维定势强；在创新上，男生优于女生，而女生习惯于死抠书本。

（4）男女生的成就动机。男生的成就动机高于女生；男生对自己的能力充满信心，而女生则较低；男生的成就动机直接指向目标和任务，而女生则指向人际关系，成为"好孩子"；男生的成就需要也强于女生。

（5）男女生对知识的掌握。整个小学阶段，女生的成绩优于男生；具体课程成绩上，女生语文、英语成绩优于男生，男生则在数学成绩上强于女生。

2.对男女生学习心理性别差异的指导

（1）班主任应认识到男女生在学习心理上各有所长，也各有所短，应扬长避短。

（2）班主任要更新教育观念，纠正人们内心的性别偏见和性别观念，同时也要指导家长改变性别偏见。

（3）班主任要影响各任课教师根据男女生的认知风格、记忆风格、思维风格上的不同特征，采取相应的措施实施教育。

（4）引导女生要树立较高的成就动机，提高她们的志向水平，激发她们的学习热情。

（5）在学习行为上，对男生要引导他们克服粗枝大叶的毛病，培养他们严谨踏实的学习态度；对女生则要求她们勤于思考，勇于质疑。

第二节　小学生学习能力的指导

《班主任工作的暂行规定》明确指出，班主任要承担"教育学生努力完成学习任务，会同各科教师教育、帮助学生明确学习目的，端正学习态度，掌握正确的学习方法，提高学习成绩"的职责。所以，作为班级的组织者、教育者和领导者，作为学生成长的引路人，班主任责无旁贷地要肩负起指导学生学习活动的任务。这中间包括了对学习方法、学习兴趣、学习能力等多方面的指点与指导。

一、指导学生学会科学合理地安排学习时间

有一部分学生学习成绩欠佳，并不是不努力，而是由于没有科学有效地安排和利用时间。班主任应指导学生科学合理地安排和使用时间。

(一)指导小学生科学地安排时间

1.科学地制订好作息时间表

制订作息时间表既能使你有更多的时间，又能使你成为时间的主人。在制订休息时间表时要注意活动的安排劳逸结合，有张有弛，娱乐时间的安排要适当，特别是双休日要安排较充裕的时间娱乐，以使精神能在紧张的学习状态中解放出来；但也不能整天只管娱乐不管学习。一张作息时间表也许不能解决你所有的问题，但是它能让你如何支配你这一周的时间，从而使你有充足的时间学习和娱乐。

2.依据学校作息时间表安排学习时间

首先你要清楚一周内所要做的事情，然后制订一张作息时间表。在表上填上那些非花不可的时间，如吃饭、睡觉、上课等。安排完这些时间之后，选定合适的、固定的时间用于学习，必须留出足够的时间来完成正常的阅读和课后作业。当然，学习不应该占据作息时间表上全部的空闲时间，总得给休息、业余爱好、娱乐留出一些时间，这一点对学习很重要。

(二)指导小学生充分利用时间

1.充分利用空余时间

教师要指导小学生懂得充分利用"零碎"时间。如果把每天的活动记录下来，就可发现零碎的空闲时间还真不少，如上学路上、等公交车时、饭前饭后、就寝前等。如果把这些小的不起眼的零碎时间适当地利用起来，也可以学到不少知识。如，每天在晨跑时、吃饭时、课间、课前、休息前、在放学回家等公交车等零碎时间里记忆词语，背诵公式，破解疑难，调整情绪。学会见缝插针，利用好空余时间，经过日积月累，效果很可观。当然零碎时间的利用率，每个同学可依自己的实际情况而定。

2.充分利用课堂时间

学习成绩好的学生很大程度上得益于在课堂上充分利用时间，这也意味着在课后少花些工夫。课堂上要及时配合老师，做好笔记来帮助自己记住老师讲

授的内容,尤其重要的是要积极地独立思考,跟得上老师的思维。

(三)指导小学生学会节省时间

1.培养小学生立即行动的习惯

告诫学生做事不可拖拉,今天的问题今天解决。有的同学爱把今天的事拖到明天去办,这是一种很不好的习惯。今天能拖明天,明天就有可能拖到后天……这样问题会越积越多,越多就越不想解决,就会形成恶性循环,最后,可能一事无成。要想成为时间的主人,就必须抓住今天的一分一秒,今天的问题今天解决,绝不能拖到明天。

2.强化小学生的时间紧迫感

连续长时间的学习很容易使自己产生厌烦情绪,这时可以把功课分成若干个部分,把每一部分限定时间,这样不仅有助于提高效率,还不会产生疲劳感。如果可能的话,逐步缩短所用的时间,不久你就会发现,以前一小时都完不成的作业,现在四十分钟就完成了。

3.指导小学生提高单位时间的学习效率

教师要指导小学生掌握提高学习效率的方法。首先,不能在学习的同时干其他事或想其他事。一心不能二用的道理谁都明白,可还是有许多同学在边学习边听音乐。或许你会说听音乐是放松神经的好办法,那么你尽可以专心地学习一小时后全身放松地听一刻钟音乐,这样比戴着耳机做功课的效果好多了。另外,不要整天都学习同一门功课。这样做非但容易疲劳,而且效果也很差。每晚安排复习两三门功课,情况要好多了。

二、强化对智力因素的指导,加强对小学生学习能力的培养

能力是直接影响活动效率,使活动顺利完成所必须具备的个性心理特征的综合。也就是说能力是顺利完成某种活动的必要条件,缺乏这种条件,相应的活动就无法顺利完成。学习活动也不例外,学习能力总是和学习活动紧密联系并会直接影响人的学习效率。学习能力是多种能力的结合。学生要进行学习活动,必须要有注意力、记忆力、观察能力、思维能力以及表达能力等。尤其是小学生,学习能力的发展水平尚不是很完善,班主任需要进一步培养和发展他们的学习能力,向学生介绍相关的心理学知识。

(一)指导小学生学会观察

观察是高水平的知觉,具有敏锐、深刻观察能力的人,对事物看得全面,能

迅速地抓住事物的重要特征和本质。观察对于小学生来讲是必不可少的,学生要学会学习,其中一个重要内容就是学会观察,它不仅是增长知识的重要途径,也是智力发展的重要基础。班主任指导学生进行观察,应注意以下几个方面:

1.指导小学生学会观察的准备工作

观察之前要学习有关观察对象的理论知识。如要了解动物的习性,事先要学习动物学知识,要观察宇宙星辰,事先要学习天文知识,有了理论知识的指导,观察才能深刻,没有理论指导的观察只能是肤浅的观察。培养学生观察力,要引导学生走向生活、走向大自然这些广阔生动的课堂,调动各种感官,全心去观察。

2.指导小学生学会制订观察计划

每次观察都要有明确的目的与计划。学生观察的目的越明确具体、计划步骤越周详,观察效果就越好。例如,组织学生社会调查,必须明确是为了写作而去体验生活,还是为了学习理论寻找事实根据。另外,还要引导学生抓住特点,有目的、有层次、有条理地进行观察,使学生能透过表面的观察,去分析事物的本质,将感性的认识上升到理性的思索,从而加强学习能力的培养。

3.指导学生学会运用多种感官和仪器进行观察

观察又是人们获得感性认识的基本途径,只有观察世界,才能认识世界。观察越细致,认识越深刻;观察越全面,认识越完整。只有尽量应用多种器官进行观察,才能获得完整、鲜明、精确和生动的事物形象,才能对事物理解得更加深刻。因此,在教学中可以充分利用教材、教学图片、实物以及制作多媒体课件来发展学生的观察力。

4.指导学生养成做观察记录的习惯

很多学生没有做观察记录的习惯,事实上凭记忆留下的记载难以保证正确,所以,观察时要有观察记录,记录要做到准确、具体、字迹清楚,然后运用分析整理资料的方法,得出正确的观察结论。养成观察记录的习惯,让学生在观察中学习,在观察中想象,在观察中质疑,在观察中解惑,从而增强解决问题和获取新知的能力。

(二)对小学生注意力的培养

苏联教育家乌申斯基说:"注意是心灵的门户。"人的心理过程一旦离开注意,就无法正常进行。对小学生来说,注意是感受知识的基础,是认真听课,深入理解教学内容,提高学习效率,保证学习质量的必要条件。班主任可从以下几个方面来引导:

1. 督促学生养成良好的注意习惯

克服开小差、爱走神的毛病,养成在任何时候学习都要集中注意的习惯。在学习过程中,遇到困难或干扰时,运用意志力强迫自己把注意力集中在学习过程中。

2. 引导学生了解有意注意与无意注意相互转化的规律,并学会运用

学习毕竟是一项较枯燥艰苦的活动,不可能全凭兴趣与好奇,所以,仅仅凭有意注意是远远不够的;而仅凭有意注意会使人很快疲倦。所以,在学习过程中要注意两种注意的交替运用,从而有效地学习。如可以通过各种方式培养和提高自己学习的兴趣,从而产生无意注意为学习服务;另一方面可以通过明确某一学习活动的目的与任务来发挥有意注意的作用。

3. 强化小学生注意力品质的锻炼

学习过程中常常会碰到一些枯燥无味的东西或不感兴趣的学科而不愿意集中注意力,在这种情况下,就需要一个人有坚强的意志力,促使自己注意力集中在学习上。因此,要鼓励学生有意识地去锻炼自己在纷扰的环境中学习,要强迫自己去热爱自己所不感兴趣的学科或老师。

(三)帮助学生掌握一些记忆技巧

记忆是掌握知识的基本手段,从某种角度说,知识积累与深化的过程,也就是记忆的过程。小学生的记忆能力提高了,学习效率就必然提高,反之,记不住公式、法则、定理、单词等必须记住的知识,或记东忘西,学习效果一定不会好。班主任除了向学生介绍一些有关记忆心理学知识与规律外,还可向学生介绍一些常用有效的记忆方法与技巧。

1. 谐音法

本方法是利用谐音来帮助记忆的一种方法。许多学习材料很难记忆,在于它们之间不易找出有意义的联系,例如,历史年代、统计数字等等。如果对这些学习材料利用谐音产生某种外部联系,这样就便于贮存,易于回忆。

2. 口诀法

本方法是把记忆材料编成口诀或合辙押韵的句子来提高记忆效果的方法。这种方法可以缩小记忆材料的绝对数量,把记忆材料分成组块来记忆,加大信息浓度,增强趣味性,这不但可减轻大脑负担,而且记得牢,避免遗漏。口诀大都押韵,朗朗上口,容易记忆。乘法口诀、珠算口诀、"百家姓"等都是运用口诀记忆法的实例。

3.图像记忆法

图像法是指把需要记忆的资料通过各种手段转化为图像编码来进行记忆，因为人对图像的记忆能力是很厉害的，容量很大，科学研究表明：图像记忆是其他记忆容量的100万倍，可见图像记忆有非常大的空间。图像记忆容易进入人的长期记忆，不至于很快遗忘。

4.精选法

对记忆材料加以选择和取舍，从而决定重点记哪些，略记哪些，这种记忆方法叫做精选记忆法。对记忆材料之所以加以选择，是因为每个人每天接触的信息太多了，这些信息并不是都需要记忆的。

(四)教学生学会想象①

爱因斯坦说过："想象力比知识更重要……是知识进化的源泉。"想象并非科学家、艺术家们所独有，它同样存在于小学生一切学习活动中。没有想象，就难以形成数学题的解题思路；没有想象，就无法进行任何有图形的理科学习；没有想象，就不能理解文学作品的优美意境与深刻含义……所以，班主任应重视对学生想象力的培养。

1.培养丰富的情感，发展小学生的好奇心

想象与情感密切相关，情感可以刺激想象，诗人、作家、音乐家、画家等，在饱满而热烈的激情下，想象力高度发挥，创作获得成功。所以在学习中，班主任引导学生注意培养自己丰富的情感，激发学习兴趣，丰富自己的想象。另外，好奇心也是发展想象力的基础和起点，必须要注意保持自己对周围世界的兴趣和好奇。

2.扎实打好基础，创造想象条件

任何想象都是在已有感知材料的基础上进行的，想象离不开基础知识。发展想象必须要扎扎实实学好基础知识，掌握基本技能，扩大知识面，积累生活经验，为想象创造条件。

3.训练小学生语言文字形象化、抽象概念具体化的能力

在班级教育教学中，教师要经常对小学生进行将语言文字形象化、抽象概念具体化的训练，以此来促进小学生想象力的发展。换言之，教师要培养小学生在学习过程中养成将一些语言、文字形成图画和把一些抽象概念用具体的内容来描述的习惯，以此来发展小学生的想象力。如当学到"天苍苍，野茫茫，风

---

① 时伟,高伟,刘红艳.中小学班主任工作的理论与实践[M].合肥工业大学出版社,2004(135).

吹草低见牛羊"的诗句时,头脑中就要想象出相应的景物来。又如当学到"把圆锥体展开得到扇形"时,头脑中就要想象出具体的形象来。

(五)培养学生良好的思维能力

孔子早有言:"学而不思则罔,思而不学则殆。"思与学不可分割、相互依存。要让学生学会学习,必须得会思维。可以断言:会学习的人一定是会思维的人,会思维的人必定是会学习的人。班主任应从以下几个方面来引导学生形成良好的思维习惯。

1.培养小学生勇于质疑的精神

敢于大胆提问、大胆质疑的精神有利于良好思维能力的养成。因此,教师要鼓励小学生在课前课后敢于提出各种问题,敢于大胆质疑,并通过思考努力解疑。同时,在预习、听课、复习、作业、考试的各个环节都要引导小学生勤于思考、勇于质疑,要多问几个为什么,多想几个怎么办,做到不依赖、不等待,不偷懒。

2.指导小学生养成独立思维的习惯

思维在学习中具有特别重要的意义,可以说,它是整个学习活动的核心。小学生尤其是低年级的小学生普遍存在着不善于思维的毛病,例如,学习中遇到困难时,不先自己思考,而是马上就去问老师,依赖思想严重,缺乏独立思考的能力。因此,学生要养成独立思考的习惯,通过思维才可以更好地理解知识、巩固知识、运用知识。

3.指导小学生了解自己的思维品质,克服思维定势

要发展学生的思维品质,必须使学生了解自己思维品质的特点。因此,要使学生了解自己的思维品质,了解自己在思维广度、深度、独立性、批判性和灵活性等方面的优缺点,扬长避短,使自己的思维能力不断发展。另外,还要克服小学生容易形成思维定势的毛病,训练他们集中思维、正向思维、发散思维、逆向思维等。

4.提高学生的语言能力,促进小学生的思维发展

思维与语言密切相关,因此,要提高学生的语言能力。学生掌握的词汇量越大,言语活动越有条理,思维就越开阔越深入。因此,提高语言能力是提高思维能力的重要条件。除了语文课,班主任也可通过各种集体活动,例如主题讨论班会、演讲比赛、情景模拟对话等来训练学生的语言能力,以便更好地发展小学生的思维能力。

三、加强对非智力因素的指导，提高小学生的学习兴趣与学习动机

(一)指导学生学会制订学习目标

目标是一个人前进的方向，人生要是没有目标，没有追求的理想，就像没有航向的船只，不能到达成功的彼岸。目标渺小，就做不成大事；目标大，期望高，才可能获得大的成功。

1.帮助小学生确定人生的理想

理想是一种精神力量，是小学生学习的内在驱动力。只有确立了崇高的理想，才能树立远大的奋斗目标，从而产生巨大的动力，激励自己锲而不舍、坚忍不拔、努力拼搏、奋勇向前，攀登科学高峰。班主任应根据班级或每个学生的实际情况，有意识地教导学生明确自己的理想、奋斗目标，并使之与当前的学习结合起来，形成长远的学习动机，提高学习热情。

2.帮助小学生学会树立长远的奋斗目标

我们经常可以看到很多学生对自己未来感到迷茫，不是很清楚自己究竟为了什么学习，通过学习要达到什么样的目标，也就是说学习目标不明确。因此，班主任要指导学生学会确定自己长远的奋斗目标。班主任可通过讨论、谈话等明确学生的奋斗目标，如"当一名艺术家"、"做一名医生"等，让学生明白要实现自己的目标只有从眼前的学习抓起，学好了知识，才有可能实现自己的理想。

3.帮助小学生学会制订短期的学习目标

短期的目标不仅能对小学生的学习产生激励作用，还能增强小学生对学习的成就感。因此，班主任不仅要帮助学生树立长远的奋斗目标，更要帮助学生确立具体的在短时间内通过努力可以实现的目标，例如通过某一次测验或在一定时间内达到预定的成绩等，让学生有成功的体验，这对于激发学生学习积极性，坚持向着目标方向前进具有促进意义。

(二)培养小学生对学习的兴趣，促使其愿意学习

俗话说"兴趣是最好的教师"，学习兴趣是学生学习的动力之一，是学生成材的契机、成功的基础。学生对学习感兴趣，充满迷恋，他就不会感到学习是一种负担，并能以积极愉快的情绪投入到学习活动中，这样会大大提高学习效率。相反，一个看见书本就头痛的学生，即使在外力的强迫下他学习了，但这种消极被动甚至厌恶的情绪，会极大地阻碍他正常的思路，学习效率可想而知。为了

使学生产生较强的求知欲,达到"忘我"的学习境界,班主任需要创造一些条件:

1.激发小学生的好奇心,培养小学生学习的兴趣

好奇心和求知欲是小学生的天性,也是兴趣产生的源泉。当学生对新奇事物表现出好奇、探究时,教师不应加以扼杀,即使这种好奇心表现得很幼稚,也应加以鼓励去引导,使之转移到相应的学习内容上来。因此,班主任可以通过激发小学生的好奇心来促进他们对学习的兴趣和热爱,激发求知欲。

2.开展各种竞赛活动,培养小学生学习的兴趣

国内许多心理学、教育学实验研究表明,在比赛的情况下,人们的尊重需要以及成就动机会较平时更加强烈,他们会努力克服困难以取得成功与荣誉。因此大多数人当参与竞赛时,学习和工作比没有比赛的情况下要好得多。小学生由于他们的成就需要与自尊需要正处于上升时期,那么竞争对于激发他们的学习动机可以起重要的作用。据此,班主任可适当运用竞争机制来激发学生的学习动机。例如采用学科成绩评比、作业评展,还可以慎重组织学习竞赛、考试排名等。班主任在运用竞争手段时,应注意一些问题:一是竞争中要一视同仁,应尽可能给每个学生以同等的机会,不能有"偏心"现象;二是要让学生明白比赛本身不是目的,只是手段,其目的是相互交流,取长补短,最终共同进步;三是竞赛不可过于频繁,否则会加重学生的心理负担,不利于学习进步。

3.举行各种课外活动,培养小学生学习的兴趣

课外活动能激发学生的兴趣。课外活动是课堂教学的补充和延伸,积极参加学校或学科、年级或班级组织的各种课外活动,能有效地培养学习兴趣。参加课外活动,最好从低年级就开始,无论优等生、中等生,还是学习困难的学生,都可以根据自己的实际情况,适当选择一些课外活动项目。

(三)激发小学生对学习的动机,促使其乐于学习

根据心理学的观点,学习动机是直接推动学生进行学习的一种内部动力,也就是说"我们为什么学",它是一种学习的需要,这种需要是社会和教育对学生学习的客观要求在学生头脑中的反映。可以说,学习动机是学生掌握知识、形成高尚完美品格的重要组成因素,甚至有人认为动机是"学习过程的核心"。

1.利用小学生的需要,激发小学生学习的动机

小学生由于生活阅历较浅的原因,有求知的需要。只不过他们的表现可能是对学习某一学科不感兴趣,而对其他学科感兴趣。那么,班主任要充分利用这种需要,加强知识学习的迁移作用,可以采取灵活的方法让学生感到学习他不喜欢的学科对喜欢的学科的促进作用,或者通过文体活动使学生运用所学知

识,这样产生兴趣迁移,对他不喜欢的学科也产生学习兴趣和学习动机。

2.利用小学生的成就感,激发小学生学习的动机

仅有对知识的意义认识,有时还不能激发学生的学习动机,而当学生为了某种实际任务而进行科学探讨时,却能有效地激发其求知欲和认识兴趣。可引导学生将知识的学习与解决某些实际任务结合起来,因为这些实践问题的解决必须要运用相关的知识,让学生自然对这部分知识的学习产生强烈的动机。

(四)培养小学生坚强的意志品质,促使其勤于学习

1.加强小学生对学习的积极情感体验,促使其勤于学习

在实际的教育实践中,教师可以通过不断地改进教学方法,比如讲述生动有趣的故事,呈现逼真直观的材料,提出引人入胜的问题,增加学生和教师之间的互动性,把学生由一个消极被动的知识接受者变为一个积极主动的知识渴求者。同时,还可以利用课外活动和社会实践的机会,培养学生广泛的兴趣和爱好。这样,在学习的过程中,学生学得生动,学得有趣,就能产生积极的情感体验,于是就会出现愿学、乐学、勤学的好势头。

2.加强对小学生的积极评价,促使其勤于学习

学习是一项复杂的活动,由于小学生的生理和心理还未发育成熟,因此,可能会因一时所遭到的失败和挫折感,或者是曾经努力过,但却仍然遭到了打击和失败,产生厌学的情绪。针对学生因为学习成绩不良而导致的厌学情绪,教师要理解学生的心情,帮助他们查找失败的原因,鼓励并相信他们的能力。老师的重视、同学们的友爱都将有利于他们找到情感和精神的寄托。同时还要善于发现学生的长处和优点,及时地给予鼓励,让他们再次扬起努力奋进的风帆,从而促进其刻苦学习。

第三节 小学生学习方法的指导

现代社会日新月异,知识信息更新迅速,过去那种在学校里学到专门知识足够用上大半辈子的时光已一去不复返。毕竟学校能传授给学生的知识是有限的,走出校门,还有更多的新知识等着他们去学习,所以基础教育的根本应是教育学生掌握科学的学习方法。因此,对学生进行学习方法指导,帮助学生掌握科学的学习方法,是小学班主任的重要职责。

一、帮助小学生学会制订学习计划

制订一个科学合理的学习计划并严格执行,这对于学生学习目标的实现、学习习惯的养成有重要的影响作用。一个人学习有无计划,学习的效果大不一样。有的学生学习之所以处于后进状态,其中一个重要的原因就是学习缺乏计划性。班主任指导学生制订学习计划,需要注意以下方面:

(一)引导小学生理解制订计划的意义

1.计划有利于克服学习过程中的惰性

制订学习计划是为了有规律的学习,坚持遵守学习计划的安排,就不会轻易让别的什么事打乱了你学习的进程。因此,制订适合小学生自己的学习计划可以帮助我们克服惰性和倦怠,尤其是学习计划中适当配合一个自我奖励制度会更加激励他们自觉地学习。

2.计划有利于学习目标的实现

实验表明,学生对学习有没有明确、具体的目标对课堂学习效率有着直接的影响。学习计划应依据总的学习目标把每一个阶段的学习划分出两三个步骤,并且规定了每个步骤的大体时间,并使目标具体落实到每一月、每一周、每一天,方便小学生按计划分步骤地实现阶段的奋斗目标。

3.计划有利于提高小学生的学习自信心

制订计划能加强小学生对学习活动的认识,也就是对自己学习的心理活动有了自我意识,能根据所要掌握的学科特点、各种影响学习的客观因素、学习的心理过程,认真思考、理解自己学习过程的规律,把握自己学习活动的特点,从而提高自己对学习的信心。

(二)指导孩子掌握制订计划的要求

制订学习计划是指在一定阶段内的一种全面的学习安排。精心规划的目的能提高学习效率,保证学习效果。这就要求班主任在指导学生制订学习计划时,进行周密细致的考虑:

1.计划要由小学生自己制订

教师要引导小学生懂得学习是自己的事情,因此,学习计划应由小学生自己制订,教师在计划的制订过程中只起到引导作用。

2.计划要注意劳逸结合

教师应指导小学生理解学习效率的提高最需要的是清醒敏捷的头脑,所以,帮助其理解计划要有休闲时间的安排,因为适当的休息、娱乐不仅仅是有好处的,更是必要的,是提高学习效率的基础。

3.计划要注意留有弹性

制订计划时要引导学生注意学习计划在时间安排上不要过于紧凑,事务太满,要留出少许机动时间,有些调整余地,也就是说,在计划里除了安排学习时间外,还要安排体育锻炼时间、休息时间、文化娱乐活动时间等。

4.计划要切合自己的实际

告诉学生计划目标的制订要从自身实际出发,结合考虑自己的知识基础、学习能力等方面的因素,使目标的实现具有可行性,避免学生制订计划目标时出现好高骛远的现象。

5.计划要注意学习的重难点

制订计划时教师要引导学生科学地划分轻重缓急,用主要的精力保证重点课程、重点内容,同时也带动其他内容。确定的重点学习内容可以是阶段学习中最重要的学科,也可以是一般性学科,或者是自己感到薄弱的学习内容。

6.计划要注意全面发展

引导学生在制订计划时,要注意德智体美劳全面发展。在学习时间方面,除了安排学习课本、教材知识的时间,还应留些时间来课外阅读,以了解时政信息,扩大知识面。学习计划要注重新旧知识的衔接。

7.计划要重视学习效果

教师要指导小学生理解制订学习计划的目的是提高自己的学习效果。因此,在制订学习计划时不能只有时间安排,却没有效果,也就是说要经常检查执行计划的情况,计划中安排的内容是否都做了,任务是否都完成了,效果如何,没完成的原因是什么,等等。要经常对照检查,发现问题及时采取相应措施,或调整计划或排除干扰计划的因素。

二、指导小学生学会课程学习

(一)督促学生进行课前预习

班主任应让学生认识到预习的重要性,课前预习可以培养和提高学生的自学能力,提高听课效果,弥补知识缺漏。要认真阅读教材,了解教材内容,思考内容重点,发现学习难点,做好听讲准备。

1.指导学生掌握预习的要求

(1)引导孩子设计预习提纲。尽可能让孩子设计预习提纲,让孩子自己解决学习上的难点、疑点。学生应带着问题去读,去看,去找,去发现,在读的过程中提出问题,解决问题。

(2)引导孩子依据自己实际情况确定预习目的。在指导学生预习时,要注意学生的知识基础不同,预习的要求应有所不同。知识基础较扎实的同学,预习时应全面完成预习任务;知识基础较差的学生,预习时应在了解新知识的同时,注意弥补旧知识的缺漏。

(3)坚持对孩子的预习作定时检查。

2.教给学生预习的常用方式

(1)鸟瞰式。鸟瞰式又称宏观式,就是从总体上粗略地预习,对所学的知识有个大概了解,做到心中有数。主要看标题、读目录,大致了解全书或某些章节的内容,这种预习多是在假期或开学之初进行的。

(2)阅读式。阅读式就是预习时通读课文,理解的内容一带而过,陌生的内容认真研读,要在重点、难点的地方画线、加框、加点,以引起听课时的注意。

(3)试答式。试答式是检查预习效果最好的方法,就是预习课文后,若没有遇到什么难点,就可以试看课本中的题目,若解答正确,说明预习效果好。

(4)笔记式。为使预习能真正收到好的效果,有必要将预习中产生的问题总结出来,整理清楚,记录在笔记本上,以便教材讲解后,填上正确的答案。

(二)指导学生学会听课

预习是基础,听课是关键。因此,班主任要指导学生学会听课,教育孩子要寄希望于课堂,而不是寄希望于"课下"。也就是说,要搞好课堂学习,向 45 分钟要效率。怎样才能使学生专心听课,提高学习效率呢?

1.要指导小学生学会课堂集中注意力

首先,教育孩子做好课前准备,明确学习的目标,不能走在老师的后面。班主任要引导学生学会根据任课教师拟订的教学目标主动地提出自己应达到的学习目标,从而提高课堂学习效率;其次,要教育孩子课间活动要适当,不能活动过度,避免由于高强度的课间活动而不利于课堂上注意力的转移;最后,教育孩子课堂中听课要集中思想,紧跟老师思路,不能钻"牛角尖",从而尽量避免无效的课堂教学。

2.要指导小学生学会听课

听课是学生学习的中心环节。学生要会听,即专心听教师讲,包括听老师是怎样分析课文,怎样讲解有关概念、定律、法则公式,怎样讲解重点、难点内容的,还要听老师是怎样在新课程结束时做总结性发言的。

3. 要指导学生学会独立思考

"学而不思则罔",课堂上如果不善于思考,老师的课讲得再好,也没有效果。因此,课堂上应要求同学不仅要积极地想,而且还要善于想。要促使学生养成善思、勤思、深思的良好习惯。要根据老师提出的富有启发性的问题和精心设计的板书,积极开动脑筋思考,听课时,要做到眼、耳、手、口、脑并用,课堂上要敢于想,善于想。

4.要指导学生学会记好课堂笔记

记是为听和思服务的,是听课中重要一环。俗话说:"不动笔墨不读书。"记笔记有助于维持学生的有意注意和进行课后复习。但并不是所有的学生都会记笔记,有的学生不管三七二十一把老师讲的话、举的例子都逐一记下来,这样反而会为笔记所累,成为速记员,而忽略了思考,一节课下来,累得不轻,却不知所云,所以应让学生明白记笔记应有选择。一般来说,教师点出的重点、难点,教师对书本内容的重要补充,讲课结束时老师总结性的教学内容,这些都是学生听课应重点记录的内容。

(三)指导学生合理地组织复习活动

孔子曰:"温故而知新。"在很多学生中,都存在一个问题,那就是"临时抱佛脚",平时不复习,考前才复习,造成手忙脚乱,对知识来不及深入透彻地消化,结果若考试侥幸过关,本阶段学习也就告一段落,那么学生对于自己本来尚未真正掌握的知识就容易疏忽大意,让它们成为漏网之鱼。所以,班主任指导学生搞好复习是非常有必要的。

1.指导小学生学会利用记忆规律复习

记忆规律告诉我们:遗忘在学习结束后一个小时就开始发生;遗忘的速度是先快后慢。因此,针对遗忘的进程和规律,班主任要指导小学生及时复习,最好在学习新知识后,遗忘尚未开始之前。实验证明,学生学习新知识两三天后遗忘最多,因此,复习的时间要先密后疏,一般认为间隔一天、三天、一周、两周、一个月、三个月比较适宜。

2.指导小学生掌握复习方法

复习的方法有很多:回忆复习法,即在饭后、睡前独立地回忆当天学过的知识;归类复习法,即把有关的书本内容再全面过目一遍,把当天的课堂笔记进行加工整理;阅读复习法,即阅读课外参考书进行复习;重点复习法,即复习要突出重点,要针对自己的薄弱环节,有重点地进行复习,不要平均用力,眉毛胡子一把抓,重点内容要重点突破;习题复习法,即通过做复习题进行复习。做复习题,可以检查复习的效果,巩固和加深对所学知识的理解,培养运用知识分析问题、解决问题的能力,因此要认真做好复习题。复习题可以由老师布置,也可以由学生自选。

(四)指导学生养成良好的课内外作业的习惯

学生的课内外作业,是巩固与消化知识,并使知识转化成技能的重要手段。学生不论完成口头作业、书面作业还是各种实际动手操作的作业,都要养成良好的习惯。

1.引导学生养成不依赖别人独立完成作业的习惯

有不少学生做作业时,一遇到困难就畏惧不前,没经过仔细思考就去询问别人或找书后答案,或者干脆拿别人做好的作业一抄了事。还有的学生不相信自己的答案,做完了作业非要和别人的对对不可,仿佛这已成为每天完成作业不可少的一个环节。还有的学生出现本来自己做对了,但跟别人对过答案后反而改错了的。所以,班主任应使学生明白独立完成作业的重要性,在此基础上培养学生独立思考、独立完成作业的习惯。

2.督促学生形成当天作业当天完成的习惯

学习最忌拖拉,今天学的知识是明天要学的知识的基础,只有今天的基础知识打牢固了,以后再学的新知识才能顺利进行。所以学生的作业千万不能拖拉,当天的作业当天必须完成。一开始拖拉,就会一发不可收拾,会越积越多,问题也会堆积如山。

3.指导学生先复习再做作业的习惯

完成作业的过程是一个消化、理解知识,掌握技能、技巧的过程,必须经过自己独立思考、自己动手去做,才能把所有学到的知识内化为自己的东西,否则对知识的认识只是停留在肤浅的表层。因此,要指导学生养成先复习所学知识,再做作业的习惯。

4.帮助学生养成正确对待教师批改作业的习惯

有不少学生在作业发回来后,看看对错看看分数就了事,不求甚解,缺乏精益求精的态度。班主任应引导学生在作业发回来后,对于做错的题目,要找出错在哪里,错误的原因是什么,应该怎样改正,从而吸取解题的教训。最好把典型的错误、解法记录下来,进行分析分类,这对于提高解题能力很有帮助。另外,有些题目虽然做对了,但它的解法是多种多样的,做作业时可能因时间仓促来不及考虑,因此作业发回来后,还要及时思考这个题目是否有其他解法,哪种解法最佳。

三、指导小学生掌握课外学习途径

小学生正处在长身体、学知识的黄金时期,在课内学到了一定的基础知识和基本技能之后,学习兴趣得到发展,希望在此基础上了解更多的知识,掌握更多的技巧和技能。班主任应因势利导,让学生在完成课内学习的基础上,积极投身到丰富多彩的课外学习中去。

(一)指导小学生利用课外实践学习

课外实践和课外活动是课堂学习的补充与延伸。课外实践主要包括社会调查、社会实践等,课外活动包括课外阅读、科技活动、参观学习等。这些活动不仅可以促进学生对课内知识的巩固运用,还有助于扩大学生知识面,丰富学生的精神生活,促进学生的智力发展。因此,班主任的课外学习指导应注意以下几个方面:

1.利用社会实践进行学习

引导学生将社会调查等活动尽可能与课内学习结合起来,提高学生对学科知识的巩固认识,促进对课堂知识的运用。当然,要注意课外实践的时间安排要恰当,既要量力而行,又要尽力而为,劳逸结合,以不影响正常的课内学习为原则,不喧宾夺主。

2.利用课外活动进行学习

学生进行课外阅读、参观学习、科技活动等课外学习时,班主任应创造条件,通过与社会、家庭的联系等为学生的课外学习活动提供有力的保障与良好的环境,使之能顺利进行,从而达到课外活动学习的目的。

(二)指导学生利用网络学习

网络学习打破了传统教育模式的时间和空间条件的限制,是传统学校教育功能的延伸。由于网络教学组织过程具有开放性、交互性、协作性、自主性等特点,是一种以学生为中心的教育形式,学生们可根据各自的水平,按各自的速度,以自己喜欢的方式学习。

1. 通过网络交流心得,促进学习

网络学习为人们提供了在任何时间、地点、环境下进行学习的选择,使有限的教育资源辐射到了更多的人员和地区。他们可在聊天室里以文字形式与同学讨论问题、向老师请教,还可在课上或课下随时阅读课堂笔记,而且还可让学生在网上考试,并能立刻得到成绩。它可使学生在学习过程中感觉到他并不是孤独的。

2. 通过网络解决疑难,促进学习

在网络学习中,学生可供选择的学习伙伴更多了,而且具有更多的有利条件,学习者可以先选择自己的学习内容,并通过网络查找正在学习同一内容的学习者,经对方同意后结为学习伙伴,当其中一方遇到问题时,双方便可以互相讨论,从不同角度交换同一问题的看法,互相帮助和提醒,直到问题解决。

(三)指导学生在学会阅读中学习

冯友兰说过,读书要解其言,知其意,明其理。现在我们有很多的同学在考试前还要求老师指出章节重点,这其实是还没有消化课程内容。靠老师指出学习重点这不是好的方法,应当靠自己读书思考来悟出重点。

1. 指导小学生读书讨论,培养读书学习的兴趣

班级每天抽出 10－15 分钟作为轻松故事时间,由浅及深地读一些儿童文学故事,开始由老师读,逐渐过渡到同学读。或者根据孩子当前的阅读水平组成 4－6 人的读书小组,互相听读故事,老师也可适当根据学生的水平推荐书目。老师或同学在读故事前可以简单介绍一下自己为什么喜爱这本书,大家可以读小说,读报纸,读科普类的书等。这种读书没有读后感之类的压力,可以随心所欲地享受沉浸在书中的乐趣。

2. 指导小学生体会读书,培养读书学习的能力

清代学者阮元说:"世人每称一目十行之才,余晒之。夫必十目一行,始是真能读书也!"阅读就需要这种"十目一行"精神,细细地读、慢慢地品。班主任要有意识地培养小学生这种读书的能力。一本书在未读之前,你会感到它很"厚",开始预习阅读教材时先不求完全理解,而是直接根据目录和提示,调动自己已有的知识,对书中的每个重点、论点或问题做认真思考、比较、分析,看它们之间有何异同,在每页添加注释,补充参考材料。要从无疑处寻找有疑,再想办法释疑,最后达到疑问全部消解为止。在读的过程中,如果你对各章各节作深入探讨,抓住了全书的精神实质以后,就会感到厚书变"薄"了。对书的内容懂得越透彻,会越觉得书"薄"。当然,学的知识并不是因此变少了,而是把知识消化了。

【思考题】

1. 学会学习有什么特点?

2. 班级学习方法指导的方法有哪些? 如何对不同学习类型的学生进行学习指导?

3. 如何对小学生学习能力进行指导?

4. 如何对小学生进行课程学习方法进行指导?

【扩展阅读】

1. (美)珍妮特·沃斯著:《学习的革命》,陈标、许静译,上海三联书店,1998。

2. 皮连生著:《学与教的心理学》,华东师范大学出版社,2009。

3. 余文森等编:《有效备课·上课·听课·评课》,福建教育出版社,2010。

4. Harold D. Stolovitch,Erica J. Keeps 著:《交互式培训:让学习过程变得积极愉悦的成人培训新方法》,企业管理出版社,2012。

【实践探索】

1. 对一所小学小学生的读书情况进行调查并写出调查报告。

2. 用学习风格测量表对某小学一个班的学生学习风格进行测量。

第六章 小学班级情绪管理

内容提要:

1.了解情绪与情绪管理的功能。

2.知道现实生活中的情绪状态和情绪正常的标准。

3.理解影响小学生情绪的因素,掌握培养小学生健康的情绪的方法。

4.能够对小学生厌学情绪、焦虑情绪、攻击行为、抵抗情绪、自卑情绪进行指导,促进小学生健康成长。

第一节 小学生与情绪

在 21 世纪,情绪是未来发展的重要因素。因为,一方面,21 世纪是一个高速多变的时代,当代小学生生活在这样的时代,必须具备较强的应变能力和承受压力的能力;另一方面,21 世纪是一个国际化的时代,在国际化时代的人际交往中,能否取得主动地位将在很大程度上取决于小学生对情绪问题的深刻了解和驾驭。可见,把"智慧带进情绪,把关爱注入生活"已成为时代赋予班主任、家长的责任和使命。正如孟昭兰教授在《人类情绪》一书中所说的:"我们需要发挥真正在思想上把人们集结在一起的社会效应,精心培育人的感情世界。"

一、情绪与情绪健康

(一)情绪

情绪是人类对各种认知对象的一种内心感受(体验)或态度。它是人们对于自己所处的环境和条件,对自己的工作、学习和生活,对于他人的行为的一种情感体验。情绪是对客观事物态度的体验,根据情绪的效用,可划为积极情绪(如乐观的情绪、良好的情绪、饱满的情绪)和消极的情绪(如悲观的情绪、不良的情绪、不良的心境),前者有助于保持和增加个体活动的效率,后者阻碍个体正常水平的发挥。

(二)情绪健康

情绪健康并非单纯指个体时时处于积极情绪状态,而是指个体能够在大多数情况下保持良好的情绪状态,即在遭遇挫折产生消极情绪时个体也能够从不良情绪氛围中解脱出来,使自己不至于沉溺于消极情绪中无所事事,心灰意冷。情绪健康有如下标志:

(1)情出有因。任何情绪情感的产生与发展必须是由一定的原因引起的。例如,可喜的现象引起欢乐的情绪,不幸的事件引起悲哀的情绪,挫折引起沮丧的情绪等等。无缘无故的喜、怒、哀、乐,莫名其妙的悲伤、恐惧,都不是情绪健康的表现。

(2)表现恰当。一定的刺激会引起一定的情绪反应,反应和刺激应该相互吻合,例如因成功而喜悦,因失败而痛苦,该高兴就高兴,该悲哀就悲哀。假如失去亲人还哈哈大笑,或者受到挫折反而高兴,受到尊敬反而愤怒,都是情绪不健康的表现。

(3)反应适度。情绪表现的持续时间和强烈程度都应适当,不能无休无止、没完没了,也不能过分强烈或过于冷漠。刺激强度越大,情绪反应就越强烈;反之,情绪反应也就越弱。如果微弱的刺激引起强烈的情绪反应,则是情绪不健康的表现。

(4)情绪稳定。情绪稳定表明一个人的中枢神经系统活动处于相对的平衡状态,也反映了中枢神经系统活动的协调。一般来说,情绪反应开始时比较强烈,随着时间的推移,反应逐渐减弱。如果反应时强时弱,变化莫测,经常处于不稳定状态,则是情绪不健康的表现。

(5)心情愉快。以愉快的心境为主,积极情绪多于消极情绪,如果一个人经常情绪低落,愁眉苦脸,心情郁闷,则是心理不健康的表现。

(6)自我控制。健康的情绪是受自我调节和控制的。情绪健康的人,应是情绪的主人,可把消极的情绪转化为积极的情绪,也可把激情转化为冷静。

二、情绪的种类与情绪状态

(一)人类的基本情绪

人的基本情绪有快乐、愤怒、恐惧和悲哀这四种,这是人类最基本、最原始的情绪,它们与人的基本需要相关联,常常有较高的紧张性。

1. 快乐

快乐是达到所期盼的目的的后紧张解除时个体产生的心理上的愉快和舒适。快乐的强度与达到目的的容易程度有关,一个目标越难达到,达到后快乐的体验就越强烈。另外,当人们的愿望在意想不到的时机和场合得到满足,也会给人带来更大的快乐体验。

2. 愤怒

愤怒是愿望得不到满足、实现愿望的行为一再受阻而引起的紧张积累起来而产生的情绪体验。愿望受阻就是遭受挫折。当个体明白挫折产生的原因时,通常会对引起挫折的人或事表现愤怒,而原因不明时,只会产生沮丧。另外,对象明确的愤怒常常会诱发攻击性行为。

3. 恐惧

恐惧是个体企图摆脱、逃避某种情境时产生的情绪体验。这种体验是由缺乏处理可怕情境的能力所引起的。儿童由于经验和能力缺乏,往往会有更多的恐惧体验,如怕黑、怕小动物等。恐惧有很强的感染力,一个人的恐惧往往会引起其他人的恐惧和不安。

4. 悲哀

悲哀是个体失去某种他所重视和追求的事物时产生的情绪体验。失败、分离会引起悲哀。悲哀的强度取决于失去的事物对主体心理价值的大小,心理价值越大,引起悲哀的强度就越大。悲哀从强度上分为遗憾、失望、悲伤和哀痛。

(二)情绪状态

一般来说,人的一切心理活动都带有情绪色彩,而且以不同的心情、激情和紧张状态表现出来。情绪状态是指在某种事件或情境影响下,人在一定时间里表现出的一定的情绪。依据情绪发生的强度、持续性和紧张度,可以把情绪状态分为心境、激情、热情和应激。

1.心境

心境是一种深入的、比较微弱而持久的情绪状态,如得意、忧虑、焦虑等。这种微弱、弥散和持久的情绪,也即平时说的心情。心境具有弥散性,不是关于某一事物的特定体验,而是由一定情境唤起后在一段时间里影响主体对事物的态度的体验。处在某种心境的人,往往经同样的情绪状态看待一切事物。心境的好坏,常常是由某个具体而直接的原因造成的,它所带来的愉快或不愉快会保持一个较长的时段(可以是几个小时、几周、几个月甚至更长的时间),并且把这种情绪带入工作、学习和生活中,影响人的感知、思维和记忆。心境对人的生活、工作、学习和身体健康有很大的影响。愉快的心境让人精神抖擞,感知敏锐,思维活跃,待人宽容;而不愉快的心境让人萎靡不振,感知和思维麻木,所看到的、听到的全都是不如意、不顺心的事物。

2.激情

激情是一种强烈的、短暂的、爆发性的情绪状态。这种猛烈、迅疾和短暂的情绪,类似于平时说的激动。激情往往是由与人际关系重大的某个事件或原因引起当场发作,情绪表现猛烈,但持续的时间不长,并且牵涉的面不广,如重大成功后的狂喜、惨遭失败后的沮丧和绝望。另外,对立意向的冲突或过分抑制,也会引起激情,如对某种痛苦忍耐过久、抑制过度,一旦爆发就是强烈的激情状态难以控制。激情通过激烈的言语爆发出来,是一种心理能量的宣泄,从一个较长的时段来看,对人的身心健康的平衡有益,但过激的情绪也会产生一定的危险。

3.热情

热情是一种强而有力、稳定、持久和深刻的情绪状态。它没有心境的弥散那么广泛,但比心境更强有力和更深刻;没有激情那么猛烈,但比激情更持久和稳定。热情本身没有对立的两极,它的对立面是冷淡、冷漠;但热情具有程度上、指向上的区别,以饱满的热情投身于学习、工作、生活和事业的人,生活充实而有意义,更容易获得成就和敬慕。

4.应激

应激是在出乎意料的紧张与危急状况下出现的情绪状态,是人对意外的环境刺激作出的适应性反应。在应激状态下,机体在各种内外环境因素刺激时所出现的全身性非特异性适应反应,所以应激又称为应激反应。这些刺激因素称为应激源。应激的最直接表现即精神紧张。

三、情绪的功能 ①

1.情绪的舆论功能②

舆论并不总是以明确、清晰的观念形态呈现的,有时,难以名状的情绪也会形成舆论。处于正处急剧发展时期的小学生情绪调控能力有限,情绪波动也很大,消极情绪的产生在所难免;而情绪具有很强的感染性,一个学生的消极情绪往往会影响与之关系密切的朋友、同桌、室友,在特定情况下甚至会波及整个班级,成为一种集体舆论。音乐、口号、标语、顺口溜等富有情感、煽动性,是情绪性舆论的有效导体。

2.情绪具有信号作用

情绪具有明显的外显形式——表情。表情与言语一样是人际交往的主要工具,它是传播情绪信号的主要媒介。面部表情、声音表情和身体姿态都能显示出主体的情绪状态。人们通过表情反映自己的意愿,也通过对他人表情的观察和体验来了解周围人的态度,如微笑通常表示满意、赞许或鼓励。小学低年级的儿童能通过对周围成年人的表情观察来调节自己的行为。孩子看到陌生人会有些惧怕,这时教师以微笑、点头等表情鼓励他,他就会与陌生人接近而消除畏惧感;如大人持否定态度的表情,或摇头、瞪眼,孩子就会避开。大人及时的情绪和情绪反应是孩子学习、认识世界,发展个性的主要手段之一。

3.情绪影响智力活动

情绪这种特殊的心理活动,对其他心理过程是一种监测系统,它是心理活动的组织者。积极的情绪对个体的认识具有调节和组织作用,消极的情绪则对认识有干扰、破坏作用,具体表现在这几个方面:首先,情绪影响知觉选择,知觉具有选择性,情绪的偏好是影响知觉选择性的因素之一。其次,情绪影响记忆。情绪对记忆的影响有两个方面,一是影响记忆的效率,人们容易记住喜欢的事物,对不喜欢的事物记忆起来十分吃力;二是使记忆的内容根据情绪进行归类,在同样的情绪状态下记住的材料容易回忆出来。再次,情绪影响思维活动。情绪对人的思维活动的影响也是十分明显的,过于亲近和喜欢容易偏听、偏信,过度兴奋的情绪状态也会影响思维的进程。最后,情绪能影响人的行为,愤怒往往使人冲动而不计行为的后果,畏惧往往令人退缩不前。

---

① 叶奕乾,何存道,梁宁建.普通心理学[M].华东师范大学出版社,1997(340).
② 陆海富.班主任班级管理的艺术[M].吉林大学出版社,2010(100).

4.情绪能影响动机

情绪对人的行为或活动具有支配、指引和维持方向的作用。人的各种需要是行为动机产生的基础和主要来源,而情绪是需要是否得到满足的主观体验,它们能促进人的行为,改变行为效率。因此,情绪具有动机作用。积极的情绪状态会成为行为的积极诱因,就会使小学生发生模仿与反复进行,消极的情绪状态则起消极诱因的作用,人们会受激发以摆脱或避开这种状态,这样情绪状态就起到了动机的始作用和指引功能,使人们追求导致积极情绪的目标而回避导致消极情绪的目标。积极的情绪可以提升行为的效率,起正向推动作用,消极的情绪则会干扰、阻碍人的行为,甚至引发不良行为,起反向的推动作用。

5.情绪是人际交往的重要手段

情绪和语言一样,具有服务于人际沟通的功能。情绪通过独特的沟通手段即表情,来实现信息传递和人际间相互了解,其中面部表情是最重要的情绪信息媒介。表情信号的传递不仅服务于人际交往,而且常常成为人们认识事物的媒介,这种情绪参照作用有助于人的社会适应。情绪的沟通交流作用还体现在构成人际的情感联结上,如友谊、亲情和恋爱等都是以感情为纽带的联结模式。情绪的组织作用体现在对交际行为的影响方面,当人处在积极、乐观的情绪状态时,倾向于注意事物美好的一面,从而愿意积极地与人交往;而在消极情绪状态下则使人产生悲观意识,失去希望和渴求,就不愿意与人交往甚至产生攻击性行为。

四、小学生情绪管理的意义

(一)全面推进素质教育的需要

加强小学班级学生的情绪管理,可提高小学生心理素质、促进其身心健康和谐发展,是进一步加强和改进小学德育工作、全面推进素质教育的重要组成部分。小学生正处在身心发展的重要时期,随着生理、心理的发育和发展、社会阅历的扩展及思维方式的变化,他们在学习、生活、自我意识、情绪调适、人际交往和升学就业等方面,会遇到各种各样的心理困扰或问题。因此,在小学开展心理健康教育,加强情绪的管理与辅导是学生身心健康成长的需要,是全面推进素质教育的必然要求。

(二)提高小学生学习兴趣的需要

教书育人不能仅仅以单一的学习成绩好坏来评判,应以提高人的素质为目标,培养合格、有理想的学生。要在教育过程中做到知与情的统一,离不开有意识的情感教育。如果忽视情感的培养,那么学生就不会对学习怀有一种持久的积极态度,久而久之,就很容易发展成厌学心理甚至出现弃学行为。特别是当学生遭到失败和挫折时,情感教育显得更为重要。此时有教师的帮助,对于学生来说犹如雪中送炭。因此,实施情感教育,加强对小学生情绪的管理,既消除了他们的厌学情绪,又可以使他们在轻松愉快中掌握丰富的知识和技能。

(三)有利于建立良好的师生关系

对于班主任老师而言,切勿把自己摆在领导的地位,高高在上,除了学习成绩以外不关心学生的感受、自尊、兴趣,这样不易于形成融洽的师生关系。把自己当成学生的朋友,尊重每一名学生,信任他们、关心他们,与学生进行亲切的情感沟通,这是每一位班主任教师应该努力去实现的。与学生建立了良好、融洽的师生关系,获得了学生的尊敬与爱戴,相信这种感情同样会激发起学生对学习的热情。

第二节　影响小学生情绪的因素

一、小学生情绪发展的特点与情绪调节策略

(一)小学生情绪发展的特点[①]

1.丰富而不稳定

进入小学后,学习成了小学生生活的基本内容,学校成了他们主要的活动场所。他们的生活接触面扩大了,新的活动、新鲜事物使儿童的情感变得丰富起来。在整个小学阶段,小学儿童的情绪虽然丰富,但带有很大的情境性,容易受具体事物、具体情景支配。如学龄前儿童的恐惧主要涉及个人安全和对动物的恐惧,而小学生的惧怕更多是与学校生活有关,如害怕教师批评、同学嘲笑等。另外,小学生在与同伴的交往中,低年级的儿童常常因为一点小事而使友谊破裂,但破裂的情感很快又得到恢复。总之,尽管小学生情绪情感日渐丰富,高级情感也逐渐得到发展,但很不稳定,容易随情境的变化而迅速变化,特别是

---

① 彭小虎.小学生心理辅导[M].华东师范大学出版社,2012(108).

当他们遇到困难或挫折时很容易出现情绪上的紊乱。

2.单纯而外露

小学生表达出来的情绪通常是他们纯真心灵的自然流露,外在表现和内心体验是一致的。但小学生的情绪表达往往带有很强的情境性,情感表达的方式单纯而外露,不善于掩饰。他们情绪的变化一般都表露在外,心情的好坏大多从脸上一望便知。

3.强烈而又不容易控制

低年级学生的情绪体验强烈而迅速,遇到较小的刺激就会表现出强烈的情感反应。这种容易冲动、可控性差的情绪特点常常在低年级的儿童身上可以看到。另外,小学儿童的情绪还是短促的、爆发性,像破涕为笑、转悲为喜等现象,常常出现。如家长没有答应买某东西,他马上大哭大闹,非买不可,一旦东西买到,马上就高兴起来。这些都说明小学生的情感强烈,但对自己的情感的调节和控制能力低,头脑不够冷静,不能客观地分析问题,不能主动地调整态度,这往往导致他们不能很好地对自己的情绪进行自我调节。

4.自我中心

小学生低年级学生一般都能体验自己的情感,对自己的喜怒哀乐体会明确,但不善于理解并体会别人的情感,不能站在别人的立场理解他人的感受,不能客观地评价和体验他人的情感。这容易造成小学生在与同学、同伴交往中,给对方造成有意无意的伤害。

(二)小学生情绪调节策略[①]

在早期社会化过程中,小学生通过学习使用不同的情绪调节策略去调控行为,处理人际冲突,实现与环境的协调。随着年龄的增长,小学生能越来越灵活地独立运用各种情绪调节策略,情绪调节的发展经历了一个由外部调节到内部自我调节的过程。

1.寻求社会支持策略

小学生可向父母、老师、同伴等寻求支持和帮助来摆脱消极情绪。小学生主要依靠照料者提供的支持性情绪进行调节,一项关于小学生的访谈研究发现,绝大多数小学生认为,对于悲伤寻求支持是最好的情绪调节策略。学龄前则较多地把社会支持和寻求成人帮助作为情绪调节的主要解决办法,在不同年龄段,小学生也会选择采用社会支持策略,但随着年龄的不同,他们寻求的支持

---

① 黄寒英.小学生情绪调节策略及影响因素探析[J].教学与管理,2010(10).

者会存在差异,低年级小学生认为寻求他人理解和支持的主要对象是父母,而高年级小学生的主要支持对象变成了同伴。这说明同伴在儿童心目中的影响随年龄的增长而逐渐增大。

2.自我安慰策略

小学生在早期,咬手指之类的身体自慰行为是他们主要的情绪调节方式,他们通过身体运动来减轻情绪压力和安慰自己,如一些小学生在害羞、焦虑、恐惧的时候会采用咬指头、吃零食等自我安慰的调节策略来舒缓情绪。

3.回避策略

这是指小学生试图避开引发消极情绪的情境,或是面对问题、面对挫折"不作为"。例如,一些小学生害怕打针,一看见穿白大褂的就会哭叫或者躲避;有严重焦虑症的小学生拒绝上学,把自己隐藏起来或者产生头痛、发烧等心因性疾病而逃避上学。调查发现,绝大多数小学生认为对于创伤感,远离创伤源是最好的情绪调节方法。小学生由于能力的局限,对自己无法控制的情境,常采用远离或者回避的策略。

4.发泄策略

这是指小学生运用破坏性或伤害性的行为来表达和宣泄自己的消极情绪,例如,通过攻击别人、摔书本、在床单或衣服上剪洞等发泄愤怒。研究表明,男生对发泄策略的运用频率显著高于女生,这与在社会生活中,男孩被鼓励独立、冒险、大胆,这样的性别角色期待使男孩倾向于更大胆、自然地表露自己的情绪。随着年龄的增长,小学生运用发泄的调节策略有减少的趋势。通过引导,小学生应逐渐学会采用"合理宣泄法",如激烈运动、击打沙袋等方式来释放苦恼、烦闷、愤怒等消极情绪。

5.替代策略

这是指小学生主动把注意力转移到其他的活动之中。在要求暂时得不到满足、面临恐惧等消极情境时,他们会更多地采取替代活动的方式。例如,玩玩具、唱歌、游戏、想其他有趣的事等,通过主动地投入到其他活动中来调节自己的情绪。替代活动是他们在学龄前最主要的情绪调节策略,也是小学生常用的有效应对策略。替代策略之所以能够成为儿童最常用的应付方法之一,是由于比起那些单纯地通过发泄或回避的方式来消极地应付挫折情境,替代活动可以更有效地转移他们对刺激的注意,减少消极情绪。

二、影响小学生情绪的因素①

诱发小学生情绪问题的原因有很多,其中学校和家庭是孩子的两个重要生活环境,这两个环境的生活氛围直接影响孩子的情绪。另外,孩子个人的性格特征和成长的社会环境也对孩子的情绪有重要的影响。

(一)小学生个人方面的原因

1.自我为中心的个性因素

目前,小学生绝大多数为独生子女,他们在顺境中长大,常常以自我为中心,较任性、固执。当他们进入一个新的集体后,在集体中的位置发生了变化,但仍然以自我为中心与人交往,唯我独尊,不善解人意,遇到困难不克服,缺乏自信,与人接触时出现过重的恐惧感和过强的防范心理,结果封闭了自己的同时也被他人抛弃。另外,小学生来到新环境后,成为班级的中等生或末等生,他们自尊、好强、优势惯性的心理难以承受这种突如其来却又是正常的变化,于是心理压力油然而生,随之就会产生各种消极的情绪。

2.过于强烈的学习动机

学习者本人对学习成绩的期望以及期望的实现程度能影响其情绪。动机是人类活动的原动力,要想把学生学习生活安排好必须加强学习动机,即人们所说的发条拧紧。但是发条拧得过紧会断,学习动机过于强烈会适得其反。另外,学生的学习动机只是为了取得好分数,或取得家长和老师的欢心,或迫于外界压力……这种出于间接动机而从事的活动很容易受情绪影响。所有这些现象的产生都是由于动机过于强烈,导致精神压力过大,从而妨碍活动的正常进行。

(二)家庭方面的原因

众所周知,现在家长对子女在学业上的期望之高是前所未有的。如果孩子在家里感受到的是冲突、恐惧和紧张,这种生活氛围给孩子带来的只能是消极情绪,使孩子产生情绪问题。

1.家庭的过分期望

许多家长由于自己早年的理想没有实现,就在孩子身上寄予厚望,希望孩

---

① 林建华,曹树.中学班主任与心理指导[M].南京师范大学出版社,1999(113).

子将来实现自己的理想。甚至有的家长把孩子当成为自己挣脸面的筹码。家庭的高期望、高标准与严要求,这些压力层层加码,重重传递,使有形的学业压力转化为无形的心理重压。这些沉重的压力落在孩子身上,很容易造成孩子情绪的失调和行为的扭曲。

2.家庭的不当教育方式和环境[1]

家庭不恰当的教育方式必然给孩子的身心造成巨大的伤害,产生消极与逆反情绪,甚至导致严重的情绪障碍。许多家长往往把自己的想法强加给孩子,当孩子与自己的意见相左时,他们不能理解、尊重孩子的想法,迫使孩子去做自己不愿做的事。虽然大多数家长在教育孩子时以说服教育为主,但仍有不少家长在教育孩子时以打、骂为主。许多家长辅导孩子学习的方法也不科学,只是检查作业是否完成,或干脆把辅导孩子学习的责任推到老师身上。

另外,父母感情不睦,或吵嘴打架,或家庭破裂,这种对家庭不负责任的态度会给孩子的心灵带来伤害,使一部分孩子的情绪出现了极大的变化,甚至出现了各种情绪障碍,如焦虑症、抑郁症、上学恐惧症、多动综合症等。

(三)学校方面的原因

我们的学校教育,长期以来十分重视知识的传授,而不同程度地忽视了对学生进行有意识的情感教育,对情感在小学生成长过程中的作用缺乏足够的认识。

1.过于追求升学率的因素

不少地方教育部门把升学率与考分施加给学校,有的学校则把这种压力转移给老师,而老师又把压力传递给学生,真可谓斧头打凿子,凿子凿木头,学生成了压力的承受者。为了成绩,如果老师对学生要求过于严格,不讲方式、不分场合对小学生进行批评或惩罚,会严重伤害他们的自尊心。有的老师布置的作业量超重,学生为了完成作业每天要熬到晚上十一二点,不能按时完成还要受到批评,甚至被惩罚,这种不当的教育方式使小学生背上了沉重的思想包袱,导致一些小学生产生了上学恐惧症,怕到学校,怕见到老师和同学。

2.教师教学方式的原因

学生是教育的对象和主体,任何一种教育措施和方法都必须以学生的身心特点为基本的出发点和依据。由于传统教育方式一般是教师讲课,学生听,教师提问,学生回答,照本宣科,教法老套,教师一味积极主动地喂学生,而学生则

---

[1]　惠秋平,侯领娟.小学生情绪饥饿的特征及其原因探析[J].基础教育研究,2009(2).

消极被动地吞咽着。有时虽然也能达到一定的目的,但却没有考虑到对学生的长期影响。当学生不能享受一个思想者的乐趣时,他们不仅不再愿意吃准备好的各种美食,而且还会一看到食物便产生呕吐感。另外,有的学生学习基础较差,由于各种原因,可能经过多次的努力后得到的仍是一次次的失败和伤心,这时如果再遭到老师的批评、家长的训斥、同学的歧视,那么他们既不能品尝到成功的喜悦,又不能得到他人的理解和关怀,肯定会产生严重的失败感、自卑感和乏味感,逐渐丧失了学习的斗志,如此恶性循环下去,很快便会出现厌学和弃学的心理。

(四)社会方面的原因

1. 学历社会功利化的影响

十多年的寒窗所取得的大学文凭,对于广大学子来说仍然具有无与伦比的魅力。同时,随着社会竞争观念的进一步发展,"白领"族相当可观的收入、较高的社会地位是低学历者可望不可即的期待。"可怜天下父母心",为了孩子,父母不惜巨资,煞费苦心,千方百计把孩子塞进重点幼儿园、重点小学、重点中学,最终进入了重点大学——大功告成,全家欢乐。这样孩子们以最繁重的学习和最紧张的心情准备课程,憧憬在不久的将来,能够成为"人上人",他们经常处于竞争加剧的紧张状态之中。

2. 社会竞争观念的迁移

由于当今社会竞争日益激烈,生活和就业压力越来越大,社会对孩子要求也越来越高,因此,家长对孩子的期望值也很高。为了不让自己的孩子落后于别人,在要求他们完成大量的课外作业的同时,还为孩子准备各种辅导班,这无疑给孩子增加了课业负担。从学校的角度来分析,学校为了评比,为了竞争,为了学生的"提高"和"全面"发展,学校只有无条件地延长学习时间,增加学习任务。我们知道,小学生正处于成长发育阶段,其注意力和持久性都不能与成年人相比,如此的加码必然会扼杀学生的学习热情,从而带来一些负面效应。

三、小学生健康情绪的辅导[①]

通常,情绪的发展与情绪的调控并不是同步前进的。因为从某种意义上看,情绪的发展倾向是一种比较自然的过程,是个体的一种主观体验,而情绪的调控则是一种必须经过学习和训练才能获得的知识与技能。因为并不是所有

---

① 彭小虎. 小学生心理辅导[M]. 华东师范大学出版社,2012(109).

个体在情绪发展过程中都能够轻易掌握这门技巧,更多则有可能受困于情绪的侵扰。因此,在小学中实施情绪健康教育,就是通过有效的途径,使学生掌握调适情绪的一些方法,提高小学生的情绪生活质量,保障小学生学习、生活免受情绪障碍的损害。

(一)提高认识能力,正确评价自我

认识是情绪的基础。情绪总是在认识的基础上产生和发展起来的。小学生对主客观世界的认识正确与否直接影响着他们的情绪情感。一般来说,正确的认识必然会产生正确的情感,认识的改变也必然会引起情感的改变。更为重要的一点是,提高认识才可以用理智支配情绪,避免情绪支配理智。提高小学生的认识能力包括两方面的内容:

1.对现实生活意义的认识

小学儿童年龄小,知识贫乏,经验缺乏,辨别是非的能力较差,容易感情用事。所以,教师在培养小学儿童情感的过程中,要不断地提供必要的知识,提高他们的认识水平,促进他们的情感体验向更高水平发展。小学生对现实生活意义认识正确后,就会热爱生活,坦然面对生活、学习中的困难和挫折。我们可以组织学生讨论,并及时提出一些"热点"问题,帮助他们深化认识;可以讲发生在他们周围的真人真事,使小学儿童感到亲切,便于学习;通过提供范例,把抽象的道德水平具体化,使小学儿童从中获得深刻的印象和正确的认识。

2.对自我的认识

一个人如果过高估计自己,容易产生失败感,失去心理平衡,从而情绪低落;反之,如果一个人对自己估计过低,即使成功了也体会不到喜悦和快乐,而当他们面临挑战性任务时,往往退缩不前。班主任应该引导学生客观地评价自己,正视自己的优缺点,努力发扬优点,改正缺点,对未来持乐观态度。只有这样,才能保持心理平衡,维持良好的情绪情感。

(二)发展小学生的高级情感

高级情感在个体身上并不是自发形成的,而是在一定的社会实践情境中,发挥教育的影响,在相应的情绪体验基础上产生、发展起来的。因此,教师要创设教育情境,陶冶小学生的社会情感,促进小学生高尚情感的培养。

1.正确运用道德移情

移情是指人们在察觉他人情感时自己也体会到与之相同的情感。道德移情是通过察觉、体验他人道德情感的活动,产生与他人相同道德情感的过程。

因此,在教育中,教师要经常为儿童树立榜样,宣扬英雄、模范和身边的好人好事,用他们良好的道德情感感染学生,让学生通过体验他们的情感,产生道德上的共鸣,培养自身良好的道德情感。

2.培养小学生的理智感与审美感

很难设想,一个凌乱不堪、到处堆满垃圾的学校,能够使儿童养成高尚的美感。所以,为了培养儿童正确的审美情感,学校应当有一个符合审美要求的环境。在教育中,教师可以通过绘画、唱歌、跳舞、体育竞赛、美化教室和校园的劳动、游览、参观、学习英雄事迹等多种形式的活动,培养小学生高雅的审美情趣,以发展他们的美感。另外,求知欲和好奇心是小学生理智感的重要内容,在教学活动中,教师要注意激发小学生的求知欲、好奇心,要鼓励他们克服困难,使他们在学习活动中体验成功的欢乐,在成功的体验中培养小学生明辨是非的能力。

(三)加强学生积极的情绪体验

小学生在各种活动中,特别是在学习活动中,常常会产生各种情绪体验。经常产生积极的情绪体验如高兴、快乐、幸福、满足等,可使儿童增强自信心,情绪高涨,精神饱满,既能提高其完成学习任务、参加集体活动的热情,又能避免体验消极情绪而引发的种种情绪障碍。

1.在课堂教学中加强小学生积极的情绪体验

积极的情绪体验会成为学生新的活动动机,使他们以更高的热情投入到学习活动中。在小学教学中,教材和教学方法都要适合小学生的年龄与个性特点。在教学活动中要帮助小学生掌握学习内容,使其经常产生成功的喜悦。教师还应特别注意因材施教,对优等生提出更高的目标要求,使其不断产生新的成就感;对差生要给予耐心细致的帮助,对他们的要求不能太高,对他们的每一点进步都要给予鼓励。

2.在各种实践活动中强化小学生积极的情绪体验

小学儿童的情绪具有情境性,容易为其他事物所影响。实践活动是形成、发展儿童情感的重要途径,儿童只有参加实践活动,才会有相应的情感。教师可以有意识地设计有关教育情境来诱发儿童的情感,比如环境的布置、角色的扮演、气氛的组织以及参加实践活动等。

(四)培养小学生控制和调节情绪的能力

愉快是最有益于健康的情绪,愉快能使人在紧张中得到松弛,对自己产生满意感和满足感,对外界产生亲切感,使人更容易与之相处。学生在愉快的情绪状态下学习,会感到思维活跃,记忆敏捷,学习效率高。健康的情绪对培养小学生的社会适应能力具有重大意义,因此,应该遵循小学生情感发展的规律,有效地培养他们积极、健康的情绪。

1.建立适当的目标

教师要帮助小学生确定符合他们实际情况的奋斗目标,切忌期望过高;要引导他们实事求是,不作非分之想,不苛求自己,尤其是优等生或争强好胜的小学生,不要为小事而过于自责,凡事要放宽心,想得开。

2.寻找乐趣

教师要让小学生保持儿童天真烂漫的个性,对各种活动都倾注热情,积极参与,享受生活的乐趣。小学生还要培养自己广泛而稳定的兴趣,从中获得快乐。

3.自信

自信是保持愉快情绪的重要条件。教师要教会小学生看到自己的优点和长处,学会悦纳自己、欣赏自己、肯定自己,做到不自卑、不自怜、不自责。要相信每个学生都有他可爱和可造就的一面,要经常肯定他们,鼓励他们。

4.多与人交流

许多小学生还不善于与人交流,其实多与家长、教师和好朋友交流,可以增长知识,受到启迪,增进友谊,能给自己带来意外的收获和快乐。教师要鼓励孩子多与人交谈,说出心里话,引导他广交朋友,锻炼胆量。对于易使性子的小学生,主要是要教育他胸襟开阔,保持愉快的情绪,进行目标升华。

(五)指导小学生掌握调控情绪的方法

在学校的健康教育中,一方面要注意培养学生积极的情绪情感,另一方面要注意调整学生的消极情绪。情绪调控的关键是加强理智的作用和意志的力量,通过自我反省、自我评估来调整引起不良情绪反应的认知观念。在小学生心绪不佳时,指导他们通过读书、写日记、与朋友交谈等方式改变不良情绪体验。当学生遇到重大情绪冲突时,则应指导他们运用系统脱敏、克制忍让、注意力转移、自我暗示等方法进行自我调节,以缓解冲突,改善心境。教师要教会小学生控制和调节消极的情绪,主要有以下方法:

1.宣泄调控

宣泄调控就是当人遇到不愉快的事情而产生消极情绪时,把它释放出来,有直接和间接两种方式。直接宣泄即针对引发情绪的刺激来表达情感,间接宣泄是通过其他途径使情绪得到释放。教师要教会小学生在遇到不愉快的事情时,可以自己痛哭一场或把心中的不平事向教师、家长或好朋友说出来,以减轻心理压力。

2.遗忘调控

遗忘调控就是当某种事情引起你的消极情绪时,最好能把这件事尽快地遗忘,不要老去想这件事。不愉快的情绪郁积于心,耿耿于怀,放不开,丢不下,只能使这种消极情绪不断蔓延且日益加重,久而久之会影响身心健康,影响学习。所以,教师要教会小学生善于遗忘消极情绪。

3.转移调控

转移调控就是当人处于消极的情绪状态时,可做一些别的事情,通过注意力转移而使消极情绪得到缓解。教师要教会小学生在遇到不愉快的事情时,不要老想这件事,可以通过看电影、打球、下棋、唱歌、画画等,来缓解消极情绪。

第三节　情绪障碍学生的引导

一、厌倦型情绪问题学生的引导[①]

小学生出现厌倦情绪主要是由于长期的心理疲劳造成的。学生的主要任务就是学习,如果教师或家长教育不当,常常会引起学生的消极心理,进而造成学习兴趣的下降,导致厌学情绪的产生。引起小学生对学习感到疲倦的原因主要是较长时间地做一种工作,即学习;来自教师和家长等各方面的压力使他们的神经过度疲劳和紧张;学习成绩不良也是导致厌学情绪的重要原因之一。消除学生的厌学心理,需要社会、学校和家庭的共同努力和相互配合。厌倦型情绪主要表现在厌学上:

(一)学生厌学问题的表现

学生厌学问题的主要表现是不想学习,不爱学习,对学习没有兴趣,从内心讨厌学习。厌学的学生对学习有强烈的反感,一提到学习就心烦意乱、焦躁不安。由于对学习的排斥,这些学生的学习成绩都比较差,有的还兼有品德问题;学生厌学情绪严重或受到一定诱因影响时,往往会发生旷课、逃学或辍学的现象。

---

① 邓红艳.小学班级管理[M].华东师范大学出版社,2010(174).

(二)厌学的原因

1.学校教育中的一些问题

一些教师缺乏先进的教育理念,不了解学生的情感需要,缺乏对学生的尊重、理解,有时甚至讽刺、挖苦学生,学生的自尊心受到伤害是导致其厌学的重要原因。有些教师在教学中没有处理好"教"与"学"的关系,不能有效地激发学生学习的主动性、积极性,导致学生被动、机械地学习。学生学习负担重、压力大,也会产生厌学心理。另外,教师忽视学生的个别差异,对所有学生采用统一标准进行评价,且评价时只重视考试成绩,也有可能造成儿童的厌学情绪。

2.家庭教育方式不当

父母望子成龙心切,重分数而不重视实际潜能的开发,甚至经常就学习问题责骂或毒打学生,会使儿童对学习产生恐惧心理和厌烦情绪。尤其当前许多父母都有"不让自己的孩子输在起跑线上"的想法,不顾孩子的实际情况,盲目地给孩子报名参加各种学习班,致使孩子休息时间严重不足,游戏、玩耍的时间更是少得可怜,这种不顾儿童年龄特征的教育方法直接导致了一些儿童的厌学情绪。

3.社会不良风气的影响

社会上的某些不良风气以及媒体的一些错误的导向,是造成儿童厌学问题的社会诱因。如一些媒体对未接受过系统学校教育的名人过分渲染,也会使辩证思维能力还不强的小学生对学习活动产生错误的认识,导致厌学。

(三)厌学学生的引导

(1)正确认识学生的厌学问题,了解学生厌学的真正原因,对症下药。要注意学生本身有无生理、心理缺陷。厌学学生表现出来的对学校逃避不同于恐惧症。后者除了情绪上的恐学状态之外,还同其他生理、心理缺陷有密切联系。班主任耐心细致、有针对性的教育是可以改变学生的厌学状况的。

(2)关爱、理解厌学学生,帮助他们在学习上获得成功的体验。一些学生,由于长期的失败体验使他们产生了习得性无助感,对学习丧失希望。如果班主任空洞地强调学习的重要性只会令他们对自己更加失望,批评只会加重孩子对学习的厌恶。对这些学生,最重要的是点燃他们心中的希望之火,班主任应以无限的爱心关爱、理解他们,细心地观察他们在学习、生活中的表现,及时捕捉闪光之处,大力表扬、鼓励,帮助他们重拾自信。

(3)做好家长的工作。班主任应与家长一起分析孩子的优缺点,引导家长正确地认识孩子的特点,给孩子一定的鼓励和期望。另外,父母在学习上也应该多关注孩子,辅导孩子进行学习,当孩子学习上有进步时给予适当的鼓励,激发孩子的学习兴趣,恢复其对学习的信心。班主任还应教育家长转变教育观念,尊重孩子的人格,抛弃简单粗暴的教育方式,通过和谐的、学习型家庭的气氛去熏陶孩子,通过父母自身对学习的热爱去影响孩子,帮助孩子克服厌学心态。

二、焦虑型情绪问题学生的引导[①]

焦虑是指孩子在意识到将要发生不利事件的时候产生的恐惧、紧张以及烦躁不安的情绪状态。适度的焦虑对于集中注意力、活跃思维具有积极的促进作用;然而,过度的焦虑会导致孩子认知能力下降,思维能力出现阻滞,进而影响学习成绩。心理学的实验研究还发现,那些学习能力水平比较低的学生,不论是高焦虑还是低焦虑学习成绩都差不多;那些学习成绩较好的学生也是这样,焦虑水平不大会影响学习成绩;但是,大多数学习能力中等的小学生,低焦虑水平能提高学习成绩,高焦虑水平则降低学习成绩。[②]

(一)儿童焦虑的表现

焦虑是个体应对具有潜在威胁的人、物体或事件时的适当性情绪反应,主要表现为强烈的负性情绪(紧张、烦躁和恐惧等)和紧张的身体症状,如哭泣、心慌、出汗、面色苍白、呼吸困难、心跳加快、失眠、疲乏和头痛等。在生活中,适度的焦虑可以调动人的潜能,更好地应对当前的挑战。但当一个人长时间处在焦虑状态,对其身心健康是有害的。小学生常见的焦虑问题有以下两种:

1.广泛性焦虑

广泛性焦虑是指长期或过度的担忧和紧张。有的儿童经常莫名其妙地担心父母发生车祸,只要有一会儿没有看到父母就感到紧张、烦躁和恐惧;对未来的情况产生过分的不切实际的烦恼,担心自己无能力完成学业,害怕考试成绩不好被嘲笑,担心与同学相处不好会遇到困境等等。考试焦虑是小学生中比较常见的焦虑问题。

2.分离性焦虑

分离性焦虑常见于学龄前儿童或小学低年级儿童,表现为与亲人分离或即

---

① 邓红艳.小学班级管理[M].华东师范大学出版社,2010(176).
② 惠秋平,侯领娟.小学生情绪饥饿的特征及其原因探析[J].基础教育研究,2009(2).

将分离时出现明显的焦虑反应,表现出过度的痛苦和忧伤。有的孩子还经常做与分离有关的梦,并且因害怕分离而不愿意上学或哭哭啼啼。

(二)儿童焦虑的原因

1.环境因素

环境因素方面主要是与家庭影响有关。溺爱或管教过严都可能导致日后儿童的焦虑。过于严厉的管教使儿童感受不到父母的关爱,从幼小起就失去安全感而导致日后的焦虑;而父母过分溺爱,导致儿童幼稚、不成熟、缺乏独立生活的能力,这也成了日后焦虑的潜在因素。另外,家庭中有焦虑特质的人,也会使儿童焦虑性性格产生影响;学校中课业负担过重也是引起儿童焦虑的重要因素。

2.个人因素

儿童在生活中所产生的一些不良的情绪体验也会导致儿童焦虑。创伤性情绪体验是指儿童热衷于干某些被家长强行禁止的事情并遭到恐吓或威胁。这一方面给了孩子挫折,另一方面也给了他暗示,使他觉得他所热衷的、令自己愉快的事是危险的,甚至泛化地认为凡是能引起愉快的事都是有危害的。于是,这种创伤为以后播下了焦虑的种子。同时,由于学校生活过于强调竞争,教师过于严厉的管教方式也容易导致儿童的焦虑。此外,儿童的一些性格,如敏感、多疑、胆小、任性、心胸狭窄等,也会在一定条件下引起焦虑。

(三)小学儿童焦虑问题的引导

(1)要了解儿童产生焦虑的原因,消除和处理好使之紧张焦虑的刺激因素。

(2)要注意培养儿童良好的性格品质。班主任要创造条件和机会,鼓励这些儿童积极参与群体活动,多和同学、伙伴交往,培养其开朗、乐观、活泼的性格。另外,也要注意给学生提供适当的困难情境,锻炼儿童的意志力,培养他们勇敢、顽强、自信的品质和抗挫折的能力。

(3)可以通过自我暗示、松弛训练等方法帮助儿童战胜焦虑。自我暗示指通过主观想象某种特殊的人与事物的存在来进行自我刺激,达到改变行为和主观经验的目的。

三、抵触型情绪问题学生的引导[①]

对于年龄稍大的小学生,抵触型情绪问题比较突出,表现为他们攻击性强,容易对别人产生嫉妒,性格比较孤僻。还有些小学生,有过度情绪爆发的倾向。攻击性强的学生往往心理承受能力差,对于这样的学生,教师应该多给予信任,教育学生真诚、宽容地对待别人。对于嫉妒心强的学生,教师可以采用角色替换法、"酸葡萄"式调节法,让学生设身处地地替别人着想,在不利条件下进行心态的调整。对于性格孤僻的学生,我们要做的主要工作是挖掘其身上的闪光点,增强其自信心,使其学会正视自己的缺点,形成积极的自我概念。

(一)攻击性行为及表现

攻击性也叫侵犯性,指的是个体有故意侵害他人的倾向,不仅包括外显的攻击性行为,而且包括隐性的攻击或侵犯他人的意图。在小学生中,主要的攻击性行为有横行霸道、恃强欺弱,具体有对其他人的身体进行打、推、咬、撕、拧、踢等,用物品伤害别人,强夺别人的物品,骂人、撒谎、偷盗、破坏性恶作剧等。攻击性行为有工具性攻击行为和敌意性攻击行为。

1.工具性攻击行为

这是指渴望得到某东西(如财物或权力),以伤害他人作为达到攻击性目的的手段。也就是说,工具性攻击行为的主要目的是排除障碍、获得物质、空间或权力。工具性攻击行为是人类的本能,是在物质匮乏的时代得以生存的必要手段。

2.敌意性攻击行为

这是以人为定向,旨在伤害他人(身体、情感和自尊等),以达到报复、支配等目的。在小学生中,主要是工具性攻击行为,敌意性攻击行为较少。

(二)攻击性行为产生的原因

(1)不良的家庭教育使孩子养成自以为是、以自我为中心,处处要求别人按自己的意图做事的不良性格。在家庭中,孩子只要不如意就大发脾气,甚至打骂家长,家长非但不批评,有时甚至发笑或即刻满足他的要求,久而久之,儿童就形成了对一切人都采取横行霸道的行为习惯。

(2)横行霸道或攻击性行为是从生活经验中学来的,如果一个孩子攻击他人或抢他人的东西的时候,被欺负者只是哭着躲开,他的退缩、谦让行为对维持

---

① 邓红艳.小学班级管理[M].华东师范大学出版社,2010(178).

横行霸道和攻击性行为起到了重要的强化作用。相反,如果被欺负者一旦采取对抗的攻击性行为而获得了胜利,从中就懂得了只有采取攻击行为才能不受欺侮,因此,他们学会了称霸。当幼年经常受欺侮的儿童不再甘心忍受而起来对抗时,经常会诉诸武力来威胁其他孩子。

(3)幼年生活缺乏温暖的感情和关怀。父母经常用强制或打骂孩子的方式教育孩子,或父母一方唯我独尊,谁都要听其支配,剥夺孩子应有的一切自主权,在这种环境下成长的孩子可能学到这种以控制他人达到自己目的的方式,模仿父母的行为到外面去发泄自己的压抑情绪,任意欺侮别人,威胁别人。

(4)现代传媒的不良影响。为了吸引青少年的注意,一些影视作品大量充斥武打、暴力等内容。小学生由于好奇,情绪发育欠成熟、爱模仿、是非辨别能力弱等特点,容易学会其中的攻击性行为。

(5)不当的宣泄方法。孩子遭受挫折后,常常会表现出某种攻击性行为,以发泄自己的愤怒,寻求心理平衡。如果孩子平时自我感觉良好、鲁莽、冲动,缺乏生活经验,孩子会将其愤怒的情绪直接发泄到使其遭受挫折的人身上;如果孩子平时缺乏自信心,情绪悲观,自制力弱,其攻击行为通常转嫁到其认为可以攻击的人身上,或以其他歪曲的形式表现出来,如吸烟、撒谎、破坏性恶作剧等。

(三)对有攻击性行为学生的引导

(1)对学生的攻击性行为进行分析,适当的自卫可以鼓励。

(2)协同家长对儿童的日常环境进行适当的控制,尽可能减少其接触攻击性行为的机会。

(3)加强对学生的交往指导,教会其发泄不满的方法。有的儿童可能是因为语言表达能力差,不善于说出自己的想法和感受,在遇到问题时习惯于使用攻击性行为的方式,因此,班主任可以帮助他们提高言语的表达能力,在其遇到问题心中不满时,可向家长或班主任述说。

(4)适当的处罚。当攻击性行为发生时,让其安静地在一个角落独处一阵,平静地命令他:"好好想想你错在哪里。"等其安静下来之后再讲道理,并重点申明,之所以受惩罚是由于其攻击性行为。

(5)进行移情训练。让有攻击性行为的学生感受、模拟感受被攻击的痛苦,通过"移情"的方法使其感受到对方的痛苦,从而达到行为改变的目的。

(6)与家长多联系,引导家长改变不良的家庭教育方式,双方及时沟通孩子在家里、学校的表现。特别要注意的是,攻击性行为发生后,越早处理效果越好,而且要及时说明教育和惩罚的原因。当然在教育和处罚时,要维护孩子的自尊心,避免其产生消极的看法。

四、退避型情绪问题学生的引导[①]

这种情绪问题多见于中高年级小学生当中,表现为情绪低落、过分自责、有恐惧感受或抑郁倾向等。对于情绪低落的学生,教师应采用突出其自身优势、增加愉快想象等方法,增强学生自信,建立乐观心态。过分自责的学生往往是因为害怕失去别人的爱。对于这样的学生,我们要教会他们正确地认识自己,恰当地评价自己,不过分苛求,保持平静的心态。对于恐惧型学生,可以采用注意转移法或系统脱敏法来逐步消除其恐惧。对于抑郁型学生,要教会他们明确学习和生活目标,学会主动向好伙伴倾诉、多参加文体活动等方式来加以改善。

(一)退缩行为的表现

退缩行为往往表现为逃避、依赖、好哭、不爱社交、自暴自弃等。小学生的退缩行为常以消极、顺从的形式表现出来,对集体或他人没有明显的危害,一般不易引起班主任的注意。但这类问题行为实际上对小学生身心健康发展有着潜在和深刻的不良影响。一般可分为两种:一种是交往退缩。这是指学生对与人交往根本就不感兴趣或因为焦虑、担忧等原因而不能与人交朋友,这是一种比较典型的交往心理障碍。另一种是学生不被同伴所喜爱,与他人交往时遭到了拒绝。

(二)退缩行为的原因

1.早期不当的抚育方式

一些研究者认为,如果人在婴儿期不能对某个亲近的人形成依恋,在儿童性格上所留下的烙印就可能影响后来发展正常的人际关系能力,在其后与他人的交往中可能表现出退缩行为。

2.不当的家庭教育方式

家长对孩子过分保护,不让孩子与小伙伴接触,害怕其与"坏孩子"来往,怕孩子受欺负,这样教育出来的孩子由于身边缺少同龄伙伴和朋友,他们虽能与给自己保护和支持的成年人很好相处,但有可能不会处理与同龄人的关系。过多的保护和支持使这样的孩子缺乏应对挫折和同伴矛盾的经验,因此,在交往中表现为胆小、懦弱。另外,缺少关爱且被父母控制程度高的孩子更易表现出退缩的行为。

---

① 邓红艳.小学班级管理[M].华东师范大学出版社,2010(180).

3.交往中的挫折感

研究表明,强烈的羞耻感往往是造成儿童在人际中行为退缩的重要原因之一。可能是因为一次事件造成的(如有的孩子可能在幼儿园或小学低年级因尿裤子而遭到同伴们的哄笑),也可能是多次积累造成的。儿童为了回避心理上的不快,就会产生逃避集体场面的心理行为。

(三)对退缩学生的引导

1.查找原因

根据具体问题具体分析,确定不同的引导方法,对于退缩行为比较严重的学生应建议寻求专家的帮助。

2.引导学生进行自我肯定训练

鼓励学生自由表达个人愿望并强化主动行为,这种方法对于学生的退缩行为比较有效,具体步骤包括:

(1)鼓励学生发现和表达内心的愿望。小学生尚处于自我发展的自我中心阶段,缺少与人交往的经验,会认为自己的需要、想法、情绪别人都是了解的,而且和自己的了解是一样的,因此意识不到要主动将自己的内心想法表达出来。班主任要激发这类学生表达的愿望。

(2)给学生布置"作业"。要求学生在学校中对同伴、在家中向父母明确表达自己的想法和要求,并且与家长相互配合。对孩子完成"作业"的行为做得不合适的地方给予指导和纠正,对做得好的地方要进行表扬,以激发其自信心。

(3)帮助学生扩大自己的进步。当学生在自我肯定的某个"作业"中有进步之后,班主任要帮助学生将这种行为逐渐扩展到与人相处的其他方面,从而使其能够真正形成自信的交往方式。

3.帮助退缩学生通过认知重建,形成正确的自我评价

儿童的退缩行为常常源于不正确的自我评价:一方面是对自己的看法有偏差,如认为自己不够聪明、学习不够好等;另一方面是对别人怎么看自己有偏差,比如认为别人看不起自己,对自己有敌意,不喜欢自己等。班主任要帮助学生挖掘内心深处的这类想法,分析其不合理的地方,从而帮助其重新认识自我,消除心理上的包袱。

4.在集体活动中给退缩学生创造交往的机会

退缩学生一般在集体活动中比较消极,总是退缩在后面和角落里,不主动发言,也不愿意引起别人的注意。班主任就应该去寻找这类同学的兴趣和优势在哪里,有意地给他创造表达和表现的机会,使他们体验到成功和受到表扬的

积极感受,从而树立自信心,增进与同学、同伴的交往。

五、自卑型情绪问题学生的引导

自卑是每个人都会有的一种情结,严重的自卑心理会给人的生活带来很多的危害,特别是对于小学生来说,可能会影响到他们的一生,其实自卑并不可怕,只要调整好自己的心态,是可以走出自卑的阴影并获取成功的。自卑是指一个人由于生理或心理缺陷而产生轻视自己,认为自己在某方面不如他人的心理现象。作为一种心理活动,它集中表现为由于"无能"而产生的不能胜任的痛苦感受。自卑感受表现方式大致分为三类:

(一)自卑的表现

1. 怯懦

这类学生通常表现为:(1)不敢在公开场合说话,害怕在陌生人面前及集体活动中说话,甚至平时也轻声细语,不敢大声说话;(2)不敢在公开场合做事;(3)没有主见,遇事只等家长或是老师为他拿主意;(4)孤僻。

2. 捣乱

这类学生常常以高傲的形式,寻求各种借口,抓住各种机会来表现自己,害怕别人知道自己的缺点,害怕自己所认为的"无能"被人察觉。而事实上,正常的途径往往使他的目的无法达到,于是他只好以其他方式来表现,具体有:

(1)上课时故意不听讲,做鬼脸和小动作,以引起老师的注意。

(2)作业故意不做,或故意做错,以等老师的检查。

(3)对老师置若罔闻。

(4)不恰当地发挥自己的某些特长,这些特长足可以让他炫耀,获得优越感。

3. 补偿

自认为自卑纯属正常的心理,因而选择一种最适合自己的方式来实现自己的价值,并且把自卑化为促使自己进步的动力,从而超越自卑。具体表现为:

(1)以勤补拙。比如成绩不好报各种补习班或请家教来弥补。

(2)扬长避短。如果在相貌上感到自卑,就会在学习上加倍努力来补偿。学习不好,就在体育、音乐、美术等方面发挥自己的特长。

(二)自卑情绪的原因

1.生理上的缺陷

造成自卑的原因比较复杂,其中一个重要的原因是由于个人生理方面的缺陷。一个人在五官、容貌、身体、体质等方面有某些缺陷,容易引起"自惭形秽"的心理,特别是进入青春期以后的小学生,更容易关注自己的外貌仪表。如果此时受到他人的取笑和冷遇,无异于雪上加霜,便会觉得无地自容,引起强烈的自卑感受。

2.挫折

挫折经历是导致自卑感受产生的根本原因。失败和自卑,往往如影随形,互为因果。失败可以引起自卑,自卑又会增加失败。所以,经常遭受失败和挫折的人,自信心会日益销蚀,而自卑感也会日益严重。

3.气质和性格的原因

从整体上看,就气质类型而言,抑郁型的极易形成自卑倾向。同样就性格而言,内向的人无形中在进行着一种消极的自我暗示,也就容易自卑。

4.评价

外界对小学生的评价也会对自卑产生影响,父母作为孩子的第一任老师,老师是小学生心目中的权威,因此,父母与老师对孩子的评价都会产生巨大的影响,特别是抑郁性的评价,极有可能严重挫伤孩子的自尊心,使他产生自卑感。当某种能力与缺陷受到周围人的轻视、嘲笑或侮辱时,这种自卑感受会大大加强,甚至以畸形的形式表现出来。

5.家长的溺爱和过分保护

产生自卑的心理还包括家长的溺爱和过分保护。产生自卑感而不能正确对待和处理时,它就会蔓延、扩散,从而产生错误的心理定势,引发人际关系障碍和许多行为上的困扰,妨碍学习、生活和人际交往的正常进行。

(三)对自卑情绪的引导

自卑并不是天生的,也不什么疑难杂症,只要在老师和家长的指导下,调整心态,坦然面对,再加上行为的矫正,自然会告别自卑。

1.心态正常,坦然面对

自卑心理是一种普遍的心理现象,几乎每个人都或多或少地体验过,严重的自卑感会造成人的心理变态,对学生的学习、生活有很大的危害。但自卑心理并不是不可改变的,如果我们一直保持着勇气,改进身边所处的环境,使我们离开这种感觉,取得成功,就可以慢慢告别自卑。所以说自卑在某种程度上是人们前进的一种动力。

2.行为矫正,恰当有效

自卑是一种客观存在的心理状态,当我们能够面对它,坦然承认之后,就应该积极地采取各种方法矫正它。

(1)积极交流。自卑的孩子大多孤僻,不合群,自己把自己孤立起来。自卑者长期独处,心理活动的范围、内容就会变窄变小,只能翻来覆去在某个问题上转,加上个人认识的局限,就会使心理活动走向片面,从而陷入深深的自卑中不能自拔。而在与人积极沟通过程中,自己的注意力会被他人所吸引,心理活动就不会局限于个人的小圈子里,性格就会变得开朗。

(2)激励评价。作为教师,经常会对学生的一些言行作出评价,激励性评价可从下面几个方面入手:第一,激发热情。小学生的可塑性很强,教师激发他的热情,他就会挑战自我,战胜自卑。第二,鼓励个性。积极的评价,往往会使孩子迅速淡化自己的劣势,找到良好的自我。第三,挖掘潜力。小学生和成年人一样,也非常渴望有成就感,老师和家长应抓住这一心理特点,充分挖掘并发挥他们自身某些特长,使他们取得成功,增强自豪感。第四,体验成功。自卑往往是由于失望产生的,而人的失望情结又与人对某件事的期望程度相关。事先的期望值越高,事后因结果不理想,目标未达到,产生的失望程度也越深。目标不可定得太大,太高。有时把较大、较高的目标分解为一个个子目标,这样就易于打胜仗,而每一次成功都是一种激励,这有利于提高自信心。

【思考题】

1.情绪的功能有哪些?

2.小学生的情绪有哪些特点?

3.情绪的影响因素有哪些?

4.如何对小学生的厌学、焦虑、自卑情绪进行指导?

【扩展阅读】

1.《中小学心理健康教育指导纲要》(2012年修订)。

2.陶勑恒著:《小学生心理辅导》,高等教育出版社,2004。

3.彭小虎著:《小学生心理辅导》,华东师范大学出版社,2012。

4.吴增强著:《小学生心理辅导指南》(第2册),上海科技教育出版社,2001。

【实践探索】

1.用小学生心理测量量表对某个小学一个班的学生的情绪进行测量、了解。

2.假设你是一名小学一年级的班主任,你如何对班中某个具有攻击性行为的学生进行辅导?

第七章　小学班级日常生活管理

内容提要：

1.理解小学班级日常生活管理的内涵和原则。

2.知道小学班级日常生活管理的任务、内容与常见的误区。

3.掌握小学生日常生活中各种能力的培养途径与方法。

4.能够依据小学生实际情况,培养其各种生活能力,促进小学生健康的生活。

第一节　小学班级日常生活管理概述

联合国教科文组织在《教育——财富蕴藏其中》的报告中指出,面向未来社会,"教育应围绕四种基本学习加以安排,可以说,这四种学习将是每个人一生中的知识支柱",即学会认知、学会做事、学会共同生活、学会生存,这四个支柱实际上已成为未来社会对人的基本要求,也可以说是未来社会的人必须具备的基本素质,而日常生活能力的培养实际上就是促使儿童学会做事、学会共同生活和学会生存。鉴于此,加强对小学生的日常生活的管理很有必要。

一、小学班级日常生活管理的内涵

(一)小学班级日常生活管理的内涵[①]

班级生活管理至今为止还没有一个大家公认的、科学规范的概念界定,但

---

① 杨瑞清.基于生活教育理论的小班化实验[J].生活教育,2010(12).

"生活教育"却广为人知。伟大的人民教育家陶行知先生的"生活教育理论"认为：生活即教育，社会即学校，教、学、做合一。循着这样的思考路径，我们尝试用新的视角领会、诠释日常生活管理——"在生活中管理和为生活而管理"，把"生活"当做生活管理的中心。生活管理蕴涵着"关怀生命，共享生命尊严"、"关注生长，体验生活经验"、"关心生态，培养文明生活"、"关切生机，培养生活情趣"四大要义。

1. 关怀生命，共享生命尊严

班级日常生活管理关注的是人的内在尊严，因为它是赢得外在尊严的关键因素和内在依据。这就是要凸显日常生活中的主体：让每一个学生生命成为爱的聚焦；启发学生"自爱"；让每一个生命成为爱的堡垒；要引导师生间"施爱"，让每一个生命成为爱的源泉。无限尊重每个人的生命价值，无限相信每个人的生命潜能，真正落实教育规划纲要"以人为本"、"促进公平"的根本指导思想，体现教育"关怀每一个"的卓越品质，让生命的气息渗透在日常生活中的每一个领域、每一个阶段、每一个要素之中。

2. 关注成长，体验生活经验

生活教育通俗地讲就是叫人"生"、让人"活"的教育。日常生活管理的核心是关爱，是关爱每一个生命，为生命的幸福生长创造良好的生态，提供充足的精神营养，让生命保持生气勃勃、生机盎然的美好状态。这就是说要优化教育过程，尊重生命生长的客观规律，既欣赏盛开的鲜花，又善待迟开的花苞，坚决走出拔苗助长、急功近利的应试教育误区，促进生命自主成长，让每一个学生充分享受成长的快乐、童年的幸福。根深叶茂长势好，庄稼自有好收成。成绩、成功是快乐成长的副产品。

3. 关心生态，培养文明生活

要改善教育条件，为生命的健康生长配备现代化的教育设施，创造良好的教育生态，提供健康丰富的小学。浪漫的童真童趣，往往成为一个人生命中最美好的时光。只有用教育生态的视角，整合人物（people）、地方（places）、政策（policies）、方案（programs）、过程（processes）等要素，体现关爱、尊重、信任、乐观等价值观，才能最大限度地发挥小班化教育在启发潜能、提升素质上的作用。

4. 关切生机，培养生活情趣

人们喜欢把学生比作花朵，并且往往过分关注花朵是否绽放，何时绽放。其实，花朵的常态是"含苞"，"绽放"则是短暂的理想状态。关切生机就是要抓住教育灵魂，生机是对生命、生长、生态的一个整体关照，是教育的价值所在、意义所在、希望所在，是教育的出发点和归宿。有了生机，生命就有了活力，生长就有了动力,生态就有了魅力。因此,要教育小学生热爱生活,学会发现生活中的真、善、美,乐观地对待生活中的困难,还要指导他们在课余闲暇时间避免消极因素的干扰,做有益于身心健康的事,如读书看报、集邮摄影、欣赏节目、外出游玩,在保证充分休息的前提下,发展个人兴趣、特长。

(二)小学班级日常生活管理的意义 [①]

1.素质教育的应有之义

真正的素质教育是"回归孩子真实生活"的教育。"天生我才必有用",每个人都是独特的存在,每个人都是有价值的。所以,特长培养不能盲目、不能跟风、不能攀比,而要从努力发现孩子的智能优势开始,科学地思考"学什么"和"怎么学"。愿景不等于科学,如果只是一味地按照成人的思维和视角来培养孩子,最终的教育结果难免会以失望收场。只有真正遵循这些发展的规律、教育的规律,家长最初望子成龙、望女成凤的教育愿景才有可能得以实现。只有在真正了解孩子的基础上,根据孩子的实际找到对应的、适宜的发展方向和发展目标,并根据年龄特点,有针对性、有阶段性地设计培养方案,有针对性地进行教育,才是实施素质教育之正途。

2.全面发展的基本内容

小学还是孩子综合素质打基础的阶段,除了知识的学习之外,还需要关注学生"全人"的发展。"全人"的发展不等于知识学习加特长培养。"全人"的发展还包括孩子个性、社会性的发展,包括孩子身心的健康发展。个性、社会性的发展离不开现实社会、离不开人际交往,身心健康的发展则离不开游戏、玩耍和体育活动,更离不开自由和自主的体验。这要求教育必须从传统走向现代,要求学校培养的人应具有高度的自主性,应具备较高的成就感,强烈的竞争意识,广泛的兴趣爱好和较强的社会适应能力,并具备创新意识、创造性思维能力和动手实践能力。这种教育既要严肃、严格地进行基本训练,更要诚心、诚意地让学生做生活的主人。

3.个性发展的重要保障

小学是儿童开始学校生活的第一个阶段,不仅是儿童学习掌握各种基础知识和基本技能,为进一步学习打基础的重要时期,也是儿童个性发展,包括建立道德行为规范、养成良好道德品质的重要时期。许多名人在回忆自己的小学时光时都感慨万千,认为小学阶段的教育为自己的一生留下了难以磨灭和不可替

[①] 姚文俊. 孩子该拥有什么样的小学生活[N]. 中国教育报,2011-5-5(6).

代的印记。所以,不要将孩子牢牢地困在学校、教室、书本、概念或各种学习之中,应还给孩子自由、自在、自主的童年生活,让孩子在回归纯粹、纯真、纯朴的真实体验中获得健康的人格发展。

二、小学班级日常生活管理的原则

(一)小学班级日常生活管理中的误区

小学应该是孩子成长的天堂。孩子的天性是自尊自信、活泼好动、爱问为什么,爱动手、好实践、求知欲望强。孩子想"翻跟头",总盼有人给他"搭台子"。如果他能翻多大跟头,就有人给他搭多大台子,他就会感受到生活是快乐的,成长是幸福的。但目前,对待小学生生活教育有两种错误的倾向。

1. 以文化知识教育取代日常生活教育

现在很流行一种说法:不要让孩子输在起跑线上。于是,有太多的家长从孩子上学的第一天起,就为孩子报了各种各样的学习班,以为学得越多、学得越早,孩子的发展就越好。其实不然,好的发展一定是循规律而行的。其实,真正的有效学习并不是以知识的量作为主要的衡量指标。也就是说,不能简单地认为,孩子学到的知识越多、知道的东西越多,这样的学习就越好。有效的学习是基于"知识手段论"而非"知识目的论",即学习的有效性主要体现在"通过学习有限的知识,学生能获得可以被最大化迁移或应用的思考方法和思考路径",即不是简单的知识积累,而是孩子的思维是否获得了最大化的训练与提升。所以,学习一定要按规律办事,不要盲从冒进。如果只求学的量而忽略学的质,这样的学习不学也罢。

2. 机械地看待日常生活教育

这种管理主张教育中的每件事都要与现实生活挂起钩来,直接从生活中受教育,或把所学的知识都在实际中加以验证,甚至小学教育都要与生活、生产实际紧密联系,使教育肤浅化、零碎化。如有的家长简单地认为小学阶段是素质教育的黄金阶段,是很多特殊才能飞速发展的关键期,于是,在小学阶段重在为孩子终身素质的发展加码,休息时间不是学跳舞就是学钢琴,要不就是英语班、游泳班、计算机。孩子的生活除了在学校正常的学习外,被各种特长班、兴趣班填得满满当当,失去了基本的自由和自主。

这种不科学的教育机械地将日常生活教育与生产实际联系,表面上看孩子似乎学到很多,其实也仅仅就是将书本上的东西搬到了脑子里而已。一旦孩子面对真正的实际问题,仍然将束手无策。另外,这种教育使孩子的独立人格得不到尊重,自主权利得不到保障,个性差异得不到承认,兴趣爱好得不到发展。这样的教育培养出来的人常常处在被人支配的地位,不能根据自己的需要、愿望、爱好自主地选择;常常表现为缺乏进取精神,害怕困难,回避矛盾,缺少主动参与、大胆竞争等自我表现能力;常常表现为盲目随从,循规蹈矩,缺乏理解分析与解决实际问题的能力,更缺少创新能力。

(二)小学班级日常生活管理的原则[①]

1.成事育人的原则

我们都知道,班级管理肯定离不开诸多的事务,特别是日常生活中的事务。班级管理者不能满足于程式化地将班级日常事务当做平庸的琐事处理,让学生的班级日常生活流于平庸,班级管理者要带领学生主动开发其教育价值,不断追求班级日常生活的高品质,让班级日常生活事务成为一项又一项的教育活动。鉴于此,班级管理属于教育活动,因此,建设民主型班级的首要策略就是应当将班级的日常事务性问题转化为教育性问题,为学生开发更多的教育资源,让学生主动发现和创造更多的成长体验,从而体现在"成事"过程中"育人"。

2.培育自觉的原则

教育的真谛在于培养学生自主发展的意识和能力。也就是说,教育对于个体的意义,就是培养他具有正确合理选择自己发展方向的能力,提高满足自己合理需要的能力和向新的需要层次跃进的自觉意识的能力。因此,班级管理者要开发班级日常生活的教育价值,培育学生自觉追求发展的意识。这就需要在班级日常生活管理中,班级管理者要主动地、科学地研究和发现学生成长的需要,从学生的角度,感受、发现学生成长的需要,培育学生清醒的自我意识和自主意识。这是进一步开拓出新的发展空间,让学生在有效的教育活动中实现发展的关键基础。

3.交往共生的原则

教育活动的基本原型是交往活动。交往过程中多尺度的衡量、多角度的反思,有助于开发学生某方面的潜能,帮助他们纠正某些不良的发展方向,从而使他们完善自己。小学生在日常生活中经历多视角的不同思想、不同选择的交流和碰撞,在蒙昧状态中形成一定的简单共识。在达成共识的过程中,学生既保持了个性,得到了发展,班级也形成了具有包容性、成熟性的班级文化和班级个性。这样,学生个体与班集体就处于一种"共生"的关系之中,成为相互成全的两种精神生命体。

---

① 李伟胜.班级管理 [M].华东师范大学出版社,2010(63).

三、小学班级日常生活管理的任务

小学生日常生活管理的目标就是提高小学生对变化的生活环境的适应能力,帮助其更快地适应生活角色,培养他们乐观的生活态度、良好的生活习惯,提高其对挫折的心理承受能力以及合群、自立、自强的精神。

(一)小学日常生活管理的总体任务①

1. 传授基础的生活知识

生活中所需要的知识是非常广泛的,也是很零碎的,如衣着的知识就包括购衣、穿衣、洗涤、熨烫、收藏、更换(缝补)几个阶段所需要的多种知识。小学阶段主要让学生懂得穿衣、洗涤、收藏方面的基本知识,其他较复杂的知识可以在以后继续学习。此外饮食、居住、交往、娱乐的常识,也必须传授给小学生。

2. 传授基本的生活技能

生活技能是指个体生存和发展的技能,是个体能够独立地进行日常生活,并能够适应生活环境变化的行为能力。人们的生活需要一定的技能技巧。要结合家务劳动、公益劳动教给小学生基本的生活技能,如家务劳动中的扫地、洗碗、剥豆荚、洗青菜、做简单菜、淘米、煮饭等技能,公益劳动中的清除垃圾、铺路填坑、种树浇花、美化校园与街道等技能。

3. 传播文明的生活观念

当前我国处于传统生活方式向现代生活方式转型的时期,各种生活观念并存,要教育小学生树立正确的人生观,特别要引导他们正确看待奉献与索取、劳作与享乐、美观与实用、共性与个性、自主与合作、节约与浪费等关系问题,懂得生活的基本要义。

4. 培养良好的生活习惯

生活习惯是一种在日常生活中经多次重复养成的比较固定的、无需意志努力就可完成的自动化了的行为倾向。生活习惯对人的心理素质和生理素质的形成和发展具有重要意义,对生活实践活动起积极作用。小学阶段是生活习惯养成的关键时期,要培养他们良好的生活习惯,如起居有常、勤俭节约、珍惜时间、劳逸结合、清洁卫生等,还要注意纠正他们不良的生活习惯。

---

① 吴荔红,骆风. 中小学生生活素质教育的几个问题[J]. 教育导刊,1998(10).

(二)小学日常生活管理中各年龄阶段的任务

小学教育是"人之初"的启蒙教育,是孩子"学做真人"的养成教育,是激活求知欲、培养学习能力的教育,是培养学生基本生活能力与生存能力的基础教育。不同年龄阶段的孩子,认识事物的能力不同,也有着不同的发展任务,只有按规律办事,才能真正有效地促进孩子的发展。

1.小学低年级学生入学适应性的指导

小学是孩子接受学校教育的起点,对其今后学业发展起着十分重要的作用。一般而言,由于对新环境的好奇,学生会在入学之初对丰富的学习活动产生兴趣,但渐渐地,学校的各种制度要求、学业要求会使学生产生不适应,再加上学生的自身控制力差、注意力容易分散等原因,孩子会面临很多的困惑和压力,因此,很有必要加强对低年级学生进行适应性教育。这种适应性教育可采取"学小不学大,学近不学远,学实不学虚"的原则,把工作重点放在常规教育上,让孩子在养成良好的学校生活习惯的基础上接受启蒙教育、养成教育和基础性教育。

2.小学中年级学生自我管理的指导

中年级是小学生个体形成自信心的关键期。本阶段的小学生自我尊重、获取他人尊重的需要比较强烈,能从活动的效果、动机等多方面评价自己和他人,并开始学会独立地将自己与他人比较。可见,中年级的小学生具有了一定的自我管理能力,这种自我管理能力对班级的发展和学生个体发展具有重要意义。因此,在小学中年级,应逐步开始引导班级和学生学会自我管理。班级管理者可通过营造良好的班风班貌,构建学生进行自我管理的环境,责任落实到人,强化学生的自我管理意识,以及通过为学生搭建丰富多彩的活动平台,培养学生的自我管理能力。

3.小学高年级学生青春前期的指导

小学高年级学生即将进入青春期,这个时期称为青春前期。青春前期学生的生理发育逐渐接近成年人,而由于步入社会时间短,社会角色模糊,所以表现出与生理年龄滞后、不适应的情况。特别是遇到突发事件时,往往准备不足,缺乏应变能力,显得手足无措。正是因为他们并不具备独立的生活能力和成熟的心理素质,因而在生活中往往容易发生一些幼稚的行为。因此,班级管理者很有必要对小学高年级学生进行青春前期教育。对于小学生的青春前期教育,班级管理者可采用覆盖面广、内容具体、指向性强、信息量大的讲座形式进行;也可通过具有及时、私密、高效、灵活的个别谈话与交心的方式进行;还可通过主题鲜明、形式活泼、学生间可以交流的班会形式进行。

四、小学生日常生活管理的途径

小学属于"全面的基础教育"的阶段,教育、关心和指导学生生活义不容辞。但是,生活素质教育的任务和内容同现行学校教育的任务和内容有很大差异,不能抛开学校教学计划随意安排生活素质教育活动。

(一)小学班级日常生活管理的要求

1.日常生活管理要联系社会实际生活

跨越课堂界限,走向自然社会,陶行知于1939年曾形象地指出:"社会即学校这一原则,要把教育从鸟笼里解放出来",但是现实的小学课堂形成了一道人为的厚实"围墙",把学生圈在课堂之内,让其辗转在令人疲惫的、可以预知一切的课桌前,将课堂等同于教育,学生缺少亲身体验和锻炼的机会。日常生活管理要勇于打破这种定势,营造开放式的课堂,让生活也成为学生的课堂。

2.日常生活管理要联系学生实际生活

现代教育认为,教育不仅要依据书本和经典的知识,更应该与学生的社会生活相结合,使学校的教育与学生的实际生活感受密切相关,这样才能使学生的知识学习、社会感受、责任意识、实际生活和与同龄人的交往等对学生产生综合影响。作为小学校园生活的主人,儿童调节控制能力尚弱,还需成人的指导和帮助,因此,学校应以师生、生生心心对话的生活指导去触摸儿童的内心世界,并贯穿于他们生活的全过程。

(二)小学日常生活管理的途径

1.通过课堂进行日常生活管理

(1)通过生活指导课进行日常生活管理。生活指导课以活动的形式让学生参与、体验,把生活的知识技能、做人的道理等寓在其中,让儿童积极地面对生活、创造生活。

(2)通过学科课程进行日常生活管理。劳动、卫生、德育等课程非常有利于对学生进行日常生活指导。如,可在课堂中介绍有关的生活知识、生活技能,传输文明的生活观念,批判消极的生活观念,引导学生正确对待各种生活事件,养成良好的生活习惯和生活情趣。

2.通过活动进行日常生活管理

(1)通过班队活动进行日常生活管理。开展班队活动是进行班级生活管理的有效途径之一。可在班队各项活动中渗透生活素质教育的内容,如活动中要求学生衣着干净合体,饮食营养卫生,交往友情为重等;开展生活知识、生活技能的竞赛活动,使中小学生自觉提高生活素质。因此,可通过班会、晨会、少先队活动等班队活动对学生的生活观念、生活习惯进行指导,宣传科学的、文明的、健康的生活方式,使他们认识现代文明生活的特征,抵制陈腐生活观念和不良生活方式的干扰。

(2)通过开展社会实践活动进行生活管理。社会是生活的海洋,也是教育取之不竭的天然素材库,把教育放到社会这个大环境中去,放到生活的方方面面中去,这样才是抓住了生活教育的真谛。可定期组织学生去农村考察、福利院慰问、参加环保夏令营等,从而让学生感知生活的艰辛、懂得关心他人等,了解更多复杂变化的世界。

3.通过环境熏陶进行日常生活管理

(1)通过班级环境熏陶进行日常生活管理。班级是小学生生活的主要环境,班集体生活经验是小学生日常生活素质发展的基础,这就决定了班级环境是小学生生活知识与生活技能教育的最主要的途径。班级民主协商的方式,文明生活的准则,对待人处事、使用零花钱、作息时间、文体活动作出规定等,都为小学生提供了文明的日常生活环境。

(2)通过学校环境熏陶进行日常生活管理。学校文明的日常生活环境,能成为影响小学生日常生活素质的正面材料。学校利用广播、电视、报纸、黑板报、宣传橱窗、刊物等传播手段传播弘扬时代主旋律的优秀文化作品,能为小学生营造文明的日常生活环境;此外,学校还能利用这些媒介介绍日常生活的知识和技能,能为小学生普及日常生活的知识和技能。

第二节　小学班级日常生活管理的内容

学生在校的生活是对未来生活的一种准备。班级日常生活管理除了学生在校期间的管理之外,还包括生活技能、安全防护等生活常识的管理,以及闲暇时间管理、人际交往管理与消费管理等社会心理能力的管理。因此,班级管理者既要使学生一天的生活常规化和系列化,更要注意在琐碎的日常生活中培养学生的生活能力和社会适应能力。本节重点对后者进行论述。

一、小学生日常生活常识管理

(一)生存技能常识

生存技能常识是日常生活的基本技能,主要包括吃饭,穿脱衣服,洗衣服,洗漱等个人自理能力。这些基本常识不是长大了就会的,而是要学会的。

1.小学生生存技能的问题[①]

生活技能是人们在长期的社会实践生活中形成的,是人们运用生活知识和经验去完成某一活动的方式。它在现实生活中具有重要的作用,是国民素质的一个重要方面,是"学会生存"所必须具备的一种能力。但是,目前受应试教育的影响,社会大气候对学生生活技能并不重视,学生生活技能的水平亦不太理想。

(1)生活技能常识缺乏。"知"是"行"的基础。生活技能常识是形成生活技能的前提条件。在调查过程中,我们发现一些看起来十分简单的常识知识,学生竟无法正确回答,如怎样寄信、手被刀子划破该涂些什么药等。

(2)生活自理能力偏差。现在的孩子大都是独生子女,生活在溺爱的家庭环境之中,许多家长除了要求孩子学习以外,其他一切均愿意代劳。有些学校布置学生大扫除任务后,竟有不少家长赶到学校替孩子大扫除。孩子的单独活动,家长总是放心不下,生怕出问题,在家要陪,上学要送,孩子生活自理能力很差。

2.对小学生生存技能常识的指导

现代生活空间和人际关系的扩大,需要人们不断提高生活技能水平。学生良好的生活技能的形成,不可能一蹴而就,需要学校、家庭、社会的通力合作,进行长期不懈的培养训练。

(1)在学生中普及生活技能常识。现阶段,学校可根据各自特点,开设生活技能常识课程。对低年级学生指导他们注意个人卫生,如刷牙、洗脸、梳头等,自己穿衣服,自我劳动,如叠被子、洗小件衣物、整理用品、打扫卫生等,让孩子养成"自己的事情自己做"的好习惯。在中、高段的生活指导内容上,指导学生们学会生活。利用广播、电视、报刊等宣传媒介介绍有关生活技能常识,最好将生活技能常识编串成广告、小故事、小品等形式,使学生更容易接受。

(2)教师、家长应该起表率作用。小学生模仿性很强,教师、家长在平时要

---

① 王少华. 关于小学生生活技能的调查研究[J].上海教育科研,1996(2).

注意以好的言行来影响他们,还可举办家长学校,对家长进行必要的生活技能知识教育,使其在家庭教育中发挥应有的作用。

(3)教育学生在实践中形成良好的生活技能和习惯。要鼓励孩子在家做一些力所能及的家务,改掉一切依赖大人的陋习,逐步养成生活自理的习惯。学校在传授必备生活技能常识的基础上,可引导学生开展一些手工制作、小发明、小创造活动或竞赛。教师还要积极指导学生参与社会实践活动,在社会调查、社会服务等活动中增长见识,发展能力。

(二)安全意识常识指导[①]

俗话说"天有不测风云,人有旦夕祸福",据调查,全国每年有 50 万左右的孩子受到车祸、中毒、溺水、触电等意外伤害,有近万人因为意外伤害而死亡,平均每天死于非命的小学生有一个班,还有 1.5% 的小学生曾经受到过侵害等。因此我们必须重视对小学生进行日常安全常识的培养。

1. 小学生安全常识的问题

(1)小学生的安全意识差。小学生单纯、幼稚,容易受欺骗,在社会治安不良的情况下,社会上总有一些不法之徒,利用这一点来欺骗小学生,或引诱其做坏事,或设局敲诈勒索等。

(2)小学生的防护能力低。小学生天真无邪,对世界充满幻想,有的小学生由于受电视或故事书中的人物的影响,具有强烈的"英雄主义"倾向,在遇到坏人或危险情况时容易冲动,意气用事,不懂得自我保护。

2. 对小学生安全常识的指导

(1)强化小学生安全意识的培养。现在的小学生都特别注重书本上的理论知识而忽略了随手可见却十分有用的生活常识,以至于遇到困难时不知如何应对,发生令人心痛的后果……这些问题都给我们敲响了警钟,要解决此种问题,根本上要从小学阶段改起,要教育学生不轻信别人,保持警觉,凡事多问为什么,遇到紧急情况注意寻求帮助,如拨打 110 电话等。

(2)对小学生防护能力的指导。在孩子成长的道路上会遇到许许多多突如其来的问题,而我们的家长又不可能随时随地出现保护我们的孩子。我们要培养孩子的防范能力以及遇到这些问题时自救的能力,减少对孩子们的伤害。教师和学校应适当进行教育,使学生掌握恰当的应付策略,一旦面对危险时,能够妥善应付危急情境,有效地保护自己。因此,我们要尽早教给孩子一些安全常识,利用班会、团队活动、体育课、活动课、课堂渗透等途径,通过讲解、演示和举

---

① 王丹.对小学生生活常识的培养及研究[J].南昌教育学院学报,2013(1).

行学生安全自救演练活动,对学生开展安全预防教育,使学生接受比较系统的防溺水、防地震、防交通事故、防触电、防食物中毒、防病、防体育运动伤害、防火、防盗、防骗、防煤气中毒等安全知识和技能的教育,做到尽可能减少各种悲剧的发生。

(三)道德常识的指导[①]

《小学德育纲要》规定:"小学德育主要是向学生进行以爱祖国、爱人民、爱劳动、爱科学、爱社会主义为基本内容的社会公德教育和有关的社会常识教育(包括必要的生活常识、浅显的政治常识以及同小学生有关的法律常识),着重教育学生心中有他人、心中有集体、心中有人民、心中有祖国,着重培养和训练学生逐步养成良好的道德品质和文明行为习惯"。学校应以《小学生守则》、《小学生日常行为规范》等具体的行为规范教育小学生养成良好的道德品质和文明行为习惯。

1.小学生道德规范学习的特点

(1)认识与行为不同步。小学生在道德规范学习中同时存在两种倾向:年龄较小(小学低、中年级)的儿童常见的是行为先于认识,即他们可以很好地遵守某些规范,但对规范的认识却很肤浅;在年龄稍大(中、高年级)的儿童身上则相反,认识先于行为,即他们可以圆满地回答某个道德认识问题,但这一认识和他生活中的真实行为完全没有关系。

(2)道德行为逐步由外部控制向内部控制转变。小学生道德行为的控制明显表现出从外部控制向内部控制过渡的特点。小学低、中年级儿童的道德行为一般是在父母、教师的要求下或仿效他人而实现的,主要靠外部力的监督调节,很少出自内心的需要。高年级则受外部控制的影响很小,内部控制已初步形成。

2.对小学生道德学习的指导

(1)加强小学生日常生活中观察—模仿作用。小学生总是很喜欢模仿,所以家长和老师对于小学生道德的培养有着重要的作用。教师可在上课时用课文中优秀的例子来教育孩子并教给他们哪些事情可以做,哪些事情不能做。同时,教师、家长也要带头示范。在这些学习中,学生的思想会默默地受到周围先进人物事迹的感染,其教育效果往往比说教好得多。

(2)加强教育者的榜样引导作用。在儿童道德行为形成过程中,榜样的作用是非常巨大的。教师可以布置适当的作业,让学生的行为得到训练,认识得

---

① 伍新春.儿童发展与教育心理学[M].高等教育出版社,2004(345).

到验证,并注意定时总结汇报,表扬鼓励。在道德教育上,老师要用欣赏的眼光、宽容的态度、理解的心态、善待的方法来对待未成年的学生,而不是两只眼睛常盯着学生的缺点毛病,把批评、训斥、惩罚、限制作为常用的教育手段。

(四)法律和心理防护常识

小学法制教育主要是使小学生初步了解一些与日常社会生活密切相关的法律常识,进行法制观念的启蒙教育,逐步培养学生分辨是非的能力,让他们树立正确的审美观,学会辨别美丑、善恶,学会用法律武器保护自己,从小养成遵纪守法的好习惯,为他们将来成为合格的公民打下基础。据调查,小学生在生活中会面临很多侵害,比如会被同学起绰号,会遇到校园暴力,还会被父母翻阅子女日记,甚至还会出现强行被搜身等不合法行为,这一切都危害着小学生的权益。因此,我们必须提高小学生维权意识和自我保护意识。

小学生在学习与生活过程中,不可避免地会遇到各种各样的问题,会不断产生各种困惑、心理冲突、精神压力等。因此,应该指导小学生学习一些心理健康的知识,指导他们如何进行自我心理保护,使他们懂得当心理有困惑时,要积极寻求心理帮助。例如,可以指导小学生根据具体的情况找心理老师进行心理咨询,使学生认识到心理咨询能帮助学生分析问题的症结所在,找出摆脱困境、解决问题的办法。如果小学生具有自我心理保护的意识,懂得在需要的时候主动找老师或心理咨询师倾诉,得到理解、宽慰和帮助,既能防患于未然,又能促进小学生的身心健康。因此,在小学阶段,应指导小学生学会自我心理保护。

二、小学生日常生活的社会能力管理

世界卫生组织建议,家庭和学校除了要努力帮助小学生掌握各种日常生活常识之外,还要培养小学生日常生活的社会能力。小学生日常生活的社会能力是指能有效地处理日常生活中的各种需要和挑战的能力;是个体保持良好的心理状态,并且在与他人、社会和环境的相互关系中表现出适应和积极的行为的能力。

(一)社会交往能力指导

小学生由以家庭活动为主转向以学校活动为主,由与家长交往为主转向与同学、同伴交往为主。在这个转变过程中,如果缺乏必要的交往能力和技巧,就会出现社交不适应,产生人际冲突或矛盾,影响交往的效能。因此,对小学生进行社会交往技能的指导是十分必要的。一般而言,对小学生进行社交指导,应从以下几方面着手。

1.小学生交往的特点

(1)小学生交往的随意性和浅层性。小学生对于人际交往,对于友情,正处于懵懂时期,他们并不十分清楚什么是友谊,对于朋友的选择也没有明确的标准要求。小学生可能仅仅因为一位同学送给他一块橡皮,借给他一本连环画,而与这位同学形影不离,也有可能因为一点很小的争执而与之断交,另觅新友,也就是说小学生的人际交往具有一定的随意性与浅层性。

(2)小学生交往的同性特点。心理学研究表明,小学生对他们最喜欢的同伴在性别上的选择态度随着年龄的变化而变化。青春期以前的小学生,都倾向于选择同性同伴,这种现象在小学阶段呈上升趋势。之所以会出现这种现象,主要有以下两方面的原因:其一,同性别的小学生具有共同的兴趣和活动方式,便于相互合作和交流;其二,选择同性别的同伴也反映了小学生性别认同的观念。

(3)小学生交往的事端性特点。在小学生的同伴交往中,经常会出现一些"事端"性的现象,比如有些男生尤其是低年级的男生,常常采取制造事端的方式与女生接触,如在课间把女生的文具藏起来,在课桌中间画一条界线等,表明这些男生对女生特别有兴趣。随着年龄的增长,男女生会表现出微妙的变化,如表现出拘谨、腼腆、故意的漠不关心等。

2.指导小学生学会交往表达

每个人都离不开社会交往,社会交往主要是通过思想交流来实现的,而思想交流就需要小学生善于表达自己的思想、心情和要求。小学生通过正常的社会交往,可以建立与别人的联系,可以学到许多社会生活所必需的知识、技能和行为规范,可以不断地发展自己的能力。因此,小学生学习和掌握一定的交往技能和技巧就十分有必要。

(1)指导小学生用恰当的语言和非语言表达。第一,指导小学生用适当的语言表达。表达有语言表达和非语言表达,语言表达又可分为口头语言和书面语言两种。在实际交往中,口头语言表达的机会更多,形式更灵活,也就更需要交谈的艺术性。指导小学生交谈时应注意,选择的话题要适合对方的知识经验和知识范围,否则就会失去谈话的意义。第二,指导小学生恰当使用非语言表达。在社会交往中,非语言行为也是社交能力的重要方面。一个人的态度和感情总是会在语言声调、眉宇眼神、面部表情、举手投足中流露出来。它像一本敞开的书,让人读到其内心世界。小学生的身体语言很丰富,如果使用恰当,能有效地帮助他们进行交往。教师应指导小学生善于运用这些非语言行为来表达自己的感情和态度,以引起别人的共鸣。第三,指导小学生注意语言与非语言表达时的礼貌。心理学的研究表明,有礼貌是获得他人好感的重要因素,有礼貌会让人觉得你是一个有修养的人。社会交往中保持必要的礼貌是获得成功的重要条件。因此,教师应指导小学生在交往中要热情有礼,如在对方发表意见时,要认真倾听,不要轻易插嘴;在交谈过程中,要鼓励对方把话说完。在交谈时,还要注意谈话对象,与同辈人交谈可以随和、大方;与长辈交谈应有礼貌、讲分寸等。

(2)指导小学生学会交往的原则。第一,指导小学生学会尊重。尊重他人是建立良好人际关系的基石。就目前小学生的实际情况来看,不少人并未真正做到尊重他人。有的学生认为不说脏话、不骂人就是尊重,以致在与人交往时出现一些让他人厌恶的不尊重行为。如,听别人讲话时,随意打断,和人初次相见时,上下不停地打量人或死盯着对方看等,这些行为都是对别人的不尊重,会妨碍双方情感的交流和深入。第二,指导小学生学会互助。互助是促进感情的催化剂,及时而恰到好处的帮助会使人倍感温暖。所以要指导小学生在与人交往中,不要吝啬好心,向别人伸出援助之手同样也会赢得别人对自己的关心与帮助,这种互助会使人际关系得到进一步的巩固。第三,指导小学生学会宽厚待人。宽厚待人也是社会交往中不可缺少的一种美德,能加深人与人之间的相互信赖,避免人与人之间的苛求,甚至能化解人与人之间的误会。只有宽厚待人,胸怀宽广,大度忍让,凡事不斤斤计较,才能被大家所接受,融入大集体中去。因此,教师应该指导小学生学会在社会交往中热情有礼,宽厚待人,保证交往的成功。

(3)设置情境,进行社交模拟训练。小学生比较乐意从具体情境着手,探索解决矛盾的办法,因为这样能提高他们的交往能力。为了更好地培养学生的社交技能,可以采用设置情境、进行社交模拟训练的形式。第一,创设交情景,提高交往技巧。教师可以采取各种方法创设情境,然后采取问题解答、讨论交流、角色扮演等方法,使学生学会正确处理交往中的各种问题,提高交往能力。比如,你需要用剪刀,正好小张有一把,不过她正在使用。她答应用完后就给你用,可是当她用完后,却又交给了小王使用。此时你应该怎么办?小赵很顽皮,看到你要进教室,他却故意把门关起来锁上了,你进不去怎么办?你在做作业,小张过来干扰你,和你开玩笑,你该怎么办?打球时小孙明明犯规,但他还要赖,你怎么办?第二,创设交情景,提高交往范围。班主任要创设情景,鼓励和指导小学生与同伴交往、与教师交往、与父母及长辈交往、与异性交往,以及与陌生人交往,不断扩大交往的范围,提高交友的深度,学会与人友好相处、合作共事,并逐步树立平等、自由、坦诚、互惠的交往观念。

(二)日常生活的闲暇生活指导

随着社会的发展,工作时间缩短,闲暇时间增多。自我国实施每周工作 40

小时、休息两天的工作制度后,我国学生在校学习时间也减少至每年190天,这意味着我国2亿多学生有了更多的闲暇时间,这为小学生的全面发展提供了条件。因此,闲暇教育已在现代教育中占有重要的一席,这不仅是社会发展的要求,也是个体发展的需要。

1. 小学生闲暇时间的误区[①]

(1)闲暇时间安排无计划。目前,小学生的闲暇生活无目的性,主要表现在闲暇时间生活没有计划。在被调查的学生中只有15%有自己的闲暇生活计划,70%时有时无,而15%的学生是没有闲暇生活计划的。

(2)闲暇生活内容单调。闲暇时间里,有70%以上的学生是以看电视、玩游戏、看课外书度过的,而且相当部分的学生每天看电视的时间在3小时以上,有不到10%的学生能在闲暇时间里做些家务,7%从事文体活动及营造自己的生活,还有6.7%左右的学生在闲暇时间里无所事事。如此单调的闲暇生活,必然是一种无效的闲暇,应该说有悖"减负"的初衷。

(3)闲暇时间中学习压力过重。调查显示有70%的学生将学习作为闲暇时间的主要内容,且学习时间在2小时以上,难怪学生觉得苦、累、无聊。他们"闲而不暇"。

2. 闲暇生活指导

(1)引导学生合理地、有计划地安排闲暇时间。在学校中,闲暇生活教育的重要任务之一就是帮助学生树立正确的闲暇生活价值观,珍惜时间,合理安排时间,做时间的主人。闲暇生活是自由的,但绝不意味着放纵和无拘无束,也绝不能无视个人在闲暇生活中,对自己、对他人、对社会应负有的责任。因此,要指导他们合理地有计划地安排闲暇时间。

第一,指导小学生善于集中时间。善于集中时间,但切记平均分配时间,要把自己有限的时间集中在处理最重要的事情上,切忌每样工作都抓,要有勇气并机智地拒绝不必要的事、次要的事。一件事来了,首先要问:"这件事值不值得做?"绝不可遇到事情就做,更不能因为反正做了事,没有偷懒就心安理得。

第二,指导小学生要善于利用零散时间。时间不可能非常集中,往往出现很多零散时间,因此,教师应指导学生巧用这些时间"边角料",也就是要珍惜并充分利用大大小小的零散时间,把零散时间,集中起来从事工作,从而最大限度地提高工作效率。

第三,指导学生合理地使用闲暇时间。小学生要使自己的学习效率提高,那就得会利用时间,特别是会利用课余闲暇时间,合理地安排课余时间。班主

---

① 黄凤珍. 闲暇、闲暇教育与素质教育[J]. 广西教育学院学报,2002(2).

任要指导小学生会利用事情的先后顺序安排闲暇时间;会利用自己的最佳学习时间安排闲暇时间;会利用个人的目标和兴趣来安排闲暇时间。

(2)引导学生闲暇生活知识化、价值化、个性化。当今的社会是一个信息社会,学生时代正是长身体、长知识、身心发展的关键时期。利用闲暇"充电"是适应时代的需要,是自我发展和完善的需要。应该用有限的闲暇时间去涉猎有用的知识和技能,使之体现闲暇生活的积极意义和对个人发展的价值。[①]

第一,要使闲暇生活知识化。小学生的闲暇生活是丰富多彩的。在多样化的闲暇活动中,班主任督促学生多读书是万万不可缺少的。在闲暇生活中,必须利用各种机会抓紧学习才能适应时代的要求。

第二,要使闲暇生活文明化。所谓闲暇生活文明化是指:其一,务必要警惕一些低级趣味对学生的诱惑、困扰和腐蚀;其二,要遵守国家法令、集体公约和社会公德,要顾及左邻右舍,同时也要尊重别人的兴趣爱好。

第三,要使闲暇生活个性化。闲暇生活的安排,不仅要考虑学生本人的兴趣、爱好,也要考虑到其个性的其他方面,诸如气质、性格、能力等。例如,性格活泼、喜欢交际的同学,星期日不妨与几个好友外出远游;性情急躁的同学,不妨有意识地培养自己对于需要耐性的棋类游戏或河边垂钓的兴趣;好动脑筋、喜欢思索的同学,课余不妨约上几位棋友杀上几盘等。

(三)日常生活的消费行为指导

目前,我国小学生自主购物和参与家庭财物管理的机会较少,懂得合理用钱的人不多。而少数富裕家庭的孩子零用钱过多、乱买零食、滥送礼品的现象比较严重。为此,学校和家庭都应当对小学生进行消费行为的教育,使他们较早懂得父母辛劳挣钱之不易,合理安排收支,不滥花钱财,并教给他们一些挑选日常生活用品、使用和保护日常生活用品的知识与技能。还要教育他们关心贫困人口的生活、关心国家的经济建设,必要时为他人、为国家捐款献物。

1. 小学生消费误区

(1)高消费。现今的学生消费可以说是躺在父母钱包上的高消费。学生们尽管自己不劳动,不挣钱,消费起来却足以使家长们"望子兴叹"。"吃要美味、穿要名牌、玩要高档"已成为不少小学生追求的目标。尽管有的学生因家庭条件所限,消费档次稍低一些,但其消费总额在家庭支出中的比例也普遍偏高。

(2)盲目消费。很多学生不是根据自己的主观需要和承受能力来决定自己的消费行为,而是盲目地赶时髦、讲攀比。别的孩子喝饮料,自己当然不能喝白

---

① 林建华,曹树.中学班主任与心理指导[M].南京师范大学出版社,1999(246).

开水;别的同学穿"佐丹奴",自己干脆来套"金利来"。消费早已改变了满足人们需要的原始意义,而变成了学生们显示身份和地位的象征。

(3)唯我消费。独生子女是家中的小太阳,许多父母把舐犊之情集中体现在满足孩子的物欲上。要什么,有什么;吃什么,买什么。长期单向流动的爱使独生子女养成了唯我独尊的性格。在消费的时候很少顾及为其辛勤操劳的父母,许多孩子为了满足自己的消费欲望,不惜损害他人利益,有的无节制挥霍父母的财物,有的随意损害公物,还有的参与赌博和其他犯罪活动,给自己和他人造成许多消极影响。

2.消费指导

指导小学生在物质消费方面应提倡"节俭"、"计划开支"。可以从以下几方面着手:

(1)培养小学生养成节俭的习惯。心理学认为:任何行为在重复做过几次后,就变成一种习惯。而人的意志也只是从我们的日常习惯中成长起来的一种推动力量。一种习惯一旦形成之后,这个习惯就会自动驱使一个人采取行为。因此,教师应在小学阶段指导学生科学、合理地消费,特别在物质消费上培养学生力求节俭的习惯。

第一,课堂宣读,提高认识。教师可以通过在课堂上宣讲古代"侈则多欲"的典故、现在所倡导的"厉行节约,反对浪费"的故事,宣传"节俭是中华民族的传统美德,奢侈消费则历来为人们所不齿",以此来提高小学生对节俭重要性的认识。

第二,活动强化,提高实效。可以利用晨会、班会、思想品德评比等阵地有意识地宣讲有关勤俭节约的美德故事,让学生心目中树立更多的学习榜样,以此来提高节俭教育的实效性。

第三,创设情景,加强体验。教师应创设情景,组织小学生进行多种形式的"困苦"实践活动,让小学生们经风雨、见世面,培养他们吃苦耐劳的意志和勤劳俭朴的品质。

(2)指导小学生有计划地消费。随着市场经济不断发展,人民生活水平提高了,家庭富裕了,用在孩子身上的消费增多了,这似乎是无可非议的,但有了钱不等于懂消费、会消费。尤其是现代的小学生,大多数都是独生子女,手中的零花钱不少,由于他们的消费价值观尚未形成,往往受外界的诱惑,而不能很好地使用手中的零花钱。因此,要注重消费计划的指导,指导小学生制订消费计划,合理使用手中的零花钱,不能盲目消费,乱花钱。合理消费、有计划消费,是未来合格公民的一项基本的素质要求。

第一,家校结合,避免盲目消费。具有管理金钱的本领是小学生适应市场经济社会的一项必备的社会生活技能。班级管理者应该通过各种渠道与家长沟通,取得家长的支持与配合。如要求家长有计划地给孩子零花钱,少领孩子到高档消费场所消费,鼓励孩子把钱花到有意义的地方。

第二,参与家庭消费计划,合理消费。教师可以通过鼓励学生参与制订家庭消费计划、了解家庭经济来源等方式使学生学会管理金钱,使学生懂得首先要满足生活的必要支出,懂得自己的利益和需要应该服从家庭的利益和需要;同时,应使小学生具有执行消费计划的能力和关心家庭预算的自觉性。

第三,消费记账,学会支出反思。账目是人们在长期经济活动中形成的一种对经济行为的管理,小学生学会记账就是学习对自身消费行为的管理和反省,直观地了解自己零用钱的变化和使用情况,逐步避免消费行为中的盲目和混乱,检查自己哪些支出是合理的,哪些支出是可以节省的。这样能使小学生从记账中逐步学会管理和使用金钱,避免盲目消费。

第三节　小学班级日常生活管理中的问题

班级日常生活管理是指班级管理者每一天所开展的具体的管理活动。这些日常管理活动包括品德指导、学习指导、安全与法规的指导和健康卫生的指导,对学生操行的评定以及对学生的个别教育和集体教育等。由于班级日常生活管理的内容多,极具复杂性,经常出现以下问题:

一、管理观念上的问题

(一)表现与危害

1.过于功利化的思想

过于功利的管理者认为,管理好一个班级的标准就是提高班级升学率,把升学率高低当做班级管理评价工作的唯一标准。这种错误的、片面的追求升学率的观点认为:升学率的高低与教师的评奖、晋级、评先是紧密挂钩的;强化学生学习的目的,班级管理的目标就是提高考试分数,录取好学校,获得好工作。[①]

过于功利化,使评价标准带有浓浓的功利色彩,这种表面化、功利化的目标

---

① 陈文美.班级管理评价中存在的问题及对策 [J].教学与管理,2011(3).

直接导致错误的班级管理价值取向,形成只注重考试分数,弱化包括学生的思想品德、身体素质、个人特长。另外,功利化目标会导致"胜易骄,败易馁"的集体情绪,进而不利于学生的个性品质的发展。

2.服务意识淡薄

不少班主任和管理者并没有意识到自己应具有服务意识,自身职位的设置应该是为了每一位学生的发展,具体表现为:缺乏为学生服务的意识;缺乏为教学服务的意识;缺乏为家长服务的意识。

由于服务意识的缺乏,一般的学生似乎也习惯了"被管",已经成了"顺民",较少对班主任和班干部提出要求,甚至在其要求下做出为了集体而牺牲自己利益的"伟大"的事。这不利于培养学生的主体意识和主动性,也不利于同家长、社区、学生的沟通,不能形成教育合力。有些家长为让自己的孩子在班级里能"当官"甚至向班主任"寻租",从而形成非正常竞争的管理氛围和不民主的班级管理制度。

3.缺乏尊重意识

在班级管理实践活动中,很多管理者不以内在的"善"为导向,仅仅只关注班级管理外在的有效性,就会出现不尊重学生的人格和尊严、不尊重学生的意见与见解、不尊重学生的差异的现象。

尊重意识的缺乏会导致忽视班级管理本身的伦理基础,忽视"以人为本"思想内涵,不关注人的发展、人的生存状态及精神状态,从而不利于素质教育的实施,不利于学生的身心发展和个性发展。

(二)方法指导

转变观念,树立以人为本的管理理念。班主任是班级工作的管理者和引导者,是学校与学生、家长之间联系的纽带和桥梁。他的主要价值在于"育人",在于让学生树立正确的人生观和价值观。在班级管理中,班主任要从"领导"的位置上走下来,应本着服务的精神建立以生为本的理念。班主任应是服务员,应为学生服务,满足学生的积极需要,做到一切为了学生,为了学生的一切,为了一切学生。教育的本意是促进人的发展,教人求真、向善、爱美,师生共同生活,共同成长。要允许小学生有"偶然的错误"的发生和存在,在处理过程中善于从不良事件中找出小学生的闪光点,善于帮助小学生分析、寻找解决问题的方法,特别注意维护小学生的自尊心。

二、管理目标上的问题

(一)表现与危害

1.单一指向教学

一方面,表现在班级管理目标比较单一地指向教学,以课堂管理代替班级管理,或者提高班级学生学习成绩作为单一目标,以成绩的好坏为核心来进行班级管理。另一方面,表现在以班级教学活动管理水平的高低作为衡量班级教学活动质量和教师水平的重要标准。根据这种标准和要求,有些教师常常以自己的班级和学生非常听话而感到自豪。

由于小学班级管理强化课堂教学为唯一目标的错位做法,课堂常常演变为少数特长生、骨干分子施展才华的舞台,而学习一般的绝大部分学生,因"毫无才干"而始终在扮演旁观者的角色。长此以往,他们便形成"集体成败,与我无关"的游离心态,只能使少数人获得发展,形成教育目标的极度狭窄化,不利于班级的团结。另外,过于强调"听话"也容易导致班级中出现不正常的"苦文化",从而造成过度竞争,学生人际关系紧张等情况。

2.狭隘面向少数

这是指管理目标只面对少数的优等生,冷落大多数学生,主要表现在两个方面:一是将学生分类,并贴上"好生"与"差生"的标签;二是实行"一班二制"的政策,重点关注优等生,差生被冷落、被忽视、被遗忘,甚至可以不听课、可以不做作业。

管理目标的狭窄性,这是同"为了每一个学生的发展"的精神相违背的,也是对素质教育理论的曲解;同时,也违背了教育公平原则,不利于良好班级气氛的建设,更不利于学生的个性品质的发展。

(二)方法指导

班主任对小学生的管理要以落实素质教育为宗旨。第一,这就要求教育评价包括小学生评价的标准和内容要全面科学,评价的功能和意义不在于甄别和选拔,而在于通过激励、反馈与调整促进教育目的的实现或教育目标的达成。第二,坚持"无歧视原则",公平地对待学生,在班级管理中要主动克服歧视"问题学生"这种最普遍的现象,对学生一视同仁。

三、管理思路上的问题

(一)表现与危害

1.在管理标准上过于苛求

在过于苛求的管理标准下,将孩子牢牢地困在学校、教室、书本、概念之中,片面地强调学习知识,参加各种学习班、特长班,既要孩子接受"人之初"的启蒙教育,又要孩子"时刻准备着,为共产主义而奋斗";既要让孩子接受基础知识、基本技能的训练,又要让孩子参加奥数竞赛、作文考级、英语培训等各种"拔苗助长"的提高班;既要让孩子接受行为习惯的养成教育,又要小孩子死记硬背道德知识。在这样的管理思路下,教师无视学生的生活处境和精神状况,而认为自己比学生优越,对学生耳提面命,不能与学生平等相待,更不能向学生敞开自己的心扉。这样的教育结果是教师越来越缺乏爱心,以至于不是以爱的活动而是以机械的、冷冰冰的、僵硬的方式去从事教育工作。[1]现在的小学生,基础知识的灌输和基本技能的训练太过了。孩子们不仅没有幸福的童年,而且身心受到摧残。过重的学习负担使得孩子们眼睛近视,身体畸形发展,心理疾病增多,常见病增多,厌学、弃学、逆反现象日趋严重。

2.在管理主体上过于片面化

在小学教育中,有些班主任无视小学生的主体地位,停留在老套的教育模式上,在班级管理主体上,片面地理解为是班主任,或包括作为所谓"班主任的小助手"的少数班干部,而不是指班级的所有学生、各科教师及家长。

由于管理主体过于片面化,作为班级管理力量的学校管理部门、任课教师、家长、社区及学生就被忽视,不利于彼此间的沟通,形成教育合力;基于小学生易受管理,班主任希望小学生在思想、学习、各项活动方面都遵循他的思维、套路,不愿看到学生越过他规定的范围,这不利于小学生的个性发展;小学生的主体地位被破坏,班主任的引导作用被埋没,学生不能成为学习和管理的真正主人,不能进行自己教育自己,自己管理自己。[2]

---

① 粟高燕.论交往理论视野下的生活教育[J].内蒙古师范大学学报(教育科学版),2007(5).
② 宋茂蕾.小学传统班级管理存在的问题及对策[J].成功(教育),2010(1).

（二）方法指导

小学教育是基础教育的基础。第一，无论什么时候，小学教育都要遵循小学生年龄特点和发展规律，从"小"、"近"、"实"出发，循序渐进地安排孩子的日常学习生活。第二，应该"以生为本"，把孩子真正当成孩子，还给孩子自由、自在、自主的童年生活，让孩子在回归纯粹、纯真、纯朴的真实体验中培养孩子强烈的求知欲、浓厚的学习兴趣和较强的学习能力，让他们的个性得到张扬，潜能得到充分开发，人格上获得健康发展。第三，整合学校、社会、家庭各方面的教育力量，全面把握班级的现状及发展情况，营造理解、信任、激励和促进班级发展的民主管理氛围。

四、管理方式方法上的问题

（一）表现与危害

1. 在管理方式上过于强调权威

本方面强调教师就是权威，根据教师的经验经历，以及学校的培养目标对学生进行直接管理，表现为一种上级对下级的直接领导模式。把加强班级的管理活动作为解决班级教育教学活动中出现的各种问题的重要手段和基本途径，有时甚至是唯一手段。

由于过于强调权威，在班级管理结构问题上，教师和学生的认识更类似于泰勒的科层制，把班主任理解为金字塔的顶端，班长居于班级管理的第二层次，副班长和其他课代表等班干部则像是第三层次的管理者，而没有一官半职的学生则处在了班级管理金字塔的最底层，这不利于学生间的团结。而且，在小学中，班主任和班干部通常具有稳定性，更容易促使他们在不知不觉中滋长"官僚主义"。另外，由于班主任和班干部常常紧握手中的"权力"对"平民百姓"施以威严，与一般学生站在了对立面，有时甚至为谋求私利而不惜"忽悠"和损害班级同学利益。[①]

2. 在评价方式上过于简单

本方面主要表现为简单地以学习成绩来作为评价标准，通常有两种表现：一是班级里经常以成绩为导向公开评比，在无形中把学生划分为三六九等；二是公开学生的成绩，公开排名，在单一的评价标准下，所谓"差生"也就形成了，

---

① 龚舟. 我国中小学班级管理伦理缺失的问题分析与对策[J]. 大理学院学报，2011(1).

不能不说这是现今班级管理的一大悲哀。

面对简单的评价方式,很多学生为了不变成"下等公民",为了能得到老师的更多关注,不少学生因此牺牲了自己的兴趣爱好,苦苦埋在书海里学习,本来具有的孩子最可贵的天性和活力在这样畸形的文化下无形中被慢慢扼杀了;同时由于通过评比,公布成绩,公开排名,不利于保护学生的隐私,也不利于学生的个性发展。

(二)方法指导

班主任要充分发挥民主,健全班级管理制度,依法依规治班。首先,班主任应采用科学、量化参照表来定位自己的教学班现在所处的阶段,从感觉经验型上升到理论诊断型评价。其次,面对学生的总体评价要做到分析入理,评出道理来,评出价值来。班主任应启发他们,做到知其所以然,使他们的行为由自发上升到自觉。再次,评价形式要多样。良好的制度是搞好学习的保证。因此,班级要狠抓学生制度建设,确保学习环境的良好。最后,班级除了严格执行学校的各种规章制度外,还可以制订班级的纪律,对学生严格要求,以确保正常秩序和各种工作、活动的开展。通过班会、学生座谈会等形式,反复强调校纪班规,让学生牢记在心。[①]

五、管理过程中的问题

(一)表现与危害

1. 追求效率型

讲求效率是工业化时代的产物。在班级管理过程中,追求效率通常有两种表现:一是班主任不分时间、地点、对象和具体事件,经常是一个模式、一种腔调的单一管理方式;二是班主任在班级管理中往往没有针对不同的学生进行差异性管理,学生们只要高度服从就出效率了。

过于追求效率是不可取的,因为:经常是一个模式、一种腔调的管理倾向甚至在一定程度上渗透到班级活动的结构中,以至于形成班级活动中的管理主义倾向;这种只追求效率、不发挥学生主体性的管理方式,违背了小学生独立个性培养的原则,致使千人一面,缺乏个性,挤掉了学生的创新空间和实践过程;一味追求结果,学生在遇到问题时,失去对过程的体验,不可能成为真正的成

---

① 徐中锋.班级活动中班主任导向的误区及其纠正[J].教学与管理,2007(6).

功者。

2.听任放纵型

在管理中,这种类型的班主任不运用社会影响力来影响学生,一切任其自然发展,说是"信任";从不注意来自学生的反馈信息,毫不关心学生生活中的喜怒哀乐,很少过问学生的具体行为,说是"赏识",说是"以生为本";对学生的态度,既不粗暴,也不热情,客客气气地保持心理距离,说是"民主";互不干涉,相安无事,只要各自完成任务,交差了事即可,说是"尊重"。在这种行为类型班主任的管理下,师生互不关心,极少交往,形成疏远、冷漠的师生关系;是对"以生为本"、"赏识教育"的误解,对"民主、信任"的曲解,对"尊重"的歪曲。不敢管学生,纵容学生错误,既不利学生的发展,也会对社会发展造成不良的影响。这样放任型的管理方式无疑是对学生发展不负责任的一种表现。

3.崇尚专制型

这种类型的班主任主要依靠传统力量和强制力量来影响学生。班主任强调指导、控制和监督学生,自己决定管理中的一切事项,甚至采取强迫手段,干涉学生行为;认为学生的责任就是听教师讲授,服从教师安排;管理就是经常使用扣分数、训斥等惩罚手段,向学生施加压力。

专制型管理就是对小学生的一切行为活动都采用命令主义。整个班级管理完全凭班主任一个人长久持续下去,就会形成班主任在时,小学生个个如"小绵羊",班主任不在时,班级成了"大放羊"的状态。这种状态不利于学生自信心的培养和自我教育能力的发展;管理者的专制行为,往往导致师生关系紧张,学生容易形成对管理的表面服从,消极适应。

(二)方法指导

班主任要加强个人修养,提高管理素质,改进管理方式。第一,作为班主任在认真履行自己的神圣职责外,还要加强个人思想道德修养,学会倾听学生的心声,对学生施以爱心,了解学生、尊重学生,做学生的知心朋友,调动学生参与班级管理的主动性、积极性。第二,班主任还要强化个人个性品质的培养,加强与学生们的交流与沟通,努力同学生交朋友,做学生的良师益友,建立良好的师生关系。第三,加强一定的方法与技巧的学习,讲究工作方法,力戒简单粗暴,严禁体罚学生,坚持以表扬、鼓励为主,以批评、处罚为辅,坚持用学生的积极因素克服学生的消极因素,保证管理的成效。

【思考题】

1.如何理解小学日常生活管理的内涵？

2.小学日常生活管理的内容有哪些？如何指导？

3.小学日常生活管理的误区有哪些？如何指导？

【扩展阅读】

1.国家教育委员会(现教育部)：《小学德育纲要》(试行)。

2.教育部：《小学生日常行为规范》(2004)和《小学生守则》(新版)。

3.沈子善编著：《小学生活指导》，商务印书馆，1951。

4.王萍著：《生活指导：小学入学准备》，人民邮电出版社，2006。

【实践探索】

1.深入了解你的家乡小学日常生活教育的状况，写一份调查报告。

2.设计并策划一个小学生安全教育的活动。

第八章 小学班级教育力量管理

内容提要：

1. 了解小学班级校内与校外教育力量的组成部分。

2. 理解小学班级教育力量管理的意义与原则。

3. 掌握小学班级教育力量管理的途径与方法，能依据实际情况对小学班级教育力量进行管理。

第一节 小学班级教育力量概述

在班级中，班主任是管理者和教育者，但班主任不是唯一的教育者，也不是唯一的管理者。在任课教师开展课堂教育活动时，任课教师是班级的直接教育者和管理者；当班级生活向家庭延伸时，家长对班级生活会发生影响；而学生在他们的共同生活中也会相互影响；另外，学生所生活的社区环境和一些偶像也会对学生产生影响。班主任必须学会协调班级中各种教育力量。

一、小学班级教育力量管理的意义

所谓班级教育力量的管理是指将学校、家庭、社会中的教育力量进行管理，使其经过整合而形成方向一致的，有利于学生发展的合力。这种合力不是各种教育力量的简单相加，而是经过班主任的引导和协调而形成的，在方向上统一要求，在时空上密切衔接，在作用上互促互补，相互沟通，协调一致，能发挥整体教育效应的班级教育力量。

（一）班级教育力量管理的意义

1.是小学班主任工作的要求

班级是学生成长的独特环境,它的独特性也是因为在这个环境中存在着各种影响学生成长的教育力量,把握这些力量是班主任的重要任务。《中小学班主任工作规定》明确指出,选聘班主任应当突出考查其与学生、学生家长及其他任课教师沟通的能力。可见,班主任在协调本班任课教师的教育工作和沟通学校与家庭、社会教育之间的联系,起着重要的作用。

2.是小学教师劳动特性的要求

教师劳动看似是个体劳动的形式,但某一个教师的能力是十分有限的,科任教师、德育教师、心理教师等相互配合、共同影响,才能取得良好的效果。从这个意义上可以说,教师劳动的成果不只是个体劳动,更是集体劳动,教师的个体劳动包含在集体劳动之中,教师劳动的成果是个体劳动和集体劳动相结合的产物。另外,从终身教育的视角来看,教师劳动的成果是学校、家庭、社会相互协作的结果,这一特点在小学教师身上尤为突出。

3.是新课程改革的要求

社区是从事一定的社会活动,具有某种互动关系和共同文化维系力的人类群体及其活动区域,是学校组织所处的一个外在环境。社区拥有环境资源、物质资源、人力资源和组织资源等,这都是学校进行教育的社会资源,是促进小学生发展的重要教育力量。《中共中央、国务院关于基础教育改革与发展的决定》指出:"学校要加强和社区的沟通与合作,充分利用社区资源,开展丰富多彩、文明健康的教育活动,营造有利于青少年学生健康成长的社区环境。"班级作为社区中的一个小系统,更应该充分利用各种资源来促进班级的建设。

（二）小学班级教育力量管理的原则

小学班主任由于其工作的特殊性与复杂性,每天要与许多人打交道,包括学生、同事、学生家长、社区工作人员等,无论面对什么样的对象,教师都要注意作为教师应有的行为准则,学会与各种人员相处时的态度和技巧。

1.尊重性原则

尊重他人是一种高尚的美德,是个人内在修养的外在表现。尊重他人是一个人修养好的表现,是一种文明的社交方式,是顺利开展工作、建立良好的社交关系的基石。人的内心里都渴望得到他人的尊重,但只有尊重他人才能赢得他人的尊重。要尊重他人的人格,不做有损于他人人格的事情。不要把自己的观点强加到他人身上,也不要到处宣扬他人的弱点、缺陷,使他人丧尽自尊。

班主任同其他教育力量在人格上是平等的,不存在教育与被教育,而是十分重要的合作关系。因此,班主任要善于站在他人的角度,感同身受,推己及人;要善于欣赏他人,接纳他人,不能够嘲笑他人的缺点与不足。要有容人之量,接纳他人,即对待他人不如自己的地方,要能接纳、不排斥,也要允许他人有超越自己的地方。只有这样,才能同其他教育力量互通有无,形成教育合力。

2. 理解性原则

人与人的矛盾往往都是因为不能彼此体谅和理解,不能站在对方的立场上来看待和考虑问题。只要我们学会多站在对方的立场去看待问题,多体谅和理解对方,就能更好地沟通。要学会站在对方的角度去考虑问题,学会尊重每一个人和每件事,学会尊重每一种生活和习惯。如果我们先体谅和理解别人,那么自己就容易被别人体谅和理解;如果用体谅和理解来表达需要,那么自己的需要就容易得到满足。

班主任要尊重和理解各科任课教师、家长、学生和社会工作人员等教育力量,重视家长他们的请求和诉愿,听取他们的建议,与他们保持长期的联络,切勿对各种教育力量态度生硬,或将责任推给他们,埋怨他们,要学会与各种教育力量形成合力,努力通过合作来达到共同教育学生的目的。武断、埋怨、指责、命令的态度,会挫伤各种教育力量的自尊,这些教育力量也就不会主动配合班主任的工作。

3. 合作性原则

合作育人,是一项学校影响家庭、家庭带动社会的工作,更是家、校、社会联手共同为孩子的幸福与发展奠定基础,使学生全面、积极、健康、和谐发展的一项社会系统工程。特别是在信息化社会里,要实现教育的高效益,单凭学校教育的有限资源是远远不够的,必须引导家庭、调动社会力量,形成教育合力。按照现代教育理念,学校、家庭、社会是平等的教育主体,学校教育、家庭教育与社会教育处于同等的教育主导地位。学校对家庭教育担负着指导的责任,家庭对学校教育有参与、管理和监督权,对学校教育工作也负有支持和配合的义务。

教育是一项系统工程,培养学生不是某一个教师个体可以单独承担的,要靠教师群体齐心协力,共同努力。教师之间要相互尊重和信任,教师个人要处理好与他人、与教师整体的关系,以集体主义的精神和合作的态度携手完成培养接班人的重任。同时,班主任还要协调与学生家长、与社区的关系,调动家长的积极性,努力使学校、家庭、社会各方形成合力,为学生成长创造良好的环境。

二、小学班级的各种教育力量

小学生的发展缘于多方面的影响,如果诸多影响因素协调一致、形成合力,会大大促进他们的健康成长,而班主任在形成班级教育合力的过程中,应当充分发挥主导作用。班主任并不是班级的唯一教育力量,那么,除班主任以外,小学班级还有哪些教育力量呢? 具体如下:

(一)校内教育力量

小学校内教育力量除班主任外,还有任课教师、班级的学生以及学校领导和有关部门的教师等。把这些教育力量整合起来,协调一致地对每个学生产生影响,这是班主任的基本职责。

1.各科任课教师

各科任课教师是班级教育中的重要力量,优秀班集体的建设离不开他们的密切配合。而在现实中,或因为班主任习惯于"单打独斗",或因为一些科任教师"育人"意识的淡薄,科任教师往往容易成为班级工作的"旁观者"。虽然小学生学习的课程不太多,但是在我国九年义务教育课程安排中也涉及一系列科目。如,小学低年级开设有:品德与生活、语文、数学、体育、艺术(或音乐、美术)等课程;小学中高年级开设有:品德与社会、语文、数学、科学、外语、综合实践活动、体育、艺术(或音乐、美术)等课程。虽然在少数规模较小、地处偏远的小学,可能采取教师包班的方式,但是在我国绝大多数条件较好的小学,各门课程还是由不同的教师分任的。可见,各任课教师都会成为班级中影响学生发展的力量。班级管理者应当主动邀请科任教师共同进行班级管理,与科任教师结成亲密的教育联盟。

2.班集体与学生

(1)班集体。班集体是重要的教育力量。成功的班级管理有一个共同的特征,就是最终达到"不管"而"管"。班集体形成后,班级建起了共同的生活方式,这种共同的生活方式不能是班级管理者从外部加之于这个班级的,而应是属于班级自己的。班级成员的积极发展,是班级教育力量影响的结果。因为一个班级的存在,是以共同的生活方式为前提的,所以,班级中每一个体采取的生活方式对他人就有重要的影响。一个班级集体如果形成了一种占主导地位的生活方式,并且这种集体生活方式成为了这个班级组织中成员的主要参照,那么班级成员就会自觉地遵守这样一种生活方式。也就是说,集体的规范、舆论对个体的行为产生压力,促使个体的思想和行为朝着集体占优势的方向变化。而个体对集体的归属需要是个体思想和行为改变的内在原因。为此,班主任应努力建设好班集体,发挥班集体的教育作用。

(2)学生。班级作为一种学习的组织,其管理的对象自然主要是班级中的学生,但是学生在班级组织中,不仅是管理的对象、教育的对象,也是管理的主体和教育的主体。作为教育对象的小学生虽然也作为管理的客体,但是这个客体作为具有主体性的人,管理的积极结果恰恰是由于他们主体性的发展。学生可以是自我管理者、自我教育者,在班级积极的管理过程中,学生的自我管理和自我教育能力得到发展。学生的自我管理和自我教育可以从两个方面去理解:第一,每个学生进行自我管理和自我教育;第二,他们作为学习组织的成员对其他成员发挥着管理和教育的作用。

3. 校领导与各部门教师[①]

(1)校领导。班级是学校的最小管理单位,班级管理的好坏,直接影响到整个学校的管理。因此,班主任要协调班级与学校领导及主管部门领导之间的关系。教师要正确地理解领导的决策,主动向领导汇报自己的工作、倾诉自己的困惑、申请所需要的帮助,争取领导的重视,通过积极、良好的沟通达成与领导之间的相互理解和信任关系,最终达成班级管理的目标。

(2)校后勤人员。教育无小事,事事是教育。学生在学校中不仅要接受班主任、科任教师的教育,还会与教辅教师、学校医务工作人员、保安、食堂师傅等工勤人员接触,并受到影响。班主任应教育班级学生尊重所有的学校工作人员,争取他们对学生教育的支持。

(二)校外教育力量

1. 家庭

家庭教育和学校教育是促进学生健康成长的两个重要方面,没有家庭教育的学校教育和没有学校教育的家庭教育都不可能完成培养人这一极其细致和复杂的任务。家庭与学校教育有着密切的关系,现代教育已经证明:学生的成长绝不仅仅是在学校中发生的,也绝不是仅仅靠学校的教育力量就能实现的。家庭不仅影响着青少年的发展,而且学校的教育影响往往需要家庭的助力才能发挥积极的作用。

2. 社区[②]

社区为学校所在地,良好的社区自然环境和文化氛围是年轻一代健康成长

---

① 邓红艳.小学班级管理[M].华东师范大学出版社,2010(120).
② 曹守强.善假于物:新时期教育力量整合的探索[J].新乡教育学院学报,2007(3).

的重要外部条件。社区向学校开放公共图书馆、科技馆、文化馆等教育场馆设施,这对发掘社区课程资源、开设综合实践活动的核心课程、增强学校教育的实效性有着重大作用。

(1)社区教育资源。社区为人们提供了社会交往的组织空间和地理上的活动区域。人们的日常活动,大都在一定的社区范围内进行,学生也不例外。社区对学生的思想观念、行为规范有着深刻的影响。社区蕴藏着丰富的教育资源,因此,必须充分开发和利用社区教育资源。

(2)社区人力资源。校外教育历来都离不开社会各界的支持。根据我国校外教育的实践情况,可开发的人力资源主要有:当地劳模、社区负责人、企业界人士、专家学者、离退休干部等。我们可以请他为学生们作报告,讲述他自己的奋斗经历,使学生从他的先进事迹中受到教育,感悟人生。

3.重要他人

"重要他人"是指个体在社会化过程中产生的具有重要影响的具体人物。学生,作为独立的个体,在其社会化过程中必然要受到"重要他人"的影响。这些人物可能是长辈、兄弟姐妹,也可能是老师、同学,甚至是萍水相逢的路人或不认识的人。重要他人可分为互动性重要他人和偶像性重要他人。

(1)偶像性重要他人。心理学家班杜拉的实验表明,儿童看到榜样人物的行为并给予强化,将对其以后的行为产生重要影响。因此,班主任不要回避与学生谈论偶像,特别是学生把各种娱乐、体育明星当做偶像时,班主任要尽量把学生偶像的正面信息以赞赏的语气适时、公开或个别性地传达给学生,对负面信息要谨慎地以批判方式表达,让学生在教师的赞赏与批判中学会理性判断和适度崇拜。如果条件允许,还可以把"重要他人"呈现在学生面前,这种刺激反应,其影响非同一般。[1]

(2)互动性重要他人。互动性重要他人是学生在日常交往过程中认同的重要他人,可能是家庭中的父母,可能是学校里的老师,也可能是同辈群体中的知心朋友。学生互动性重要他人的出现往往受学生年龄阶段影响,父母在早期占优势,然后是教师,后期同辈群体影响增大。小学时期是个体社会化发展的关键时期,作为学生,他们的人生观、价值观还没有形成,在众多影响小学生社会化的因素中,互动性重要他人对其社会化的发展起到了至关重要的作用。因此,班主任要依据学生发展的阶段适时地利用其"重要他人",从而更有效地管理班级。

---

[1] 林远辉."重要他人":中小学班级管理的影响因素[J].教学与管理,2008(2).

三、班级教育力量管理的途径①

学生受到影响的途径是多方面的,因此,作为专业教育工作者,尤其是能看到班级管理的特殊内涵的班主任,应该善于研究学生生活现实中的多种影响因素,从中开发并整合教育资源,用以促进学生主动健康地发展。

(一)通过对小学生校内生活的关注,整合校内教育力量

班级是授课制度的产物,它本来是为授课而存在的。课堂是班级组织的重要存在方式。另外,在班主任的管理下开展的其他一些活动,如晨会、班会、队会和其他实践活动等,以及整个班集体的建设,都是班级课堂活动衍生出来的。课堂活动每天占据着班级组织的主要活动时间,没有高质量的课堂活动,就谈不上高质量的班级组织生活。

1.关注小学生的课堂生活,整合课堂教育力量

从班级管理来说,任课教师的课堂教学是班级管理的重要方面。每一科目的课堂教学影响着整体的班级组织活动,班级组织的整体生活也影响着每一科目的课堂教学。课堂教学与班级组织生活的一致性,既是课堂教学成功的条件,也是班级组织建设成功的条件。因为课堂教学活动,一般是由任课教师负责组织进行的,所以在某一科教学活动开展时,班级组织的实际管理者不是班主任,而是任课教师。但是,班主任把班级组织的管理任务和教育任务转移到任课教师身上后,并不意味着班主任管理和教育责任的全部转移,而是对班主任的班级管理提出了更高的要求。因为任课教师对一个班级组织生活的参与,虽然增加了班级组织的教育力量,但这也给班主任的班级管理工作增加了协调的任务。

2.关注小学生的班集体生活,形成自我管理的力量

班集体生活是学生共同的生活,在班级管理中要借助学生自己的力量,这也正是班级组织的目标所在。不仅如此,一个组织的存在,是以共同的生活方式为前提的,班级组织也是这样。如果班级组织成员没有共同的目标,没有形成共同的生活方式,这个班级组织也就难以存在。对于班级管理者来说,使班级组织目标所要求的生活方式成为学生的主导生活方式,这正是班级管理的不懈追求。

3.关注小学生的学校生活,沟通校内各种管理力量

班级是学校的组织,班级生活是在学校环境中进行的。不能把班级生活和

---

① 李学农.班级管理[M].高等教育出版社,2004(202).

学校生活看成是两种截然不同的生活,更不能认为班级和学校是互不相干的环境。在某种意义上讲,学生的学习,就是学生在学校学习一定的生活方式的情况。因此,成功的班级组织建设,也是学校教育所要求的生活方式能够为学生普遍掌握。就班级管理而言,管理的成效取决于班级组织目标实现的程度,而班级组织目标归根结底是为了班级成员的积极发展。因此,班主任在班级管理过程中要服从和顾全学校的大局,经常站在领导的全局管理角度去思考问题,把班级生活融合在学校生活之中,经常同校内各种管理力量进行沟通,汇报班级各方面的情况。

(二)通过对小学生校外生活的关注,整合校外教育力量

1.关注小学生的家庭生活,整合家庭教育力量

家庭是影响班级组织生活的要素,班级生活并不限于学校,它在班级外、学校外延续着。学生在学校的生活主要是在班级中进行的,学生在学校外的生活又主要是在家庭中进行的。从教育学的角度来看,学生在学校中、班级中习得的生活方式,是有价值的生活方式,习得这种生活方式就是发展,否则就是没有发展。对这样一种班级生活所给予的生活方式,要求能够影响到学生的班级以外的生活,能够影响到他们的家庭生活。班级生活向班级外延续,向家庭延续,就是学生成长的延续。如果家庭生活是与学校中的班级生活相冲突的,那么学生在班级中的生活方式就会受到影响,班级组织自然也就受到学生家庭生活方式的影响。一个班级有几十位学生,联系着几十个家庭,这些家庭的生活方式可能也是多种多样的。要求家庭中的生活方式与班级中的生活方式完全一样是没有意义的,但是对学生的发展来说,相互之间的统一性是基本的要求。

2.关注小学生的社区生活,整合社区教育力量

小学生生活在一定的社区内,社区各部门、各单位都有自己的创业史和辉煌业绩,都有自己的先进模范人物,而这些都是向学生进行教育的生动内容,都可以为学校开展社会教育、形势教育提供帮助,为开展访问活动提供场所,为进行思想品德教育提供资源。另外,在街道、小区居委会、村民委员会的组织内,社区干部串百家门,知百家情,办百家事,他们对各家各户的情况比较了解。因此,班主任要加强同社区的联系,促进社区、学校相互支持。社区通过积极主动地参与学校教育过程以及参与学校内部管理,可使学校教育与社区环境共同形成巨大的合力,促进年轻一代健康发展。

3.关注小学生的日常生活,整合榜样的教育力量

榜样的教育力量是无穷的。为此,班级管理者应针对小学生的年龄、性别、

兴趣爱好、价值观念等特征来树立榜样,善于发掘与组织小学生日常生活中"闪光点"——富有启迪意义的感性经验,去有效地、有目的地影响他们,并缓解各种不良现象对他们精神的腐蚀作用。积极挖掘、宣传先进人物和典型事迹,树立日常生活中各行业中的榜样。由于榜样的存在受到一定时间和空间的限制,所以班级管理者应直接在小学生的实际生活中寻找榜样,他们日常生活中可见、可闻的鲜活人物更能引起他们的注意,激发他们学习的热情。

第二节　校内教育力量的管理

班主任是班级组织的领导者或管理者,但班级组织的管理者并非仅班主任一个人,实际上存在一个管理者的团队。这个团队是班主任、校领导、任课教师、学生集体、班干部与学生等共同组成的,在班级管理中班主任不仅直接领导与管理着整个班级,并且还通过对班级管理团队的领导进行着班级管理。

一、协调班级学生关系,形成班级内部管理合力

班级是由一个由个体、小组、班级群体组织成的人际关系网。班级人际关系包括:学生与学生间的关系、班主任与学生的关系、班主任与班集体的关系、班主任与班干部的关系。班主任只有协调好这些关系,才能形成集体合力,促进集体内每个成员的发展。

1. 班级内部关系的协调

(1)班级个体关系的协调。班级个体关系的协调主要表现在两个方面:

第一,协调好班级学生个体间的关系,指导学生互相尊重、相互理解、相互关心、相互帮助,与同学交往以诚相待,消除误会,增进了解,加强同学们的荣誉感和团队意识,自觉地帮助身边的同学。这会让他们感到个人和班级的生活有意义,他们会乐于接近,乐于交往。这样,可以为学生的发展创设和谐的同伴关系。

第二,协调好班主任与学生间的关系。班主任要充分尊重学生、信任学生,尊重学生的个性和尊严,全面了解学生,善于发现学生的闪光点,关注学生的不同特点,将学生个体纳入班级整体格局之中,并以此为背景,适时地给予指导,激发学生的思想,引导学生成长。这样,班主任通过科学合理的教育方法,积极与学生交往,与学生建立起民主和谐的师生关系。

(2)班级群体关系的协调。在班级人际关系网中,有正式的学习小组和非

正式群体两种群体。对于正式的学习小组,班主任可以根据实际情况,采用多种方式来组建,并依据需要随时调整。如既可将不同学生发展水平的学生组成一个小组,也可以在另一个阶段或另一领域根据学生的成绩组建学习小组,还可以根据学生自愿的原则组建学习小组。通过组建学生学习小组的方式,让班级形成一个个富有活力的小团队。

对于非正式群体,班主任可以给予关注、指导,并加以利用,甚至使他们与班级的正式群体融为一体,而不像传统的做法那样将它们视作班级整体发展中的消极因素。如在召开主题班会时,班主任可以通过招标的方式,让小伙伴们相互合作,共同排演一些节目,参与班级活动的策划与实施。

2. 形成班级内部管理合力的方法

(1)通过制度建设形成管理合力。学生是班级教育合力中极其重要的部分,班主任必须尊重学生的权利,充分发挥学生的主体作用,使其积极主动地参与教育活动。第一,依据实际需要制订班级制度。师生可以通过民主的班级生活机制,结合班级事务管理、岗位设置,共同制订班规班约。第二,建立健全自我管理机制。根据学生的特长设置卫生管理员、小小事务长、绿色小卫士、纪律监督员、小小通讯员等为集体服务的岗位,让同学们都参与到班级管理中来,逐步学会自我管理。班主任通过这些岗位的设置,促使学生自主理解班级规则,思考自身发展状态,主动并有创造性地执行这些规则。第三,推行民主管理,培养责任意识。班主任可通过开展"师生共商班级事"、"说说心里话"、"班级管理之我见"等活动,培养学生的集体观念和主人翁意识,同时实行承包责任制,把班级工作具体化,分类别承包到个人或小组,增强学生对班级的责任意识。

(2)通过组织班级活动形成管理合力。第一,协调不同阶段的活动,促使合力的形成。班主任可以根据班级的教育思路,提炼每个学期的发展主题,围绕发展主题,系统安排每一个学期的活动,让班级活动形成系列,前后呼应,构成整体思路,达到改变以往班级活动相互割裂、每次从头做起的情形,从而极大地整合教师和学生的活动资源,促进管理合力的形成。第二,开发成长需要的活动,促使合力的形成。班主任要开展立足于学生成长需要的班级活动,将学生组织起来,让每一名学生在积极参加活动中获得多方面的发展。

二、协调与任课教师间关系,形成班级课堂管理合力[①]

课堂教学是班级生活的重要形式,因为一个班级大部分的活动就是课堂教

---

① 李学农.班级管理[M].高等教育出版社,2004(205).

学。因此,班级日常管理包括每天的课堂教学管理。班主任并不能对每一堂课进行管理,但是通过任课教师实现了班级日常管理的一部分工作。任课教师在课堂教学中又参与了班级日常管理,因此,任课教师是班主任进行班级管理的重要合作者。

(一)与任课教师协调的内容

任课教师是课堂教学的直接管理者,他的课堂管理虽然要听取班主任的指导,但是这并不是说任课教师的课堂管理只是按班主任的指令进行的。一个班级某一课程的课堂管理,不是孤立地进行的,该课程课堂管理的质量,与整个班级管理的状态相关,也与其他课程管理情况相关。因此,任课教师的课堂管理需要相关班级管理活动的支持,尤其需要班主任的支持。

1.对任课教师的课堂管理提供指导

(1)管理思想指导。有什么样的管理思想,就会有什么样的课堂管理。任课教师怎样进行课堂管理,受到其管理思想的影响。课堂是学生成长的环境,虽然课堂环境也受到学生行为的影响,但是课堂管理者创造的课堂环境是为班级中的每一位学生发展服务的。班主任应指导任课教师懂得教学课堂管理是班级管理不可分割的组成部分,如果缺乏从班级管理全局进行指导,课堂管理难以取得良好的效果,班级管理的整体目标也就难以实现。

(2)管理目标上的指导。班主任对课堂的管理,常常是间接的管理,即要通过班主任对任课教师的课堂管理进行指导来实现。班主任对班级管理工作做整体规划时,就必须对班级的课堂管理进行安排。因为任课教师虽然进行课堂管理,但其工作的视野主要在自己的教学目标上,所以必须把任课教师的活动纳入到班级整体管理活动中,必须把课堂管理纳入到整个班级管理活动中,促使任课教师的课堂管理目标与班级管理的总体目标达成一致。

(3)管理方法的指导。班级的良好管理状态,必定会表现为良好的课堂管理状态;良好的课堂管理状态,也反映出良好的班级管理状态。一些任课教师由于缺乏开展课堂管理的素养准备,不知道如何开展课堂管理。这样,就很需要课堂管理方法的指导。班主任对任课教师进行课堂管理方法指导,并不是一种居高临下式的指导,也不是一种说教式的指导,更不是在任何情况下都要进行指导,而是在任课教师进行课堂管理发生困难时,才给予指导。

2.协调课堂管理者之间的关系

(1)协调好任课教师与学生的关系。课堂管理中面对的学生是具有个性的,他们的行为会有差异,而差异恰恰是由他们的个性决定的。如果任课教师不能根据学生的个性特征来理解他们的行为,那么也就不能正确认识这些学生的行为,更不能管理好他们的行为。当这一情况出现时,班主任应帮助任课教师对课堂管理中出现问题的学生的行为进行分析,从学生的心理需要和动机说明学生的问题行为发生的原因。班主任要经常主动地向任课教师、向学生了解教学方面的情况,并有意识地将彼此的赞扬及时地传达给对方,这种积极情感的传递,将极大地提高任课教师教学和学生学习的动力。

(2)协调任课教师间的关系。由于课堂教学活动一般是由任课教师负责组织进行的,所以在某一科教学活动开展时,班级组织的实际管理者不是班主任,而是任课教师。在这种情况下,班级组织的直接管理者和教育者就是任课教师。这样,每一科目的课堂教学影响着整体的班级组织活动,班级组织的整体生活也影响着每一科目的课堂教学。课堂教学与班级组织生活的一致性,既是课堂教学成功的条件,也是班级组织建设成功的条件。因此,班主任要协调好各任课教师间的关系,如经常举办协调会、座谈会等活动,这些活动能密切彼此间的关系,增进了解,促进和谐。

(3)协调好与任课教师的关系。任课教师良好的课堂管理也是整个班级管理的组成部分,因此,班主任要协调好与任课教师的关系。协调意味着合作,班主任与任课教师的合作,不只是任课教师对班主任班级管理工作的支持,也是班主任对任课教师工作的支持。这种支持恰恰是管理上的互相支持。搞好课堂管理是任课教师的直接责任,也是班主任的管理责任。故班主任要经常邀请任课教师参加本班的班会、晨会、家长会、课余活动等,协调与各任课教师的关系,以便成功达到班级管理的目的。

(二)与任课教师协调的方式

班主任与任课教育进行教育与管理上协调,需要班主任给以指导,班主任协调任课教师进行课堂管理,需要一定的有效形式。

1. 开协调会

班主任与任课教师组成班级管理共同体,最好以"协调会"的方式建立。班主任应召集任课教师开会协商,共同确认建立"协调会"制度,并商定"协调会"定期举行的时间和主要解决的问题。

(1)协调会的目的。班级虽然不大,但是班级管理活动并不简单。建立"协调会"的目的是协调班主任与任课教师的班级管理行为,统一班级管理者的思想、互通管理工作信息、提供相互支持,确保班级管理目标的实现。

(2)协调会的内容。由于班级管理活动涉及不同任课教师的课堂活动,因此,班级管理者就不是一个人,而是一个团体,一个管理者团体。这个管理团体主要是由班主任与任课教师共同组成的。协调会的主要内容包括:互通班级管理的情况、提出班级管理中需要共同解决的问题、商定协调解决问题的办法。

（3）协调会的方法。"协调会"应当是由班主任牵头，所有任课教师参与的班级管理者共同体；协调会一般可1月举行1次。频繁开会，会加重教师的负担，且不经济，但如遇特殊情况可临时召集；班主任对每一次协调会均应事先做好准备，开会时间、地点和主题应预先告知任课教师。

2.个别合作

课堂管理作为班级管理的组成部分要在班主任与每一位任课教师的合作中才能实现。但是，由于课堂教学是任课教师独立进行的，任课教师在进行课堂管理时，往往只关注自己的课堂教学目标的实现。因此，班主任与任课教师合作进行课堂管理，不仅要有整体的协调，还要有个别的协调。

（1）帮助任课教师了解班级情况。成功的课堂管理要建立在对管理对象的个性把握及对班级的独特生活风格的把握上。并不是每一个任课教师对所任教班级的学生都能够有深入的了解，而正确的课堂管理方法和对任课班级情况的深入的了解是成功进行课堂管理的必要条件。班主任作为班级的"最高"领导者，负有对其他任课教师进行指导的任务。

（2）与任课教师合作管理课堂。如果班主任认为，在课堂教学中课堂管理只是任课教师的事，那么班级管理活动就不可能根据既定的管理目标一以贯之。任课教师所任教的每一门课、每一节课都是班级管理不可分割的组成部分。班主任应当从班级管理的全局出发，支持课堂教学目标的实现。

（3）与任课教师合作教育学生。一个好的课堂表现出一个班级的良好的现实生活状态。但在班级管理实际活动中，由于任课教师不能正确理解学生，就会出现严重的教育问题，这时班主任要给任课教师以适当的教育方法的帮助。

三、协调与学校各部门的关系，形成校内管理合力

班级管理工作是一项教育人、塑造人、凝聚人的系统工程，也是一项群众性的工作，仅凭班主任单枪匹马、分散孤立的工作，是难以做好的。因此，要做好一个班级的管理工作，就必须协调好与学校党、政、工、团等部门关系，发动广大党团员干部，相互配合和支持，心往一处想，劲往一处使，形成合力，发扬团队精神，发挥集体的智慧和凝聚力。

(一)协调与各领导部门的关系

1.协调与领导的关系[①]

班级管理目标的实现是与学校管理的目标联系在一起的。学校管理活动本身也可以对学生的发展产生影响,即学校管理活动可以作为学校的隐蔽课程直接发挥教育功能。因此,班主任应加强同领导的沟通,以便学校管理能更好地促进学生的发展。

(1)主动加强与领导的沟通。在群体中,个体的行为具有群体的特征,受到群体文化的制约。不同班级的生活风格,表现为不同的班级文化特征;不同的文化特征,则有不同的群体行为方式。因此,班主任应帮助领导了解班级群体行为的特征,帮助领导更多、更深入地了解班级教师和学生的状况,打破上下级间的隔阂。

(2)正确理解领导的决策。班主任要经常换位思考,站在领导全局角度去思考问题,理解领导的决策。也就是说,班主任不要一味地埋头苦干,要定期回过头来想一想,自己的工作有没有与学校整体的教育和发展思路相融合;同时,可适当地提出一些创新的想法和建设性的意见,表现出自己独立的工作能力,尽量用出色的工作成绩说服领导并赢得领导最大程度的支持。

2.协调与各部门的关系

(1)平等地对待各部门。学校各部门与教学班是上下级关系,各部门有权根据学校计划向各教学班布置工作,提出要求,评议工作效果;各教学班有义务完成各部门布置的工作任务,要为各部门负责,要接受各部门的检评,不可有抵触情绪,或阳奉阴违。要端正动机,不要从个人的目的或者私利出发去搞关系,要一视同仁地对待所有领导和各级领导部门,不要根据权力的大小,看人下菜,更不能为了讨好某个领导或者某些部门,随意议论或贬低其他领导或其他部门。

(2)认真完成各部门任务。班主任在一个学校中,既要对学生实施管理教育职能,同时又要完成学校各个部门下达的各项任务,如安全卫生、学习纪律、文明创建、文娱活动等等,许多时候,班主任都有这样一种感觉,往往一个任务还没有完成,新的任务又来了,一个部门安排的工作还在进行,另一个部门又来提要求了。因此,作为班主任就要学会处理并合理安排各个部门安排的各项工作,不能在与学校各部门之间各拉各的琴,各唱各的调,阳奉阴违,表里不一,对待工作任务要不折不扣完成,发挥学校与学生间的桥梁纽带作用,上下齐心方能开展好工作。

---

① 邓红艳.小学班级管理[M].华东师范大学出版社,2010(118).

(二)加强与各部门的沟通,形成校内教育合力

1.要有尊重和服从意识,争取领导的支持

下级服从上级是基本的组织原则,班主任要认真理解和执行领导的意图,若领导的意见是正确的,就结合班级实际执行;若对领导下达的意见有不同看法,可以与领导及时交换意见,以期达成共识,切忌散布不负责任的言论。领导有困难或者工作有失误时,不拆台、不看笑话,要主动排忧解难,帮助化解矛盾。一般来说,班主任工作干得越好,业绩越突出,领导就越满意、放心,就越能得到领导的重视和支持,上下的协调沟通就会更多、更畅通和更有效。

2.要有大局意识和团结意识,做好各部门的桥梁纽带作用

班主任要学会处理并合理安排各个部门安排的各项工作,分清主次,分清轻重,力求与学校的总体工作在思想上、行动上保持高度一致。因此,班主任一定要讲大局,讲团结,讲奉献,在班级利益与学校全局利益、个人利益与学校全局利益发生冲突时,不能产生小团体意识、利己主义意识;在对安排的工作任务不理解、想不通时,一定要先予执行,再来沟通,千万不能对工作消极懈怠,玩忽职守,更不能对立,甚而煽动学生制造事端。因为我们从事的是教育未成年人的工作,工作性质决定了我们不可意气行事,否则会使学校工作造成被动,更会对学生的发展产生不良影响。

3.积极寻求各领导与部门的帮助,充分利用校内资源

班主任要积极推广建立学生帮扶与结对制度。鼓励、邀请校内各部门领导及工作人员,根据自身特点、优势等,在班级中选择自己的帮扶、结队对象,可以是经济上的、学习上的、专业爱好与发展上的,也可以是道德教育方面的、问题学生转化方面的,等等。总之,要尽量化社会、家庭的各类力量、资源和优势为班级所用,多方面弥补班级自身教育的不足,或者优势互补。

第三节 校外教育力量的管理

基础教育课程改革纲要明确指出:由于课程的开放性、跨学科性、主题性等特点,课程的实施既要求学校各科教师共同协作,又要求学校教师与社会各界人员,如家长、社会有关机构的工作人员等相互配合。故班主任作为班级管理的实施者和学生发展的人生导师,应善于协调各方人员的关系,调动各方的积极性,共同发挥作用。

一、整合家庭的教育力量,让家长成为班级管理的助手

教育作为一项复杂的社会系统工程,仅仅依靠单纯的学校教育力量是远远不够的,还需要社会公众特别是家庭的热情支持与积极配合。班主任作为联系学校和家庭的桥梁与纽带,应做好与有关方面的协调、联系工作,努力建构全方位的、立体化的教育工作网络,形成整体协同力量,以达到教育目的的共同性、教育影响的一致性。

(一)对家庭教育力量整合的意义[①]

1.家庭是小学生成长的重要环境

班级管理的要求与家庭生活的要求具有一致性,是班级组织目标实现的必要条件,成功的班级管理必须向家庭延伸。换言之,班级管理并不能只限于班级范围,必须向外延伸,包括向家庭延伸。因为,小学生的家庭生活尤其重要,一方面是因为他们的行为自主能力还发展得不够,他们在班级以外的生活中,特别需要成年人的规范,家长的作用显得尤其重要;另一方面,小学生的可塑性强,他们的行为受到父母的影响很大,良好的家庭教育对他们的学校生活乃至终身发展,都会产生深远的影响。可见,家长是班主任进行班级管理的助手。

2.家庭教育是现代教育的重要组成部分

随着社会的进步,人们越来越认识到家庭教育的重要性。家庭教育作为国民教育的一个重要组成部分,有着其他教育不可替代的作用。现在,无论是发达国家还是发展中国家,都把家庭教育置于重要的地位,甚至提到与学校教育并重的高度来认真对待。如,英国著名的"曼彻斯特调查报告"指出,教育成功的主要因素在于家庭环境,家庭环境的重要性几乎是社区与学校两项因素总和的两倍。因此,在当代社会,家庭教育的水平,体现了社会整体的教育水平,也体现了儿童的发展水平,家长应当成为重要的教育力量。

3.有利于澄清家庭教育的误区

家长参与协助班主任的班级管理,就是参与学校班级对孩子的教育。人们常常说"父母是孩子的第一个老师",这句话道出了家庭教育的重要意义。但是父母不一定是一个好老师,父母也不一定能成为与学校教育、班级教育相一致的力量。当前家庭教育也存在一些问题,主要表现在:家庭教育目标多指向于

---

① 何春霞.班主任家庭教育力量的整合与协调[J].文教资料,2007(4).

学习成绩的量化要求、健康的体质、学习技能的掌握等外显性的目标,而对心理素质的提高、社会适应能力的培养等内隐性的目标比较忽视;教育内容方面偏重于文化知识的学习、学习技能的掌握,而对其他方面的教育,尤其是德育、做人方面重视不够;家庭对子女的教育在方法上表现为要么冷淡,要么粗暴,要么溺爱,要么放任。

(二)对家庭教育力量整合的内容

班级管理要向家庭延伸,但是班主任并不能代替几十位学生家庭去进行家庭的管理,而只能依靠家长的协助,使家长能够在家庭中支持孩子在学校班级中习得的行为。家长要成为教育力量,就要对家长进行教育。

1.帮助家长提高对家庭教育的认识

帮助家长提高对家庭教育重要性的认识,这是班主任整合家庭教育力量最基本的内容,帮助家长意识到自己是孩子的"重要的老师",是一个"教育者"。

2.帮助家长正确理解家庭教育的本质和功能

班主任工作就是要努力帮助家长充分发挥家庭教育的特殊功能去教育子女,这是搞好家庭教育的基础和根本。要帮助家长懂得"什么是家庭教育"、"家庭教育的任务有哪些"、"如何开展家庭教育"。

3.帮助家长了解和认识孩子

家庭教育的对象是发展中的人,要帮助家长全面了解和掌握孩子的情况,认识到良好的家庭教育是孩子成长的需要,而了解孩子是有效教育孩子的第一步。家长要对子女进行正确的教育,必须了解子女年龄特征和个性特点,根据小学生的身心发展规律,依据孩子不同时期的不同特点有针对性地开展教育。

4.帮助家长掌握教育孩子的方法

班主任要整合家庭教育力量,应该系统地向家长传授现代教育科学知识,帮助家长学习现代教育学、心理学、卫生保健等方面的教育内容,组织家长学习和研究现代家庭教育的有关问题,从而提高自身教育素质,探索科学有效的教育方法。

(三)整合家庭教育力量的途径和方法[①]

根据有关学校工作规范和家长教育的经验,班主任对家长进行家庭教育指导的途径方法主要有:参与家长学校工作、召开家长会、进行家访和接待家长来

---

① 李学农.班级管理[M].高等教育出版社,2004(215).

访等。

1.参与家长学校工作

家长学校是在教育行政部门的组织下，以中小学校为创办主体，由家长委员会负责，吸收中小学学生家长参加的一种指导家庭教育的群众性业余教育组织，是普及家庭教育知识的有效渠道，是中小学指导家庭教育工作，帮助家长树立正确的教子观念、掌握科学的教育方法、提高家庭教育水平的较好形式。家长学校是学校教育、家庭教育、社会教育的结合，是共育"四有"新人的载体和重要阵地。

家长学校是由学校举办的，但是班主任在家长学校中承担着重要角色，将发挥重要作用。目前，家长学校的活动，大多还是以班级的形式进行的，因此，班主任是家长学校的中坚力量。

2.召开家长会

家长会是中小学在长期的教育实践活动中形成的班级教育与家庭教育相联系并形成教育合力的方式。在家长会上，班主任、任课教师和全班学生的家长，在一起交流班级教育情况和家庭教育情况，从而取得对学生教育的共识。

召开家长会应注意：以促进学生健康发展为目的、平等对待家长，在家长会上班主任要站在平等交流者、对话者的位置上；召开家长会的时间一般以一学期的期初、期中、期末为宜，目的是帮助家长了解一学期的教育任务、反馈学生的情况，明确每一次家长会的目的。家长会形式应活泼多样，力求有效；做好家长会的记录，家长会记录应与家长会计划装订在一起，将文档完整保存。

3.家访

家访是班级管理者与学生个别家长交流的十分重要的方式，也是协调班级教育力量的好方法。家访可以深入地掌握每一个学生的家庭教育情况，班主任与家长的交流将更有针对性。要成功地进行班级管理，班主任必须坚持家访。

家访应注意的问题：家访的根本目的在于班主任与家长交流信息，为每一个学生的发展创造最好的家庭和班级合作的条件，即家访不是"告状"；家访应当是全面的，不应当是只面对问题学生，作为班主任与家庭联系的方式，对于每一个学生都是必要的；家访应有计划性，应纳入整个班级管理计划，成为班级管理整体工作的组成部分，有计划地开展；家访在学期初应预先告知全班，让学生感到这种家访是对自己的关心和爱护，从而对班主任的家访采取欢迎的态度，甚至渴望班主任的家访；家访前应预先拟好访谈题目，家访时与学生家长谈什么，要事先确定；做好家访记录，内容主要包括：访问对象、访问者、访问时间、家访目的等；家访应守时、守信。

4.家长来访

班主任与家长的联系,既可以是家访的方式,也可以是家长来访的方式。家长来访可能有两种情况:一种是班主任主动约请家长来访,另一种是家长主动来访。随着家长对子女教育的日益重视,家长主动来访的情况会增多。

班主任约请家长来访应注意:非特殊情况不约,理智、冷静地与家长交流信息,形成班主任与家长有效的教育合作;家长主动来访应注意:班主任应能妥善接待,应能正确指导家长的行为,对家长不合理的要求要善于回绝。

二、关注孩子的社区生活,整合社会教育资源

人不仅是教育的产物,也是社会环境的产物。社区环境对儿童、青少年乃至成人来说,是最直接、最具体可感、最生动形象的社会氛围,因此,班主任在制订教育计划时,既要重视发挥常规课程的功能,也要注意彰显非常规的隐性课程的作用,使儿童在密切接触社区生活的同时,能受到社区环境潜移默化的影响。

(一)整合社区教育资源的意义

1.社区教育是终身教育的重要组成部分

社区教育资源指的是学校所在社区周边环境中蕴含的具有教育教学价值的各种资源的总和。社区教育资源分为"人力资源"、"环境资源"、"物力资源"等。随着信息时代到来,人们的生活方式、学习方式、工作方式都发生了明显变化,作为学习型社区依托的社区教育学院、社区教育培训中心等社区机构、教育组织应时代发展和改革需求建立并发展了起来,正在逐步担负起社区居民终身教育、终身学习的重要职能。社区教育是终身教育的重要组成部分。

2.整合社区教育资源有利于推动素质教育

社区是指和一定区域相联系的社会共同体,是一种区域性或地区性的社会。一般来说,一定的文化联系、一定的生活方式和社会成员的认同感,是将一定地域的人们凝聚为一个社会共同体的黏合剂和纽带。社区就是社会成员在这些因素下共同经营社会生活而形成的。社区的形成,改变了长期以来学校与社会、教育与经济相脱离的状态,将教育的发展特别是当前素质教育的推进与社区的利益紧密地联系了起来,突出了学校和教育在社区发展中的战略地位。

3.加强社区教育是中国教育改革的重要内容①

自 1985 年至今,中国社区教育始终与中国教育改革联系在一起。《中共中央关于改革和加强中小学德育工作的通知》于 1988 年颁布,该通知提出"城市的区、街道可以通过试点逐步建立社区教育委员会一类的社会组织,以组织、协调社会各界支持、关心学校工作"。这是第一次在公开政策文本中出现"社区教育"一词。1993 年颁布的《中国教育改革与发展纲要》中提出:"支持和鼓励中小学同附近的企业事业单位、街道或村民委员会建立社区教育组织,吸引社会各界支持学校建设,参与学校管理。"国务院于 1999 年在批转教育部《面向 21 世纪教育振兴行动计划》中提出要"开展社区教育的实验工作,逐步建立和完善终身教育体系,努力提高全民素质"。进入 21 世纪以后,有关社区教育文件的制订加速。2000 年,教育部下发了《关于在部分地区开展社区教育实验工作的通知》,该通知确定了首批八个国家级社区教育实验区并开始试点。2004 年,教育部出台了《教育部关于推进社区教育工作的若干意见》等文件。可见社区教育是中国教育改革的重要内容。

(二)班主任在社区教育资源整合中的角色②

1.社区教育资源价值的认识者

社区资源在班级管理中具有重要作用,班主任应全面而又深刻地加以认识。社区蕴藏着丰富的教育资源。社区教育资源有许多独特的优势,可以丰富儿童的感性认识和探索体验,如果能充分利用这些资源,就能弥补小学教育资源的不足,促进教育质量的提高。班主任与社区、家庭互相协作,以提高教育的一致性,促进儿童更好成长。可见,深刻认识社区教育资源的价值,既是遵循儿童身心发展规律的需要,也是班主任的重要职责。

2.社区教育资源类别的发现者

随着我国城市社区建设的步伐不断加快,社区的自然环境和人文环境日益改善,社区的各种教育资源日趋丰富,种类越来越多。比如,社区供儿童课外活动的设施和场所迅速增多,向儿童免费开放的公益活动场所也逐渐增多,社区服务儿童和教育儿童的功能日益增强。因此,班主任要积极主动地去寻找和发现社区里的各类教育资源,为整合社区资源开展相关活动创造条件,成为社区教育资源类别的发现者。

---

① 龚晓林. 中国特色社区教育的推进构想[J]. 湖北社会科学,2012(2).
② 李生兰. 教师在利用社区教育资源时扮演的多重角色[J].幼儿教育(教育科学),2011(1).

3.社区教育资源的利用者

目前,欢迎学校师生前往开展活动的社区机构和场馆越来越多,比如,科技馆、博物馆等文化场所常常实行儿童团体优惠票价政策,鼓励小学教师带领儿童前去参观。所以,班主任要行动起来,从社区的实际情况出发,根据学校所在社区资源的特点,因地制宜开展活动,最大限度地提高社区的利用率,为儿童的体验性、探索性学习创造条件。如,班主任可通过按时收听当地广播、与家长交谈等方式,及时了解社区的最新信息,比如近期是哪个街道由谁在举办儿童心理健康咨询活动等。

(三)整合社区资源的方式与方法①

1.参与社区的各种活动,整合社区的教育思想

区域性的社会共同体,它由家庭、社会机构、组织群体所构成,具有一定的广泛性和复杂性。班主任通过社区中的各种教育机构,举办各种形式的教育讲座,或是通过电视、广播、报纸、宣传手册、墙报等各种宣传手段协调社区内学校教育与家庭教育、社会教育的关系,统一教育思想,引导社区成员在教育观念上获得共识。

2.欢迎社区各界人士参与班级活动,整合社区人力资源

班主任要在全面了解家长、社区志愿者、商业伙伴、地方艺术家和当地居民的职业特征、生活方式和风俗习惯的基础上,布置好班级环境,热情欢迎家长和社区居民及各界人士来参观访问,定期向他们开放班级的各项活动,热心向他们介绍班级所需的各种服务,鼓励他们投入到班级教育活动中来,与儿童分享他们的知识和经验,从而达到充分利用社区人力资源的效果。

3.积极参与各种社区教育,整合社区教育资源

所谓社区教育,是实现社区全体成员素质和生活质量的提高以及社区发展的一种社区性的教育活动和过程。其实质是教育社会化和社会的教育化的统一,是为了满足社区发展和居民教育需要而建立起来的教育体系。社区教育通过整合,使普通教育、职业技术教育和成人教育互相渗透,正规教育和非正规教育相互补充,学校教育、家庭教育和社会教育相互结合。

三、关注班级孩子生活中的重要他人,整合偶像教育力量

所谓"重要他人"一词是美国社会学家米尔斯(C. W. Mills)提出的概念,

---

① 任胜洪. 浅析社区在推进素质教育中的作用[J]. 贵州师范大学学报(社会科学版),2000(3).

专指对个体的社会化过程产生的具有重要影响的具体人物。因为任何一个个体在其成长过程中,都会受到一些重要人物的影响。无论是偶像还是身边的人,只要对个体的社会化过程产生了重要影响的,我们就称其为"重要他人"。

(一)班级管理关注"重要他人"的意义[①]

1.社会文化转型导致小学生心理多元现实的需要

目前,我国正处于文化转型的关键期,文化转型导致了价值观念的转型,人们从崇拜政治型偶像、道德型偶像、神圣型偶像向崇拜成就型偶像、生活型偶像、个性化偶像的方向转变。而传媒对此更是推波助澜,制造了数不胜数的明星,加之小学生处于青春前期,偶像崇拜心理使得追星成为校园中一种不可回避的现实。既然偶像崇拜难以避免,我们的教师就应该因势利导,利用"重要他人"进行有效教育。

2.小学生价值观从无序向有序转变的需要

小学生的人生观和世界观以及价值观都还未成型,仍处于一种混浊无序的状态。通过疏导、教育,使学生不断成长起来,从原来混沌无序的状态逐渐转变到一种稳定有序的状态,这是学校教育责无旁贷的。大量事实说明,现在许多学生对明星的盲目崇拜行为毫无目的性,甚至只是一时狂热冲动,久而久之这些年轻人的价值观念就会趋于单一化、片面化以及功利化。因此,班主任在教育或班级管理中有效运用"重要他人",可使小学生心理由混沌无序状态向稳定有序状态转变。

3.小学生偶像崇拜严重现实的需要

现在,小学生不是把偶像当做社会学习的对象,而是把偶像当做个人现实欲望的延伸和情感的释放。每个学生,无论是小学生、初中生还是高中生都有自己的偶像,并在有意或无意间进行模仿或学习。尽管这些偶像不在身边,甚至是虚拟的,但在数字化时代的今天,信息是爆炸性的,也正因为如此,偶像崇拜势必会占用学生的时间与精力,学习将受到影响。如果班级管理者关注学生生活中的"重要他人"并作出一定的把关,可以在一定程度上避免或减少模仿学习"重要他人"的盲目性。

(二)整合社会偶像力量的途径与方法

小学生的心理特征决定了他们易趋向个人崇拜。作为一个独立的个体,小

---

① 林远辉.“重要他人”:中小学班级管理的影响因素[J].教学与管理,2008(2).

学生在其社会化过程中必然要受到"重要他人"的影响,必须加以引导。

1.运用同辈同行进行比较,学习偶像

心理学的研究表明:如果榜样与学习者有着相同或相似的特点,榜样的吸引力会比较大,观察者容易产生学习的心理倾向。因此,班主任可经常在同一年龄层次和同一行业领域中树立该领域的榜样,以引起班级同学的注意和认同。如班主任要经常关注学校校友(毕业生)档案,经常有意识地邀请各类具有代表性的校友回校演讲或与学生座谈,加强校友(毕业生)与在校生的联系、沟通。

2.运用公众人物进行引导,认清偶像

所谓公众人物,就是被媒体频频报道,人们所熟知的演艺、体育、企业等各个行业的成功人士。以公众人物为榜样,具有较强的示范作用。班主任应关注对某一历史事件或者某个特定历史发展时期有亲身体会或者感受的关键人士,或是公众人物生活中具有教育意义的一个事件、活动、行为等,通过班会或其他活动组织班级同学进行观看或阅读相关文献,引导小学生认清偶像。

【思考题】

1.如何进行小学班级教育力量的管理?

2.班主任同家庭协调的方式有哪些? 要注意哪些问题?

3.小学班级校内教育力量有哪些? 如何管理?

4.影响小学生发展的"重要他人"有哪些,并举例说明。

【扩展阅读】

1.浏览"北京中小学网上家长学校"(http//jzschool. bjedu. cn)内容。

2.玛丽·卢·富勒(Mary Lou Fuller)等编著:《家庭与学校的联系——如何成功地与家长合作》,中国轻工业版社,2003。

3.方轮、胡艳曦著:《城市社区教育资源开发与整合》,广东人民出版社,2009。

【实践探索】

1.假设你是一名班主任,开学以来,刚参加工作的外语老师李老师多次反映你班上外语课纪律很差;而学生们却说主要原因是老师上课很枯燥,动不动就训人,所以他们没有兴趣。身为班主任的你,应如何处理此事呢?

2.某班"家校联系本"要求有两点:一是学生认真记录当天各科作业及通知要求;二是家长每天签字。这样的"家校联系本"被家长戏称为"家长作业本"。请问你将如何设计"家校联系本"呢?

第九章　小学班主任的专业发展

内容提要：

1. 了解小学班主任专业化的演变历程与班主任专业化的意义。

2. 知道班主任专业发展的内容与特征。

3. 掌握班主任专业发展的途径与方法。

4. 理解班主任专业发展的要求，能够依据实际情况促进专业发展。

第一节　班主任专业化概述

班级是学校最基层的单位，班主任受学校法人的委托对班级实施责任管理，是班集体的第一责任人。班主任在学校、家庭、社会教育合力中起着协调、沟通的重要作用。时代赋予今天的班主任更多的责任和权利，也提出了更高的要求和期望，即班主任要专业发展。

一、班主任专业化

现代教育的发展，使得教育活动越来越复杂，对教育人员专业性的要求越来越高，突出地表现在教师专业化已经成为世界教育改革的共同举措。随着教师专业化从文本走向现实，承担着学生思想道德教育的重任、全面关怀学生精神发展的班主任的专业化也逐渐走上教育的舞台。

（一）班主任专业化的发展

1.班主任专业化的提出

班主任专业化是随着教师专业化发展起来的,随着教师专业化地位的巩固,班主任专业化也逐渐提上了议事日程。国内关于班主任专业化的研究大约于 2001 年开始起步。2002 年,"班主任专业化"这一命题在天津举办的全国第十一届班集体建设研讨会上被明确提出,会上首都师范大学王海燕教授提出"班主任专业化"概念,即:班主任通过学习、培训、实践、反思以不断达到班主任专业水平的过程,就是班主任专业化。至此,人们已经越来越习惯将"专业"这个词与班主任紧密相连。

2.班主任专业化发展

2003 年 3 月 24 日,全国第一所"班主任专业化实验学校"在广西柳州市公园路小学诞生。2004 年《人民教育》第 15—16 期编辑"班主任专业化专辑",从理论上总结了柳州市推进班主任专业化建设的经验,在全国范围内较为明确地提出了"班主任专业化"的理念。其中南京师范大学的班华教授指出:"班主任专业化不是一般的教师专业化问题,而是一种特殊的教师专业化问题,班主任专业化有一定的目标、要求和内容,也是班主任持续发展的过程。"至此,关于班主任专业化的定义及内涵得到了越来越多人的认可。前教育部部长周济曾在记者招待会上指出,要把班主任由教书的"副业"变为育人的"主业",而要实现班主任从"副业"变"主业"的必由之路,那就是班主任专业化。在党和国家对班主任工作日益关注的推动下,班主任专业化发展的脚步从未停止,全国各地也进行了班主任专业化的试点研究。2005 年元旦,南京师范大学教科院班主任研究中心和全国班集体建设研究中心合作开办了"班主任专业化研修班",并进行了首期培训。2006 年教育部《关于进一步加强中小学班主任队伍建设的若干意见》确立了"提升班主任工作专业水平,促进班主任队伍专业发展"的思路。

3.班主任专业化的确立

2009 年 8 月 12 日,教育部颁发了《中小学班主任工作规定》(以下简称《规定》),《规定》的颁发,引起了全社会的广泛关注和热议。《规定》的颁发不但是班主任工作适应时代发展的需要,更是班主任专业化发展进程中的里程碑。为了更好地贯彻落实《规定》,《人民教育》杂志社联合中国教育学会,由任小艾老师、魏书生老师等牵头,成立了"班主任专业化"课题组,主持研究"十一五"科研规划重点课题。2009 年教育部与中国教育发展基金会,"知行中国教师专业成长扶助基金"合作,实施"国培计划——2010'知行中国'小学班主任教师培训项目",成功实施了十省市首批 10 万名小学班主任的远程培训。此后,一系列关于班主任专业实践与促进班主任专业发展的各种专业教育活动,就成为我国班主任队伍专业化建设的重要探索。

(二)班主任专业化的内涵

班主任专业化的内涵基本上与教师专业化的内涵相近,因为"一个优秀的班主任,首先应该是一个优秀的教师"。然而,班主任的专业角色与教师的专业角色是有所不同的,他们除了和任课教师一样要完成好教学工作之外,还要履行班主任的职责。班主任专业化的内涵可以表述为:以教师专业化标准为基础,逐步掌握班主任工作的理论知识,经过长期培养训练形成班级德育和班集体建设与管理的能力和技巧,提高自身的学术地位和社会地位,全面有效地履行班主任职责。

1.班主任专业化是教师岗位的专业化[①]

班主任不是一个独立的职业,班主任的身份是教师,即班主任是特殊类型的教师,班主任专业化是种特殊类型的教师专业化,或者说是教师专业化的一个特殊方面。故班主任专业化是岗位的专业化,它面向教育界内部,目的是确立班主任工作的专业地位,吸引更多的教师去做班主任工作,做好班主任工作,它追求的是班主任岗位与教学岗位的平衡。也就是说,班主任专业化不是跟教师专业化平行并列的一种专业化,而是后者的一个组成部分。这与教师专业化有一定的区别。后者着重打造教师专业形象,提高教师专业水平,促进学生的全面发展,从而实现教师社会价值的最大化,提升教师职业声望和社会地位。

2.班主任专业化是班主任作为主业的体现

2009 年《中小学班主任工作规定》指出,班主任是中小学的重要岗位,从事班主任工作是中小学教师的重要职责。《中小学班主任工作规定》中明确规定了班主任工作是班主任的主业,关于主业的规定可以说是给千千万万中国班主任"正名",从国家的角度强调了班主任是引领学生成长的专业人员,具有历史意义地将班主任工作作为一个专业确定下来。由"副业"到"主业"的质变,吹响了班主任专业化的号角。

3.班主任专业化的核心是精神关怀

班主任的职责是组织、教育、管理班级,促进学生德、智、体、美、劳全面发展。班主任教育劳动主要的内在的目的是育人,其实质就是关怀学生的精神生

---

① 熊华生.班主任专业发展:概念、内容与制度保障[J].班主任之友,2011(7).

活、促进学生的精神成长。因此，精神关怀是班主任教育劳动的核心内容，也是班主任专业化的核心内容。班主任主要是从事以心育心、以德育德、以人格育人格的精神劳动。精神关怀更深刻、更准确地反映了班主任教育劳动的意蕴，体现了班主任以人为本的教育精神，表达了对学生的情感和态度。

二、班主任专业化的特点与要求

(一)班主任专业化的特征

班主任专业化不是远离学校、远离班级、远离学生和远离自我的抽象发展，恰恰相反，它是在真实的教育情境中、在与学生的活动交往中、在鲜活的教育生活中不断实践和探索的。班主任专业发展具有教育性、自主性、实践性、活动性等特征。

1. 教育性

班主任是学校任命或委派负责组织、教育、管理学生班级的主任教师。班主任的教育劳动与班主任的组织、管理工作是相互联系、相互渗透的，但又是有区别的。组织、管理班级具有教育性，但不是直接的教育活动或教育过程本身。班主任教育劳动主要的、内在的目的就是育人，就是促进学生的精神发展，因此实质上是一种精神劳动。班主任作为班级教育的主任教师，他的角色地位决定了他的工作除了负责组织、管理班级工作外，还必须承担更多的教育责任。

2. 自主性[①]

自主性是班主任专业发展的基本特征。班主任是否具有自主专业发展意识，能否实现自主专业发展，是班主任专业化的关键之一。自主性意味着班主任对自己专业发展负责，并明确意识到只有自己才是自身专业发展的真正主人。班主任要主动规划个人专业发展目标，确定专业发展重点，选择专业发展的主攻方向。由于它是从班主任自身实际出发的，因此，具有明显的个性特征。

3. 实践性

班主任专业发展是在班主任工作的实践中实现的。基于实践，在实践中发现问题、解决问题、积累经验，形成属于自己的"实践性理论知识"，这成了班主任专业发展的基本路径。离开了专业岗位上的实践就离开了班主任专业发展的本源，就离开了班主任赖以存在与发展的基础。因此，班主任专业发展不能

---

① 杨连山. 班主任专业发展的基本特征[J]. 班主任之友,2007(11).

离开自己的工作、不能离开自己的学生、不能离开自己的班。学生教育、班级管理、组织班集体活动这些具体的工作实践,不仅是班主任专业发展的基本手段,其工作实践的质量也决定着班级德育的实效、班集体的健康发展和学生素质的全面提高。

4.活动性

所谓活动性,突出了班主任专业发展是在各种教育活动中不断形成、展现和提升的过程。教育历来不是孤立的,而是人与人的对话和交往。就班主任的专业发展而言,是直接依赖于多种活动体验所搭建的互动与交往的学习情境,直接依赖于在教育活动过程中的不断感悟与反思。也就是说,班主任专业发展更多是在诸多的活动中体现出来的,也是在活动中形成和提升的。这里的活动,不仅仅是指教师指导和教育学生的活动,也包括了在开展面向班主任的各种培训,班主任的专业智慧也是在各种体验、感受中不断构建的。

(二)班主任专业化的要求

班主任专业化的要求和内容是多方面的:

1.人性化的专业态度①

《中小学班主任工作规定》指出,班主任要"努力成为中小学生的人生导师",这要求班主任的专业态度不仅需要浪漫的理想主义精神,更需要冷静的现实主义态度。班主任对于学生成绩、习惯、认识、观念等那些能够改变的事情,要做到不抛弃不放弃,无论有多少困难和障碍都不改初衷;而对于气质类型、家庭背景以及学生与生俱来的某些缺点等不能改变的事情,要以宽广的胸怀接纳和包容。因此,班主任的专业态度应是一种理性的激情,以一种理性的激情来面对工作中的问题和挑战。这种理性的激情表现如下:

(1)关心。班主任的教育劳动是人性化的劳动,关心学生是班主任的天职。教育智慧应主要体现在对学生的"关心取向上"。

(2)理解。这里的理解是指对人的理解。对人的理解,主要指对人的心灵世界的理解,即在心理上理解他人心理、精神需求和人格特点等。理解就是对人的生命的把握。班主任要用儿童的眼睛看世界,学会将心比心、学会换位思考,这样才能走进学生心灵,才能懂得学生,从而也让学生走近自己,懂得自己。

(3)尊重。学生是有思想、有情感、充满活力的生命。学会尊重,就是学会对人的生命的尊重,要学会尊重人的自然生命,更要学会尊重人的人格,尊重人的精神生命。只有尊重学生才能从学生那里得到尊重。班主任要尊重所有的学

---

① 班华.专业化:班主任持续发展的过程[J].人民教育,2004(15－16).

生,包括学习困难、有弱点的学生。

(4)信任。每个人的心理世界都有光明的、积极的一面,要相信每个学生都有他的优点、长处,相信每个学生都有积极进取的愿望。教育人类学指明人是具有"明天性"的,儿童和青少年尤其是这样,他们总是希望认识新的事物,获得新的知识,向往新的学年的到来,他们是创造未来的生命体。班主任应相信自己的学生有渴望新知、天天向上的要求,这是处理好师生关系,教育好学生,促进学生发展不可缺少的条件。

2.研究型的专业思维①

专业化的班主任有自己独特的思维方式,也就是说,专业化班主任和普通班主任最本质的区别,并不是教育技巧的高下,而是思维方式的差异。普通班主任遇到问题通常想的是怎么办,他总是眼睛向外,渴望专家、同行或领导能够给他指点迷津,能够给他具体的策略,就是在学习优秀班主任时也总在模仿别人的具体策略;而专业化的班主任则完全相反,遇到问题时通常想的是为什么,他将眼睛向内,观察和分析问题可能产生的原因,制订针对性的方案,然后逐一去验证,在实践中反复调整,最终依靠自己的力量解决问题。普通班主任通常是直线式的思维,把复杂的教育现象简单化,认为一个结果的产生只有一种原因,而优秀的班主任则知道一个结果可能是多种原因导致的,一种原因也可能导致多种结果,所以他总是在分析之后才下结论。

3.教育管理化的专业能力

《中小学班主任工作规定》指出,选聘班主任应当在教师任职条件的基础上突出考查三个条件,其中之一是"爱岗敬业,具有较强的教育引导和组织管理能力"。可见,班主任专业能力中最核心的依然是教育能力,因为班主任最终的角色定位是管理型的教育者。一方面,管理是手段,管理的目的是为了教育,是为了更好地促进学生发展。但另一方面,是否具备班级管理能力,却是班主任和学科教师之间最重要的区别。管理更多地面向集体,教育更多地面向个体;管理更多地规范行为,教育更多地引领思想。所以管理能力和教育能力是班主任不可或缺的专业能力。这里包括研究学生的能力、制订班级发展规划的能力、建章立制的能力、识人用人的能力、组织活动的能力、协调人际关系(家校、师生)的能力、自我提升和发展所需要的反思和科研能力等。

4.复合型的专业知识

基本完备的知识体系和合理的知识结构是班主任做好工作的力量源泉。

---

① 张红.关于班主任专业素质的思考[J].班主任,2009(3).

班主任必须具备扎实的学科专业知识,必备的德育、教育学、心理学和班级管理方面的知识,基本的网络和教育科研知识,丰富的自然、社会、文学等方面的常识。班主任首先要上好自己的专业课,这是教师的立足之本,也是班主任任职的先决条件。同时,班主任应不断适应教育和社会发展的需要,努力学习新理论,丰富和完善自我,做一名终身学习的学习型教师。

三、班主任专业化的意义

有一句教育名言:"校长是学校的灵魂,班主任是班集体的灵魂。"班主任工作的质量,在很大程度上决定着一个班的精神面貌和发展方向,深刻影响着每个学生德、智、体等方面的全面发展。班主任作为班级的教育者和组织者,在班集体的发展和学生的健康成长方面起着十分重要的作用。

(一)班主任专业化是素质教育发展的需要

1.班主任专业化是现实观念改革的迫切需要

长期以来受班主任工作"人人能为"思想观念的影响,认为只要是教师就能当班主任,只要是教师就得当班主任,把当班主任的年限作为职称晋升的条件之一,因此有相当一部分教师是为了晋升职称,而不是真正从培养人的高度去考虑当班主任的,导致有些班主任对工作缺乏事业心、责任心,只求平安无事,不去开拓创新;有些教师虽然愿意当班主任,但只有做好班级工作的朴素感情和良好愿望,而缺乏当好班主任所应具备的理论、技能和艺术,不会管理班级、组织活动,班级缺少应有的生机和活力,给学生的健康成长和全面发展带来了一定的消极影响。事实表明,班主任工作不是人人都能担任的,更不是人人都能胜任的。班主任工作专业化是现实的迫切需要。

2.促进学生"全面发展基础上的个性发展"的需要

"全面发展基础上的个性发展"是素质教育追求的目标,也准确地体现了素质教育的要求,即以德育为核心,培养学生的创新精神和实践能力。班主任工作是一项复杂的专业劳动,班主任是专业工作者,这种认识已经被越来越多的人所接受,党和政府也把推动班主任专业化发展作为实施素质教育、不断提高教育教学质量的战略措施。班主任的专业素质越高,学生素质提高的速度就会越快。班主任不仅要通过自己的教学工作体现教书育人,通过自己对班级的组织管理体现管理育人,而且要在为学生发展服务中体现服务育人。

(二)班主任专业化是教师教育发展的需要

1.班主任专业化是教育本身的要求 [1]

在实行班级授课制的今天,教师之间存在着学科分工,学科教师主要通过学科教学影响学生某一方面的知识、能力的发展。但班主任不是这样,班主任对学生的全面发展负责,他对学生的影响也是全面的。所以,一个不合格的教师影响的只是学生的某一学科,但一个不合格的班主任却全面影响学生。班主任对学生影响的全面性和复杂性,要求班主任必须成为专业化的教育工作者。班主任的专业素质越高,越有利于学生素质的全面提升。

2.班主任专业化是教师专业化发展的必然要求

教师专业化是世界教师教育发展的潮流和趋势。1966年由国际劳工组织和联合国教科文组织颁布的《关于教师地位的建议》就提出:"应把教育工作视为专门的职业。"我国《教师法》规定"国家实行教师资格制度",经国家教师资格考试合格者,取得教师资格。1996年世界教育大会第80号建议《加强教师在多变世界中的作用之教育》再次提出教师专业化的要求,并把它作为"改善教师地位和工作条件之策略"。

(三)班主任专业化是提高班级管理水平的需要

1.有利于提高班主任的社会地位和学术地位

班主任的社会地位和学术地位的提高,尽管与党和政府的重视和社会、家庭的信赖有关,但是,仅靠改善待遇和提高声誉是远远不够的。班主任只有自己行动起来,努力提高专业知识水平和专业能力,使自己从经验型的班主任向研究型的班主任发展,使自己的专业成熟程度不断提高,真正成为训练有素的不可替代的角色,才能从根本上改变班主任的职业形象,提高其社会地位和学术地位,使班主任工作成为令人尊敬和羡慕的职业。

2.有利于尽快提高班级德育和班集体建设的水平

影响班级德育和班集体建设水平的因素很多,其中班主任工作是班集体建设的关键因素。班级德育和班集体建设是一项极其复杂、专业性很强的工作,不仅需要先进的教育观念的"先导"作用和班主任人格力量的支撑,而且更需要班主任的教育智慧和专业能力。

---

[1] 冯建军.班主任专业化初论[J].教师之友,2005(8).

第二节　小学班主任的专业发展

班主任的专业发展是班主任个体的、内在的专业品质的不断提升、发展、完善的过程。教师专业发展内容，大体上可以从专业信念、专业知识、专业能力、专业态度等几个方面来建构，我们可借助这一框架来构建班主任专业发展内容。

一、影响班主任专业发展的原因

班主任专业发展是以班主任专业自觉意识为动力，不断提高和完善专业素养的过程，即不断增强专业信念、提升专业理想、更新专业知识、增强专业自信、提高专业能力的过程。影响班主任专业发展的原因有以下几点：

（一）班主任专业发展存在的问题

1.不愿做的现象

不愿做班主任工作是当前一种较为普遍的现象。首先，愿意当班主任的教师越来越少的原因是因为他们每天既要不时地处理各种矛盾，联系家长，教育学生，还要提心吊胆，生怕班级学生出事，生怕家长向校领导告状，生怕班级成绩掉在别的班后面。其次，班主任经常陷入琐事和忙碌之中，"忙"、"累"、"紧张"是他们的共同感受，有一些班主任因此而感到痛苦。最后，教师们认为班主任工作不过是当个"孩子王"而已，会影响教学业务的发展，学科知识才是安身立命之本。基于多方面的顾虑，班主任幸福指数也呈下滑趋势。

2.不会做的现象

在现实生活中，不少教师在担任班主任工作的问题上，存在着"不会做"的现象。"不会做"现象是班主任专业发展的另一个现实问题。把几十个不同家庭背景、性格各异、活泼好动的孩子组织起来，不仅要维持好正常教学和生活秩序，不断地应付各种突发事件，提高学生学业成绩，还需在这个过程中联系家长，协调任课老师，完成学校各部门下达的形形色色的任务，这确实需要非凡的能力。更具挑战性的是，班主任不只是被动地执行各种指令，在事务层面上完成任务，还要管理育人，促进学生的全面发展，激发学生生命活力，让学生享受学校生活。

3.不能做的现象

在教师专业化和新课程改革的二元背景下,传统班主任的教育观念、思维模式和工作方法已越来越不适应时代发展的要求。此外,社会转型期出现的浮躁、功利的社会风气对班主任的工作理念也产生了很大影响。在困惑迷茫中,班主任容易出现急功近利地理解和看待教育现象,故班主任在日常的班级管理中,为了不让自己惹麻烦,采取"睁一只眼,闭一只眼"的态度,对学生的失范行为没有及时适当地进行教育,不能很好地完成育人任务。他们当班主任并不是出于对班主任工作的热爱,而是考虑到有班主任津贴和评聘职称等需要,对班主任工作没有热情,这样的教师虽然有本事,但是确实"不能做"班主任工作。

(二)影响班主任专业发展的原因

1.个人方面的原因

(1)班主任的专业角色模糊。[①] 班主任角色意识是指班主任对自身角色地位、相应角色行为规范及其角色扮演的认识、理解与体验。班主任在学校从事教书育人的角色,这个角色的特殊身份和与这个身份相适应的行为规范,要求班主任具有自主性、个体创造性、示范性和多样性等特点。但长期以来,班主任工作在学校被看做是不具有专门学问的工作,一些班主任扮演着"被动应付型"的角色,班主任工作也多是停留在完成学校布置的任务和以完成常规工作为满足的水平上,表现为一种"高耗型"的工作。很多班主任老师成天忙忙碌碌,习惯于保姆似的工作方式,在具体教育和管理过程中自我反思意识不够,自我规划意识比较淡薄。

(2)班主任的专业意识不清。[②] 受传统观念的影响,班主任本人对班主任岗位缺乏专业感,缺乏以专业人员标准要求自己的责任感和使命感,缺乏对岗位成才和专业发展的意识,导致自身的专业发展受阻,这是影响班主任专业化最主要的内因。面对新挑战,班主任知识和能力欠缺。今天教育面临着许多新问题,比如,学生生理、心理教育及两者协调发展的问题,独生子女的自立意识和合作精神的教育问题,信息素养培养和网络德育问题等,都对班主任的知识结构和工作能力提出了挑战,很多班主任对此不知如何去应对,经常有力不从心的感觉,从而对教师专业发展表现出消极心理。

① 郑景梅,谌启标.角色理论视野中的班主任专业发展[J].教育科学论坛,2009(4).
② 许苹.班主任专业化进程中存在的问题与解决对策[J].基础教育参考,2010(9).

2.学校方面的原因

(1)学校教育力量结合的问题。班主任一个人要承担班级学生的管理职能、德育职能、指导职能,这种"一岗多职"的情况常常使班主任力不从心,工作的成效可想而知,更严重的是,长期的"孤军奋战"会使班主任觉得无助和寒心,更谈不上追求专业的提升。长此以往,教师们把班主任看做是教书的"副业",既不看重这项工作,也不注重业务水平的提高,"兼一兼"、"代一代"、"熬一熬"、"帮一帮"的现象还相当普遍,以致班级工作只能在低水平上徘徊。

(2)对班主任评价过于功利化。学校对班主任的管理采用科层制的管理模式,评价和激励机制比较单一,班主任津贴相对较低,缺乏对班主任的精神方面的激励,评价也是以学生成绩为主要评价方面,即仍然盛行学生成绩与班级评价和教师考核挂钩的管理模式。这样就导致了班主任无法把班主任工作看成是体现自身价值的工作,无法把学生素质发展和自身水平提高当成一个"专业"来追求。在现实的班级管理中,许多班主任仍然以教为主,以管住学生为能事,这必然导致对学生各方面素质的关注不够全面和到位。

3.社会方面的原因

(1)班主任管理制度上的问题。班主任的社会地位和专业地位不高,班主任的工作并没有得到应有的重视,班主任日常工作中所蕴含的意义、目标、价值以及实现,并非是每个班主任教师所深知的,班主任似乎只是附加给教师的一项工作,它作为一个独立的管理单元的地位和作用常常被忽视,它的工作内容、性质及工作技能都缺乏明确的界定。另外,在公众和社会舆论方面,对班主任强调的主要是道德方面,诸如热爱学生、有奉献精神、以身作则、认真负责等,对业务方面,习惯于把班主任工作纳入学校行政管理体系之中,突出班主任的管理行为,并不看重班主任育人的理论水平与特殊能力。

(2)班主任专业资格没有制订。目前,我国班主任是由学科教师兼任的,没有专职的班主任,也没有统一的班主任上岗资格证制度,班主任成了"人人能为"的工作。另外,班主任作为专门的职业,还未具有专业性的自主权,如专业工作者必须有专业资格证书,入职、聘用、解职有严格具体的规定,专业内部有不同的职称以标志专业水平的差异,职称的晋升需经过专家评审等。目前,班主任任用比较随意,没有形成严格的任职标准,从任课教师中选拔,班主任成了任课教师的"副业",不利于班主任专业化发展。

二、班主任专业发展

(一)小学班主任专业信念的确立[①]

专业信念是一项事业、一个专业岗位要求从业者信奉或坚守的理念,起着为专业指导方向、提升层次和提供动力的作用。班主任的专业信念是指班主任自己认可并确信的,指导自己班级管理和教育实践的理念。班主任信奉和坚守的理念,是班主任自觉行动的指南,是克服职业倦怠、进行专业发展自我修炼的动力。班主任选定自己的信念,长期坚守信念的过程,就是专业发展的过程。班主任的工作信念是一个比较完整的体系:

1."管理育人"的理念

相信班级管理与教育并不冲突,相信能够在班级管理中促进学生的发展,提升学生的生命质量,让学生感受生活的幸福,立志做一名教育型的管理者,这一信念决定着班主任工作追求的目标和达到的境界,它是班主任专业发展的基础。管理育人与教书育人并列,是一种公认的说法。它与"新基础教育"提倡的"生命教育"和班级建设中的"教育学立场"相通。

2."学生为本"的理念

要真正做到以学生为本,就要给学生自由、自主学习的时间与空间。要让他们学会自由、自主地发展自己的思想,形成自己的个性。因此,班主任要在工作中树立一切为了学生,学生利益摆在第一位,全心全意为学生服务的职业信念。这是以人为本的科学发展观对班级管理的要求,也是众多优秀班主任坚守的理念。

3."民主管理"的理念

肯定民主管理的正当性,并在班级管理中坚持民主管理。魏书生老师视民主管理为班主任工作最基本的两项原则之一,"民主就是大家的事大家商量,班级怎么管?知识怎样教?能力怎样练?作业怎样留?班会怎样开?都和同学们商量"。李镇西老师提出"没有民主,便没有创造;没有民主的教育,便没有民主的未来"。坚持民主管理,不仅仅是因为民主管理有效,还因为它是未来成人社会民主政治的预演,培养了学生的民主意识和能力。

4."自主管理"的理念

班主任要变教师保姆式管理为学生自主式管理,变班级管理一手抓为学生

---

① 熊华生.班主任专业发展:概念、内容与制度保障[J].班主任之友,2011(7).

全员多手抓。班主任要相信学生的潜能,学生能做的事,尽可能让学生去做,这不仅有助于管理班级,还可以锻炼学生的能力。这也就是魏书生老师讲的"班级的事,事事有人干;班级的人,人人有事干"。

5. "精神关怀"的理念

班主任专业化的主要倡导者和研究者班华教授认为,班主任最根本的教育理念、最重要的教育品质就是对学生的精神关怀。精神关怀主要是关怀学生的心理生活、道德情操、审美情趣等方面的成长与发展,即关心他们的精神生活质量和精神成长。精神关怀最基本的表现是关心、理解、尊重、信任学生,学会精神关怀是班主任专业化的必然要求。

(二)小学班主任专业知识的拓展

班主任的专业知识是指班主任以"精神关怀"为核心的专业理论体系和经验系统,是班主任专业发展的主要内容。班主任只有构建了合理而完善的知识结构,才能锻炼出过硬的育人本领,为搞好班级工作打下坚实的基础。

1. 对专业理论知识的学习

班主任作为一个知识的传播者和学习知识的引导者,不仅应该拥有深厚的学科知识,也应该具备相关的班主任专业知识,班主任必须了解和学习管理学、统计学等相关知识,尤其是教育学、心理学、管理学等专业知识更是班主任专业化所不可或缺的。也就是说,教育学、管理学和心理学这三类知识是班主任工作的学科基础。毫无疑义,教育学是基础。班级管理也属于管理范畴,管理学知识丰富了,才会吸收先进的适合班级管理的知识,放弃粗暴的"管理主义"倾向。心理学是前两个学科的基础,更是班主任专业化的基础,了解与理解学生、开展心理咨询等都必须掌握心理学知识。这三门学科知识繁多,而班主任学习时间总是有限的,要择其相关的精华而学习。

2. 对实践知识的探究

班主任的实践性知识是由班主任在实践中反思和总结出来的知识,是班主任专业发展的主要知识基础,在班主任工作中发挥着不可替代的作用。这类知识极为丰富,也最有价值,是班主任专业知识的主体。教师专业的本质特性是实践,也就是说,教师所有的知识要最终服务于实践。因此教师必须具有这种知识,开展这类知识的学习。

(1)学习各种著作、论文和各种讲演。近些年来,随着班主任工作越来越受重视和班主任培训的开展,一线优秀班主任纷纷著书立说。这类知识来自于实践,贴近实际,最受班主任老师的欢迎。

（2）向其他班主任日常经验学习。班主任的日常实践具有明显的情景性特点，需要班主任在毫无准备的状态下对课堂事件进行低调判断和果断决策。向其他班主任的日常经验学习，能帮助班主任在面临教学情境中的特定问题时，运用科学方法，探求问题的可能成因，了解问题的真相，并且进一步研究解决的策略和采取合适的行动。

3. 对人文和科学知识的学习

人文知识、科学知识是通用知识，是现代社会成员都应当掌握的知识，它广博，漫无边际，似乎不能称作专业知识，但它确实是班主任专业发展所需要的。班主任专业发展建立在广博深厚的人文、科学知识基础之上，这正是它的魅力所在，也是难度所在。

（三）小学班主任专业能力的发展

和其他任课教师相比，班主任主要是依托班级开展工作，有效地解决班级教育工作中的班级目标、班级管理、班级文化、班级活动、班级教育合力、学生发展评价等问题，要建立正常的班级秩序，形成良好的班集体，顺利完成育人的工作任务。

1. 形成班级教育合力的能力

班主任对内与班级、学生相联系，对外与任课教师、学校、家长、社会相沟通。班主任要善于拓展班级育人空间，依靠学校领导、社区领导，使班级教育与学校教育、家庭教育、社会教育形成整合一致的教育合力。

（1）了解、研究学生的能力。班主任必须具备敏锐的观察力，要有善于通过各种渠道调查、了解学生情况的能力，还要有对信息进行分析、判断的能力。

（2）交往与沟通的能力。班主任必须具有协调教师和学生、联系家长和社会的能力，使家庭、学校、社会彼此配合，形成教育合力。学生的思想变化很大，经常会发生各种意想不到的问题，要想解决这些问题就需要很强的协调能力。

2. 班级建设的能力

（1）形成适宜的班级教育目标的能力。善于调动学生的积极性，共同讨论、制订班级教育目标；目标应始终定位在学生的发展上，要有针对性，体现班级特色、发展性要求。

（2）建设真的学生集体，促进学生个性发展的能力。真的学生集体应是一种学习共同体，它具有平等合作的结构关系、相互信赖的情感关系、共同的目标和利益关系，能尊重和促进学生个性发展。

（3）优化班级文化的能力。具有建设富有生命活力的班级文化的能力，发展积极的班级精神,形成有特色的班级文化。学会在班级文化创造中发展学生。

3.人性化班级管理能力

班级教育管理的特点是教育性,管理的过程应是教育的过程,应是为育人服务的,最重要的是具有以人为本的教育理念,能充分发挥人的积极性,为学生的发展创造良好的条件。

(1)发展性评价的能力。发展性评价的目的是引导、激励、促进学生发展。发展性评价内容主要是对学生德行发展、心理发展、能力发展的评价。班主任要善于根据不同的情境、不同的学生,运用多种方式(包括奖惩等方式)进行评价。给学生的操行下评语是制度化了的评价方式,宜人性化、个性化、审美化。

(2)组织管理能力。班级管理是一项艰巨、复杂、专业性很强的工作,班主任作为班集体的组织者和管理者,必须具有较强的组织管理能力。要善于调动学生主动参与班级活动的积极性,让他们成为活动的真正主人。

(3)组织班级教育活动的能力。班主任要善于组织多种多样的班级教育活动,切实提高教育活动的实效性,防止形式主义,善于让学生在活动中展示自我、发展自我、实现自我。

4.管理机智与研究能力

(1)管理机智。在班级管理中,班主任经常会遇到种种突发事件,这就需要班主任具备很强的管理机智,即应变能力。要时刻保持冷静,使自己处于清醒、理智的状态,并且迅速而准确地作出判断,然后选择正确的方法予以解决。

(2)科研能力。班主任还要善于在日常教育教学工作中发现问题、解决问题,并且对班级管理有自己的独立思考和创新,经常反思、总结自己在班级工作中的得失。

(四)班主任专业态度与人格的形成[①]

班主任的专业态度与动机是指班主任对班主任工作出于自我实现需要的热爱程度和积极性。它是班主任专业发展的内在动力,也制约着班主任的专业发展。

1.班主任专业态度的形成

班主任的专业态度是班主任专业发展的核心构成内容之一,是完成班主任

---

① 熊华生.班主任专业发展:概念、内容与制度保障[J].班主任之友,2011(7).

工作的保障。

（1）爱心。关爱学生是班主任最宝贵的职业情感。只有当班主任真正从内心热爱学生，才会潜移默化地影响学生、感染学生，从而生成有效的教育。无论有多丰富的知识，多么强的能力，没有爱心，一切都是空的。

（2）责任感。责任感是班主任对社会、对他人应承担的义务和应尽职责的内心体验。班主任工作非常细致、琐碎、复杂，难以在各个方面规定详细的操作规程，难以对工作的数量、质量提出额定的要求，工作做多做少，工作绩效如何，往往取决于班主任的责任心。因此，教育从本质上说是一种需要有高度责任感的活动。

（3）公正感。公正就是班主任在教育教学过程中，公平合理地对待和评价每一个学生。具体地讲，就是要求班主任在教育和评价学生的态度和行为上，应公正平等，正直无私，不偏袒，对待不同智力、不同性别、不同个性、不同亲疏关系的学生，都一视同仁，公平相待，满腔热忱地去关心热爱每一个学生，从每个学生的不同特点出发，因材施教。

2. 班主任的专业人格

"为人师表"是社会对教师的基本要求，也是教师的基本素养。作为班主任，他的言行举止应该成为学生的楷模，这样的班主任才能成为学生的灵魂工程师。因此，班主任要有良好的人格特质。班主任人格与个性修养较为复杂和丰富，在这里，只选择了三项最能影响班主任专业品质的内容：

（1）善良宽容。善良，与人为善、时时处处为学生着想；宽容，能够容纳与自己不同的看法与见解，从成长的角度看待和处理学生问题。宽容不是纵容，在宽容基础上的严格，体现着班级管理的专业品质。

（2）为人正派。正直，诚实，正派，为人师表，学生才会在内心真正佩服。

（3）乐观幽默。班主任乐观向上，笑对生活，班级才会充满阳光；有幽默感，能营造轻松气氛，就能化解班级管理中的许多矛盾，更显智慧；有童心的老师更可爱，更能走进学生的心灵。

第三节　小学班主任专业发展的途径

班主任作为一个专业性岗位，它要求班主任树立专业发展观念，制订切合班级工作和本人发展实际、可行性强的专业发展规划，并严格执行、坚持不懈，努力把握一切能促进自身专业成长与发展的机会。从优秀班主任的成长经历看，注重学习、反思和研究是班主任专业成长的必由之路。

一、终身学习

没有终身学习的教师，就不会有终身学习的学生，也就不会形成一个学习化班级。班主任作为一种特殊的教师，必须是终身学习的典范。终身学习是教师作为职业人的生存权利，更是班主任职业岗位生存的权利，因此，班主任需要具备终身学习的意愿与动力。

(一)自主学习

当代优秀班主任成长过程的研究普遍表明，优秀的班主任本人就是一个个成功的学习者，他们都具有很强的学习能力和自觉学习、思考的习惯，他们会向书本学习、向专家学习、向身边的同事、同行学习，也会在班级管理过程中向自己的学生学习。总之，班主任会随时、随地通过各种途径去学习。

1. 通过自主学习，促进专业发展

班主任专业的发展需要班主任自主学习和正确的自我觉察。作为现代的小学班主任，首先应该是一个具有终身学习意识和能力的人。"终身学习"的观念，不仅要求班主任个性化自主学习，也要在集体中学习；不仅要狠抓读书学习，也要在实践活动中交流学习。在自主学习中，班主任既能对自己的能力、教育变革需求、工作环境以及各类限制有清晰的认识；也能学会与自己对话，通过独处、日记、散步、冥想等方式保持精神上的独立、思维的活跃和专业的敏感性。这种学习既是班主任专业自觉的基础，也是专业发展的前提。总之，要在学习中不断更新班主任的知识结构，为其专业化成长奠定知识基础，并且提高他们的人文知识素养和专业能力，将班主任专业化水平提高到一个新的层次。

2. 通过阅读学习，促进专业发展

现代教育理论发展较快，只有不断吸收新营养，拓展新视野，才能具有对自我教育过程进行反思的理论基础。有了知识的不断更新，才会有充实的头脑，才会产生反思的动机和要求。作为班主任要不断学习，阅读与班主任工作有关的刊物，如《班主任之友》、《中小学教师培训》、《教师继续教育》等，特别是《班主任之友》，它是班主任工作的航标。要研究班主任工作的理论与实践，有选择地汲取营养，对照范例，反思自己的教育行为。仅仅靠经验，不学习新理论，不了解别人先进经验，只会充当那种"坐井观天"、教育效果差而自我感觉良好的班主任，他是不受学校、学生和家长欢迎的。简言之，班主任应通过阅读研究，促进专业发展。

3.通过培训进修学习,促进专业发展

班主任是一个专业技术岗位,须依赖于不断进修与提高来适应社会的变化、教育的革新以及终身学习的迫切要求。目前,我国已经有专门的班主任专业培养培训制度,如《中小学班主任工作规定》中对于班主任培养培训的明确规定,给广大班主任指出了专业成长发展之路。

(二)合作学习

合作是班主任实现专业化成长、达到互利双赢的有效方法。班主任之间、班主任与任课教师之间的合作就是一条新的路径,这一路径或策略推崇班主任"在与同事的合作互动与对话过程中共同发展"。合作是两个以上的活动主体平等地、直接地互动交流,他们之间有共同的工作目标,有大致相似的困惑或问题,有许多共同语言。这种合作形式是自主的、自由的,相互之间既可以通过互通各自班集体工作的情况和遇到的问题、困惑,交流解决问题的方法;还可以通过互相观摩,交换意见,或针对某个实践或理论问题,相互探讨、切磋。可见,合作学习是获得帮助的有效途径。班主任如果善于寻求专业支持,就可以大大缩短专业成长的时间,并为自己开拓出更宽广的视野和发展空间。

(三)实践学习

精心组织班主任专业活动是提高班主任专业素养、发展班主任专业技能的一个重要途径和常规性做法。班主任专业活动是以提高班主任专业化水平为主题、以如何履行班主任职责为内容、以学术性和同伴互动为特征的活动。这类活动一般都主题鲜明,从而成为班主任实现专业化的舞台。如班主任实践俱乐部、班主任工作学术沙龙活动、班主任治班方略展示研讨活动、主题班会大赛活动……在这些活动中,班主任可以充分阐述自己的观点,展示自己的才华,体现自己的专业理想与信念,发展自己的专业知识和专业能力,在专业化道路上阔步前进。

二、专业反思

反思是班主任专业化的关键。班主任专业化需要个体在反思中提升。波斯纳曾提出过一个教师成长的简要公式:经验+反思=成长,并指出:"没有反思的经验是狭隘的经验,至多只能形成肤浅的知识,如果教师仅仅满足于获得经验而不对经验进行深入的思考,那么他的发展将大受限制。"可见,反思对于教师和班主任的专业成长具有重要意义。

（一）反思的方法

班主任的专业精神、专业理论和专业技能等都不仅仅以一种"原理性知识"呈现出来，它们常常以一种"意会性知识"、"心灵性知识"的形态潜藏在教育实践中，需要班主任通过反思来体悟。[①]

1.通过写教后感反思，促进专业发展

反思是教师以自己的教学活动为思考对象，对自己的行为、决策以及由此所产生的结果进行审视和分析的过程，是一种通过提高参与者的自我觉察水平来促进能力发展的途径。班主任要让反思成为一种习惯。在反思中，更清醒地认识自己，在塑造学生美好心灵的同时，完成自身的发展、心灵的净化、境界的升华。因此，班主任要坚持写教后感，重新构建教育实践过程，总结教育得失。

（1）记录实施教育的方法。对不同学生的教育要采用不同的教育方法，对每种方法作一些记录便于分析比较，供解决其他问题参考，为反思提供素材。

（2）记录实施教育时学生的表现状态。从察言观色中透视学生的心理活动，通过学生受教育时的表情，了解学生受教育的效果，进而反思教育效果。

（3）记录反思教育方法。每实施一次教育，过一段时间，要检查教育效果如何，要及时把自己的感情记下来，特别是改进的教育方法要重点记录，便于以后改进工作方法。

（4）记录平时对学生提出的新要求。在班务工作中，不可能做到每件事都先写在笔记本上，后向学生公布，特别是有关纪律要求，如果不记录这些新要求，可能过一段时间，班主任自己记不清了，甚至只说不兑现，这是造成很多班主任教育效果差的主要原因之一。

2.通过集体反思，促进专业发展[②]

如果能与同事进行经常性、实质性的磋商，坦然暴露问题，共享反思，班主任之间便能相互促进、共同提高。一个真正有效的反思集体，应该在整个教育进程中不断地发现问题，不断地探索性解决问题。因此，班主任应大胆主动地开放自己的教育过程，以获得过程性评价。过程性评价的价值远大于根据某一标准作的终结性评价。

（1）班主任要特别重视收集来自学生以及家长的反馈信息。例如，班主任可以通过设建议箱、问卷调查、个别访谈等形式定期和不定期收集信息，这些信息对班主任教育能力的提高具有不可替代的作用，而要从学生方面获得真实信

---

① 顾锐萍.试论班主任专业化[J].江苏教育学院学报(社会科学版),2004(11).

② 魏书生.如何做最好的班主任[M].南京大学出版社,2009(111).

息,就必须具有现代教育理念,有民主意识,能与学生形成平等合作、教学相长的关系。

(2)注意收集学校领导和同事对自己班务工作的评价。真实评价往往隐含在"言外之意"中,通过这些隐性信息,反思工作中存在的问题,便于及时主动地纠正与弥补。

3.通过对典型案例的反思,促进专业发展

班务工作由具体事例组成,班主任工作能力是在处理教育工作的具体事例中逐步提高的,处理小事可以反映班主任能力,通过处理突发事例可透视班主任的应变能力,班主任可以通过剖析典型案例积累经验。

(1)反思自身实践。剖析自己班务工作中一些有价值的案例,反思案例隐含的信息,利用一切时间反思所处理的事例,思考深层次原因。

(2)反思身边的事例。班主任每天都要观察其他班主任如何解决一些典型事例,剖析他人解决问题的办法,成功的可以借鉴,失败的可以从中吸取教训,避免自己走弯路。

(3)反思刊物、电视等媒体报道的案例。媒体公开的案例具有典型性、代表性,有普遍意义,剖析这些案例,从中汲取营养,有利于班主任成长。

(二)反思的内容

班主任不仅要做学生的"经师",更要做学生的"人师"。班主任不仅仅要关注所任学科的学业成绩,更重要的是关心学生成长状况和学业成绩的综合发展。班主任教育效果若并不理想,多数是教育策略不当,班主任应积极反思。班主任反思的内容如下:

1.反思班主任自身的表率作用

学生是老师的"缩影"。许多老师要求学生好好学习,而自己不求上进,不学习新知识、新理论,仅仅满足于完成教学任务,这根本起不了表率作用。

2.反思教育方法

随着信息化速度的加快,学生自我意识在增强,学生普遍反感老师在公开场合批评自己。因此,班主任的批评要讲究艺术,公开场合宜点现象,不宜点人,否则不仅解决不了问题,反而会损害学生自尊心,使学生产生逆反心理。

3.反思教育公平

学生渴望班主任能公开、公正地处理每一件事,随着学生年龄的增长,这种意识逐渐增强。而实际上班主任真正做到这一点很难。这就要求班主任在实际的管理中要做好反思,如学生座位是否公平? 找学生谈话是否机会均等? 执行班务制度是否公平？说话是否算数？等等。这些因素都会影响教育效果。

4.反思管理是否与时俱进

班级管理要与时俱进，在总制度基本不变的情况下，适时调整，使后进生有希望。实践证明，执行班务制度与时俱进，不断强化，效果明显提高，违纪行为明显下降。

三、班级问题研究

"教师是科研人员"这个命题已经为人们所普遍接受，教师是实践者，也是研究者。研究是一种互动过程，问题获得解决，专业也随之成长。班主任开展研究的意义，并不只在管理工作本身，同时也在管理者自身。每一个小学班主任要成为一个优秀的班级管理者，就必须使自己的专业水平不断提高。在教育领域中教育者的成长，包括小学班主任的成长，都必须在实践中成长，而这种成长的条件就是研究。因此，对于班级管理者来说，研究即成长。

（一）深入开展教育科学研究，发展专业能力

目前，教师开展教育科学研究较多，而班主任开展教育科学较少，这是班主任工作的盲区。不研究，不反思，是工作能力差的班主任的通病。因此，班主任要想快速成熟，必须自觉开展教育科研，只要能持久开展教育科研，就一定会产生反思能力，在反思－科研－实践－反思－科研－实践的循环中，班主任的专业能力会逐渐提高。这种以研究为基础的专业成长，需要掌握基本的方法论和具体的研究方法，但从根本上来说，要能熟练地开展研究，唯一的方法就是实践，要在实践中掌握具体的研究技能，知道研究问题如何被确定的，如何收集资料，研究的程序是怎样的，如何撰写研究报告等。

1.班主任研究的定位

作为一个小学班主任，一个小学班级管理者，他开展的研究工作，同理论工作者的研究是不同的。小学班级管理者开展的研究，定位于本班管理实践问题的解决。

2.研究课题的选择

班主任的研究课题是指在班级管理实践中遇到的新情况，这一新情况理论研究成果未能预见，当然也没有提出解决问题的方法，或是班主任在以往的实践未曾遇到并解决过，这些就是班主任需要研究的课题。

3.研究方法的选择

要开展研究，就要运用一定的方法。问题决定方法。一般来说，教育研究

有文献研究、实验研究、调查研究、个案研究和行动研究等。一般的方法均着眼于理论的深入，而班主任的研究是要开展实践活动，有效地解决实际问题的。因此，班主任一般选择行动研究。

4. 形成研究方案

一般来说，研究方案包括：课题名称（研究对象、研究问题、研究方法）；研究的目的与意义；确定研究对象与研究变量；国内外研究现状与水平；研究的内容与方法；研究进度；成果形式；课题组成员及分工；现有基础；经费预算；参考文献与附录等。由于班主任的研究是实践研究，选择的研究方法又是行动研究，故方案里的内容很多都省略了。

5. 研究论文的撰写

班主任在班级问题研究中不断学习新理念，获取新信息，收集新问题，研究新方法。研究的过程就是不断批判、反思、修正的过程。将研究结果撰写成文章向期刊投稿，一旦公开发表，将受到很大鼓励，提高科学研究热情，形成良性循环。

（二）通过行动研究，促进专业发展

行动研究是一种"以问题为中心"的研究。一般认为这种研究方法是 20 世纪 40 代美国社会心理学家勒温（Kurt Lewin）首先提出来的。勒温在研究中发现：科研人员如果仅凭个人兴趣或者只是为了"写书"而搞研究，这样的研究就不能满足社会的需求。据此，勒温于 1946 年提出了"行动研究"这一新方法。行动研究强调对问题的干预和行动策略的反思。行动研究的过程是一个不断反馈循环的动力系统。行动研究是由计划、实施、观察和反思四个环节组成的一个螺旋式发展过程，每一个螺旋圈都包括这四个相互联系、相互依赖的环节。班主任开展行动研究的步骤包括：发现班级管理问题－确定课题－制订行动研究方案－实施方案－评价行动结果。

1. 发现班级管理问题

班主任作为实践者，也许会面对许多问题，也许感觉不到实践中的问题，因此，问题意识是班主任的基本素质，班主任要有问题意识，就要养成对自己实践活动进行思考的习惯。

2. 确定课题

班主任在管理实践中虽然面临许多问题，但不是所有问题都是研究课题，只有那些是独特的、需要经过专门研究才能解决的问题，才能是行动研究的课题。

3. 制订行动方案

制订行动方案,是对整个行动研究过程的规划。行动方案作为一种具有研究性质的方案,一般包括:问题的实践意义、问题的界定、解决问题的方案和方案实施的方法四个要素。

4. 评价行动结果

评价行动结果是对研究本身的反思,是为了搞清楚研究目的实现的程度,或者说问题解决的程度。评价行动结果要根据研究的目的来评价,行动研究的目的在于解决问题,有没有解决问题或多大程度上解决问题,就是评价行动研究结果的标准。根据研究的意图,大致有两种评价方式:一是研究止于实践本身,二是研究上升到理性认识。

5. 撰写研究报告

行动研究的报告没有规定的格式,但一般包括摘要、引言(问题产生的原因、问题的实践意义、研究目的和方法等)、问题的界定与解决问题的方案、实施行动方案的结果、研究结果和对结果的反思等。

【思考题】

1. 班主任专业化有哪些特点和内容?

2. 如何理解班主任专业化的要求?

3. 班主任专业化的途径有哪些?

【扩展阅读】

1. 王晓春著:《做一个专业的班主任》,华东师范大学出版社,2008。

2. 李镇西著:《做最好的班主任》,文化艺术出版社,2012。

3. 魏书生著:《班主任工作漫谈》,译林出版社,2013。

4. (苏)B. A. 苏霍姆林斯基著:《给教师的建议》,教育科学出版社,1984。

【实践探索】

1. 深入当地一所小学,了解该校优秀班主任成长的途径。

2. 介绍你读中小学时班主任工作的方式与方法。

附件一:中小学班主任工作规定

(2009 年)

第一章　总　则

第一条　为进一步推进未成年人思想道德建设,加强中小学班主任工作,充分发挥班主任在教育学生中的重要作用,制订本规定。

第二条　班主任是中小学日常思想道德教育和学生管理工作的主要实施者,是中小学生健康成长的引领者,班主任要努力成为中小学生的人生导师。

班主任是中小学的重要岗位,从事班主任工作是中小学教师的重要职责。教师担任班主任期间应将班主任工作作为主业。

第三条　加强班主任队伍建设是坚持育人为本、德育为先的重要体现。政府有关部门和学校应为班主任开展工作创造有利条件,保障其享有的待遇与权利。

第二章　配备与选聘

第四条　中小学每个班级应当配备一名班主任。

第五条　班主任由学校从班级任课教师中选聘。聘期由学校确定,担任一个班级的班主任时间一般应连续 1 学年以上。

第六条　教师初次担任班主任应接受岗前培训,符合选聘条件后学校方可聘用。

第七条　选聘班主任应当在教师任职条件的基础上突出考查以下条件:

(一)作风正派,心理健康,为人师表;

(二)热爱学生,善于与学生、学生家长及其他任课教师沟通;

(三)爱岗敬业,具有较强的教育引导和组织管理能力。

第三章　职责与任务

第八条　全面了解班级内每一个学生,深入分析学生思想、心理、学习、生活状况。关心爱护全体学生,平等对待每一个学生,尊重学生人格。采取多种方式与学生沟通,有针对性地进行思想道德教育,促进学生德智体美全面发展。

第九条　认真做好班级的日常管理工作,维护班级良好秩序,培养学生的规则意识、责任意识和集体荣誉感,营造民主和谐、团结互助、健康向上的集体氛围。指导班委会和团队工作。

第十条　组织、指导开展班会、团队会(日)、文体娱乐、社会实践、春(秋)游等形式多样的班级活动,注重调动学生的积极性和主动性,并做好安全防护工作。

第十一条　组织做好学生的综合素质评价工作,指导学生认真记载成长记录,实事求是地评定学生操行,向学校提出奖惩建议。

第十二条　经常与任课教师和其他教职员工沟通,主动与学生家长、学生所在社区联系,努力形成教育合力。

第四章　待遇与权利

第十三条　学校在教育管理工作中应充分发挥班主任的骨干作用,注重听取班主任意见。

第十四条　班主任工作量按当地教师标准课时工作量的一半计入教师基本工作量。各地要合理安排班主任的课时工作量,确保班主任做好班级管理工作。

第十五条　班主任津贴纳入绩效工资管理。在绩效工资分配中要向班主任倾斜。对于班主任承担超课时工作量的,以超课时补贴发放班主任津贴。

第十六条　班主任在日常教育教学管理中,有采取适当方式对学生进行批评教育的权利。

第五章　培养与培训

第十七条　教育行政部门和学校应制订班主任培养培训规划,有组织地开展班主任岗位培训。

第十八条　教师教育机构应承担班主任培训任务,教育硕士专业学位教育中应设立中小学班主任工作培养方向。

第六章　考核与奖惩

第十九条　教育行政部门建立科学的班主任工作评价体系和奖惩制度。

对长期从事班主任工作或在班主任岗位上做出突出贡献的教师定期予以表彰奖励。选拔学校管理干部应优先考虑长期从事班主任工作的优秀班主任。

第二十条 学校建立班主任工作档案,定期组织对班主任的考核工作。考核结果作为教师聘任、奖励和职务晋升的重要依据。对不能履行班主任职责的,应调离班主任岗位。

第七章 附则

第二十一条 各地可根据本规定,结合当地实际情况,制订中小学班主任工作的具体实施办法。

第二十二条 本规定自发布之日起施行。

附件二:中小学教师职业道德规范

(2008年修订)

一、爱国守法。热爱祖国,热爱人民,拥护中国共产党领导,拥护社会主义。全面贯彻国家教育方针,自觉遵守教育法律法规,依法履行教师职责权利;不得有违背党和国家方针政策的言行。

二、爱岗敬业。忠诚于人民教育事业,志存高远,勤恳敬业,甘为人梯,乐于奉献。对工作高度负责,认真备课上课,认真批改作业,认真辅导学生。不得敷衍塞责。

三、关爱学生。关心爱护全体学生,尊重学生人格,平等公正对待学生。对学生严慈相济,做学生良师益友。保护学生安全,关心学生健康,维护学生权益。不讽刺、挖苦、歧视学生,不体罚或变相体罚学生。

四、教书育人。遵循教育规律,实施素质教育。循循善诱,诲人不倦,因材施教。培养学生良好品行,激发学生创新精神,促进学生全面发展。不以分数作为评价学生的唯一标准。

五、为人师表。坚守高尚情操,知荣明耻,严于律己,以身作则。衣着得体,语言规范,举止文明。关心集体,团结协作,尊重同事,尊重家长。作风正派,廉洁奉公。自觉抵制有偿家教,不利用职务之便谋取私利。

六、终身学习。崇尚科学精神,树立终身学习理念,拓宽知识视野,更新知识结构。潜心钻研业务,勇于探索创新,不断提高专业素养和教育教学水平。

附件三:中国少年先锋队章程

(中国少年先锋队第五次全国代表大会 2005 年 6 月 3 日通过)

一、我们的队名:中国少年先锋队。

二、我们队的创立者和领导者:中国共产党。

党委托中国共产主义青年团直接领导我们队。

三、我们队的性质:是中国少年儿童的群众组织,是少年儿童学习中国特色社会主义和共产主义的学校,是建设社会主义和共产主义的预备队。

四、我们队的目的:团结教育少年儿童,听党的话,爱祖国、爱人民、爱劳动、爱科学、爱护公共财物,努力学习,锻炼身体,参与实践,培养能力,立志为建设中国特色社会主义现代化强国贡献力量,努力成长为社会主义现代化建设需要的合格人才,做共产主义事业的接班人。

维护少年儿童的正当权益。

五、我们的队旗、队徽:五角星加火炬的红旗是我们的队旗。五角星代表中国共产党的领导,火炬象征光明,红旗象征革命胜利。

五角星加火炬和写有"中国少先队"的红色绶带组成我们的队徽。

六、我们的队歌:《我们是共产主义接班人》。

七、我们的标志:红领巾。它代表红旗的一角,是革命先烈的鲜血染成。每个队员都应该佩戴它和爱护它,为它增添新的荣誉。

八、我们的队礼:右手五指并拢,高举头上。它表示人民的利益高于一切。

九、我们的呼号:"准备着:为共产主义事业而奋斗!"回答:"时刻准备着!"

十、我们的作风:诚实、勇敢、活泼、团结。

十一、我们的队员:凡是 6 周岁到 14 周岁的少年儿童,愿意参加少先队,愿意遵守队章,向所在学校少先队组织提出申请,经批准,就成为队员。

队员入队前要为人民做一件好事。要举行入队仪式。

队员是少先队组织的主人,在队里都有选举权和被选举权,可以对队的工作和队的活动提出意见和要求。

每个队员都要遵守纪律，服从队的决议，积极参加队的活动，做好队交给的工作，热心为大家服务。

优秀的少先队员可以由队组织推荐作为共青团的发展对象。

队员由一个大队转到另一个大队，要带上队员登记表，到新的大队报到。

超过 14 周岁的队员应该离队。由大队举行离队仪式。

十二、我们的入队誓词："我是中国少年先锋队队员。我在队旗下宣誓：我热爱中国共产党，热爱祖国，热爱人民，好好学习，好好锻炼，准备着：为共产主义事业贡献力量！"

十三、我们的组织：在学校、社区建立大队或中队，中队下设小队。

小队由 5 至 13 人组成，设正副小队长。

中队由两个以上的小队组成，成立中队委员会，由 3 至 7 人组成。

大队由两个以上的中队组成，成立大队委员会，由 7 至 13 人组成。

小队长和中队、大队委员会都由队员选举产生。半年或一年选举一次。

大队和中队委员会可以根据工作需要，设队长、副队长、旗手和学习、劳动、文娱、体育、组织、宣传等委员。

十四、我们的活动：举行队会，组织参观、访问、野营、旅行、故事会，开展文化科学、娱乐游戏、军事体育等各种有意义有趣味的活动，以及参加力所能及的公益劳动和社会实践。

十五、我们队的奖励和批评：队员和队的组织做出优异成绩的，由队的组织或报共青团组织给以表扬和奖励。队员犯了错误的，队组织要进行耐心帮助、批评教育，帮助改正。

十六、我们的辅导员：由共青团选派优秀团员或聘请思想进步、作风正派、知识丰富、热爱少年儿童的教师以及各条战线的先进人物来担任。他们是少先队员亲密的朋友和指导者，帮助中队或大队委员会进行工作，组织活动。

十七、我们队的领导机构：全国和地方各级少先队工作委员会，是全国和地方少先队经常性工作的领导机构，由同级少先队代表大会选举产生。全国代表大会原则上每五年召开一次。

附件四：中小学心理健康教育指导纲要

（2012 年修订）

中小学心理健康教育，是提高中小学生心理素质、促进其身心健康和谐发展的教育，是进一步加强和改进中小学德育工作、全面推进素质教育的重要组成部分。中小学生正处在身心发展的重要时期，随着生理、心理的发育和发展、社会阅历的扩展及思维方式的变化，特别是面对社会竞争的压力，他们在学习、生活、自我意识、情绪调适、人际交往和升学就业等方面，会遇到各种各样的心理困扰或问题。因此，在中小学开展心理健康教育，是学生身心健康成长的需要，是全面推进素质教育的必然要求。为深入贯彻党的十八大精神，落实《中共中央国务院关于进一步加强和改进未成年人思想道德建设的若干意见》和《国家中长期教育改革和发展规划纲要（2010－2020 年）》要求，进一步科学地指导和规范中小学心理健康教育工作，在认真总结近些年来全国各地心理健康教育工作经验的基础上，制订本纲要。

一、心理健康教育的指导思想和基本原则

1. 开展中小学心理健康教育工作，必须高举中国特色社会主义伟大旗帜，以邓小平理论、"三个代表"重要思想和科学发展观为指导，学习践行社会主义核心价值体系，贯彻党的教育方针，坚持立德树人、育人为本，注重学生心理和谐健康，加强人文关怀和心理疏导，根据中小学生生理、心理发展特点和规律，把握不同年龄阶段学生的心理发展任务，运用心理健康教育的知识理论和方法技能，培养中小学生良好的心理素质，促进其身心全面和谐发展。

2. 开展中小学心理健康教育，要以学生发展为根本，遵循学生身心发展规律，必须坚持以下基本原则：

——坚持科学性与实效性相结合。要根据学生身心发展的规律和特点及

心理健康教育的规律,科学开展心理健康教育,注重心理健康教育的实践性与实效性,切实提高学生心理素质和心理健康水平。

——坚持发展、预防和危机干预相结合。要立足教育和发展,培养学生积极心理品质,挖掘他们的心理潜能,注重预防和解决发展过程中的心理行为问题,在应急和突发事件中及时进行危机干预。

——坚持面向全体学生和关注个别差异相结合。全体教师都要树立心理健康教育意识,尊重学生,平等对待学生,注重教育方式方法,关注个别差异,根据不同学生的特点和需要开展心理健康教育和辅导。

——坚持教师的主导性与学生的主体性相结合。要在教师的教育指导下,充分发挥和调动学生的主体性,引导学生积极主动关注自身心理健康,培养学生自主自助维护自身心理健康的意识和能力。

二、心理健康教育的目标与任务

3.心理健康教育的总目标是:提高全体学生的心理素质,培养他们积极乐观、健康向上的心理品质,充分开发他们的心理潜能,促进学生身心和谐可持续发展,为他们健康成长和幸福生活奠定基础。

心理健康教育的具体目标是:使学生学会学习和生活,正确认识自我,提高自主自助和自我教育能力,增强调控情绪、承受挫折、适应环境的能力,培养学生健全的人格和良好的个性心理品质;对有心理困扰或心理问题的学生,进行科学有效的心理辅导,及时给予必要的危机干预,提高其心理健康水平。

4.心理健康教育的主要任务是:全面推进素质教育,增强学校德育工作的针对性、实效性和吸引力,开发学生的心理潜能,提高学生的心理健康水平,促进学生形成健康的心理素质,减少和避免各种不利因素对学生心理健康的影响,培养身心健康、具有社会责任感、创新精神和实践能力的德智体美全面发展的社会主义建设者和接班人。

按照"全面推进、突出重点、分类指导、协调发展"的工作方针,不同地区应根据本地实际情况,积极做好心理健康教育工作。

全面推进。要普及、巩固和深化中小学心理健康教育,加快制度建设、课程建设、心理辅导室建设和师资队伍建设,积极拓展心理健康教育渠道,建立学校、家庭和社区心理健康教育网络和协作机制,全面推进中小学心理健康教育科学发展,在学校普遍建立起规范的心理健康教育服务体系,全面提高全体学生的心理素质。

突出重点。地方教育行政部门和学校要利用地方课程或学校课程科学系统地开展心理健康教育;要加强心理辅导室建设,切实发挥心理辅导室在预防和解决学生心理行为问题中的重要作用;加强心理健康教育师资队伍建设,建立一支科学化、专业化的稳定的中小学心理健康教育教师队伍。

分类指导。大中城市和经济发达地区,要在普遍开展心理健康教育工作的基础上,继续推进和深化心理健康教育工作,努力提高质量和成效,率先建立成熟的心理健康教育服务体系;其他地区,要尽快完善心理健康教育工作机制,建立心理健康教育辅导室和稳定的心理健康专业教师队伍,普遍开展心理健康教育工作。

协调发展。坚持公共教育资源和优质教育资源向农村、中西部地区倾斜,逐步缩小东西部、城乡和区域之间中小学心理健康教育的发展差距,以中西部地区和农村地区发展为重点,推动中小学心理健康教育全面、协调发展。按照"城乡结合,以城带乡"的原则,加强城乡中小学心理健康教育的交流与合作,实现心理健康教育全覆盖和城乡均衡化发展。同时,着力提高中小学心理健康教育质量和成效,促进学生的心理素质和德智体美全面协调发展。

三、心理健康教育的主要内容

5.心理健康教育的主要内容包括:普及心理健康知识,树立心理健康意识,了解心理调节方法,认识心理异常现象,掌握心理保健常识和技能。其重点是认识自我、学会学习、人际交往、情绪调适、升学择业以及生活和社会适应等方面的内容。

6.心理健康教育应从不同地区的实际和不同年龄阶段学生的身心发展特点出发,做到循序渐进,设置分阶段的具体教育内容。

小学低年级主要包括:帮助学生认识班级、学校、日常学习生活环境和基本规则;初步感受学习知识的乐趣,重点是学习习惯的培养与训练;培养学生礼貌友好的交往品质,乐于与老师、同学交往,在谦让、友善的交往中感受友情;使学生有安全感和归属感,初步学会自我控制;帮助学生适应新环境、新集体和新的学习生活,树立纪律意识、时间意识和规则意识。

小学中年级主要包括:帮助学生了解自我,认识自我;初步培养学生的学习能力,激发学习兴趣和探究精神,树立自信,乐于学习;树立集体意识,善于与同学、老师交往,培养自主参与各种活动的能力,以及开朗、合群、自立的健康人格;引导学生在学习生活中感受解决困难的快乐,学会体验情绪并表达自己的情绪;帮助学生建立正确的角色意识,培养学生对不同社会角色的适应;增强时间管理意识,帮助学生正确处理学习与兴趣、娱乐之间的矛盾。

小学高年级主要包括:帮助学生正确认识自己的优缺点和兴趣爱好,在各种活动中悦纳自己;着力培养学生的学习兴趣和学习能力,端正学习动机,调整学习心态,正确对待成绩,体验学习成功的乐趣;开展初步的青春期教育,引导学生进行恰当的异性交往,建立和维持良好的异性同伴关系,扩大人际交往的范围;帮助学生克服学习困难,正确面对厌学等负面情绪,学会恰当地、正确地体验情绪和表达情绪;积极促进学生的亲社会行为,逐步认识自己与社会、国家和世界的关系;培养学生分析问题和解决问题的能力,为初中阶段学习生活做好准备。

初中年级主要包括:帮助学生加强自我认识,客观地评价自己,认识青春期的生理特征和心理特征;适应中学阶段的学习环境和学习要求,培养正确的学习观念,发展学习能力,改善学习方法,提高学习效率;积极与老师及父母进行沟通,把握与异性交往的尺度,建立良好的人际关系;鼓励学生进行积极的情绪体验与表达,并对自己的情绪进行有效管理,正确处理厌学心理,抑制冲动行为;把握升学选择的方向,培养职业规划意识,树立早期职业发展目标;逐步适应生活和社会的各种变化,着重培养应对失败和挫折的能力。

高中年级主要包括:帮助学生确立正确的自我意识,树立人生理想和信念,形成正确的世界观、人生观和价值观;培养创新精神和创新能力,掌握学习策略,开发学习潜能,提高学习效率,积极应对考试压力,克服考试焦虑;正确认识自己的人际关系状况,培养人际沟通能力,促进人际间的积极情感反应和体验,正确对待和异性同伴的交往,知道友谊和爱情的界限;帮助学生进一步提高承受失败和应对挫折的能力,形成良好的意志品质;在充分了解自己的兴趣、能力、性格、特长和社会需要的基础上,确立自己的职业志向,培养职业道德意识,进行升学就业的选择和准备,培养担当意识和社会责任感。

四、心理健康教育的途径和方法

7.学校应将心理健康教育始终贯穿于教育教学全过程。全体教师都应自觉地在各学科教学中遵循心理健康教育的规律,将适合学生特点的心理健康教育内容有机渗透到日常教育教学活动中。要注重发挥教师人格魅力和为人师表的作用,建立起民主、平等、相互尊重的师生关系。要将心理健康教育与班主任工作、班团队活动、校园文体活动、社会实践活动等有机结合,充分利用网络等现代信息技术手段,多种途径开展心理健康教育。

8.开展心理健康专题教育。专题教育可利用地方课程或学校课程开设心理健康教育课。心理健康教育课应以活动为主,可以采取多种形式,包括团体辅导、心理训练、问题辨析、情境设计、角色扮演、游戏辅导、心理情景剧、专题讲座等。心理健康教育要防止学科化的倾向,避免将其作为心理学知识的普及和心理学理论的教育,要注重引导学生心理、人格积极健康发展,最大程度地预防学生发展过程中可能出现的心理行为问题。

9. 建立心理辅导室。心理辅导室是心理健康教育教师开展个别辅导和团体辅导,指导帮助学生解决在学习、生活和成长中出现的问题,排解心理困扰的专门场所,是学校开展心理健康教育的重要阵地。在心理辅导过程中,教师要树立危机干预意识,对个别有严重心理疾病的学生,能够及时识别并转介到相关心理诊治部门。教育部将对心理辅导室建设的基本标准和规范做出统一规定。

心理辅导是一项科学性、专业性很强的工作,心理健康教育教师应遵循心理发展和教育规律,向学生提供发展性心理辅导和帮助。开展心理辅导必须遵守职业伦理规范,在学生知情自愿的基础上进行,严格遵循保密原则,保护学生隐私,谨慎使用心理测试量表或其他测试手段,不能强迫学生接受心理测试,禁止使用可能损害学生心理健康的仪器,要防止心理健康教育医学化的倾向。

10. 密切联系家长共同实施心理健康教育。学校要帮助家长树立正确的教育观念,了解和掌握孩子成长的特点、规律以及心理健康教育的方法,加强亲子沟通,注重自身良好心理素质的养成,以积极健康和谐的家庭环境影响孩子。同时,学校要为家长提供促进孩子发展的指导意见,协助他们共同解决孩子在发展过程中的心理行为问题。

11. 充分利用校外教育资源开展心理健康教育。学校要加强与基层群众性自治组织、企事业单位、社会团体、公共文化机构、街道社区以及青少年校外活动场所等的联系和合作,组织开展各种有益于中小学生身心健康的文体娱乐活动和心理素质拓展活动,拓宽心理健康教育的途径。

五、心理健康教育的组织实施

12. 加强对中小学心理健康教育工作的领导和管理。各级教育行政部门要切实加强对心理健康教育工作的领导,制订规章制度,明确责任部门和负责人,支持和指导中小学开展心理健康教育工作。各地和学校要通过多种途径和方式,结合教育教学实际,保证心理健康教育时间,课时可在地方课程或学校课程中安排。各级教育行政部门要将心理健康教育工作列入年度工作计划,纳入学校督导评估指标体系之中,教育督导部门应定期开展心理健康教育专项督导检查。教育部将适时开展中小学心理健康教育示范校创建活动。

13.加强心理健康教育教师队伍建设。心理健康教育是一项专业性很强的工作，必须大力加强专业教师队伍建设。各地各校要制订规划，逐步配齐心理健康教育专职教师，专职教师原则上须具备心理学或相关专业本科学历。每所学校至少配备一名专职或兼职心理健康教育教师，并逐步增大专职人员配比，其编制从学校总编制中统筹解决。地方教育行政部门要健全中小学心理健康教育教师职务（职称）评聘办法，制订相应的专业技术职务（职称）评价标准，落实好心理健康教育教师职务（职称）评聘工作。心理健康教育教师享受班主任同等待遇。

14.大力开展心理健康教育教师培训。教育部将组织专家制订教师培训课程标准，分期分批对中小学心理健康教育教研员和骨干教师进行国家级培训。各省级教育行政部门要将心理健康教育教师培训纳入教师培训计划，分期分批对区域内心理健康教育教师进行轮训，切实提高专、兼职心理健康教育教师的基本理论、专业知识和操作技能水平。要在中小学校长、班主任和其他学科教师等各类培训中增加心理健康教育的培训内容，建立分层分类的培训体系。

15.要重视教师的心理健康教育工作。各级教育行政部门和学校要关心教师的工作、学习和生活，从实际出发，采取切实可行的措施，减轻教师的精神紧张和心理压力。要把教师心理健康教育作为教师教育和教师专业发展的重要方面，为教师学习心理健康教育知识提供必要的条件，使他们学会心理调适，增强应对能力，有效地提高其心理健康水平和开展心理健康教育的能力。

16.加强心理健康教育材料的管理。各种有关心理健康教育的教育材料的编写、审查和选用要根据本指导纲要的统一要求进行。自2013年春季开学起，凡进入中小学的心理健康教育材料必须经省级以上教育行政部门组织专家审定后方可使用。

17.加强心理健康教育的科学研究。各级教育行政部门要加强指导，增加经费投入，将心理健康教育纳入教育科学研究规划，积极组织相关课题申报和优秀成果评选。要积极引导高等学校、科研机构的研究人员开展相关研究，为心理健康教育实践提供理论基础和科学依据。要建立中小学心理健康教育教研制度，各级教研机构应配备心理健康教育教研员。要坚持理论与实践相结合，组织专家学者、教研人员、一线教师和学校管理人员结合实际情况积极开展心理健康教育教学研究，在实践中丰富完善心理健康教育理论，不断提高心理健康教育科学化水平。

附件五：小学生日常行为规范

（2004 年修订）

1.尊敬国旗、国徽，会唱国歌，升降国旗、奏唱国歌时肃立、脱帽、行注目礼，少先队员行队礼。

2.尊敬父母，关心父母身体健康，主动为家庭做力所能及的事。听从父母和长辈的教导，外出或回到家要主动打招呼。

3.尊敬老师，见面行礼，主动问好，接受老师的教导，与老师交流。

4.尊老爱幼，平等待人。同学之间友好相处，互相关心，互相帮助。不欺负弱小，不讥笑、戏弄他人。尊重残疾人。尊重他人的民族习惯。

5.待人有礼貌，说话文明，讲普通话，会用礼貌用语。不骂人，不打架。到他人房间先敲门，经允许再进入，不随意翻动别人的物品，不打扰别人的工作、学习和休息。

6.诚实守信，不说谎话，知错就改，不随意拿别人的东西，借东西及时归还，答应别人的事努力做到，做不到时表示歉意。考试不作弊。

7.虚心学习别人的长处和优点，不嫉妒别人。遇到挫折和失败不灰心，不气馁，遇到困难努力克服。

8.爱惜粮食和学习、生活用品。节约水电，不比吃穿，不乱花钱。

9.衣着整洁，经常洗澡，勤剪指甲，勤洗头，早晚刷牙，饭前便后要洗手。自己能做的事自己做，衣物用品摆放整齐，学会收拾房间、洗衣服、洗餐具等家务劳动。

10.按时上学，不迟到，不早退，不逃学，有病有事要请假，放学后按时回家。参加活动守时，不能参加事先请假。

11.课前准备好学习用品，上课专心听讲，积极思考，大胆提问，回答问题声音清楚，不随意打断他人发言。课间活动有秩序。

12.课前预习，课后认真复习，按时完成作业，书写工整，卷面整洁。

13.坚持锻炼身体,认真做广播体操和眼保健操,坐、立、行、读书、写字姿势正确。积极参加有益的文体活动。

14.认真做值日,保持教室、校园整洁。保护环境,爱护花草树木、庄稼和有益动物,不随地吐痰,不乱扔果皮纸屑等废弃物。

15.爱护公物,不在课桌椅、建筑物和文物古迹上涂抹刻画。损坏公物要赔偿。拾到东西归还失主或交公。

16.积极参加集体活动,认真完成集体交给的任务,少先队员服从队的决议,不做有损集体荣誉的事,集体成员之间相互尊重,学会合作。积极参加学校组织的各种劳动和社会实践活动,多观察,勤动手。

17.遵守交通法规,过马路走人行横道,不乱穿马路,不在公路、铁路、码头玩耍和追逐打闹。

18.遵守公共秩序,在公共场所不拥挤,不喧哗,礼让他人。乘公共车、船等主动购票,主动给老幼病残孕让座。不做法律禁止的事。

19.珍爱生命,注意安全,防火、防溺水、防触电、防盗、防中毒,不做有危险的游戏。

20.阅读、观看健康有益的图书、报刊、音像和网上信息,收听、收看内容健康的广播电视节目。不吸烟、不喝酒、不赌博,远离毒品,不参加封建迷信活动,不进入网吧等未成年人不宜入内的场所。敢于斗争,遇到坏人坏事主动报告。

附件六:小学教师专业标准(试行)

(征求意见稿)

为促进小学教师专业发展,建设高素质小学教师队伍,根据《中华人民共和国教师法》和《中华人民共和国义务教育法》,特制订《小学教师专业标准(试行)》(以下简称《专业标准》)。

小学教师是履行小学教育工作职责的专业人员,需要经过严格的培养与培训,具有良好的职业道德,掌握系统的专业知识和专业技能。《专业标准》是国家对合格小学教师专业素质的基本要求,是小学教师开展教育教学活动的基本规范,是引领小学教师专业发展的基本准则,是小学教师培养、准入、培训、考核等工作的重要依据。

一、基本理念

(一)学生为本

尊重小学生权益,以小学生为主体,充分调动和发挥小学生的主动性;遵循小学生身心发展特点和教育教学规律,提供适合的教育,促进小学生生动活泼学习、健康快乐成长。

(二)师德为先

热爱小学教育事业,具有职业理想,践行社会主义核心价值体系,履行教师职业道德规范。关爱小学生,尊重小学生人格,富有爱心、责任心、耐心和细心;为人师表,教书育人,自尊自律,做小学生健康成长的指导者和引路人。

(三)能力为重

把学科知识、教育理论与教育实践相结合,突出教书育人实践能力;研究小学生,遵循小学生成长规律,提升教育教学专业化水平;坚持实践、反思、再实践、再反思,不断提高专业能力。

(四)终身学习

学习先进小学教育理论,了解国内外小学教育改革与发展的经验和做法;优化知识结构,提高文化素养;具有终身学习与持续发展的意识和能力,做终身学习的典范。

二、基本内容

维度	领域	基本要求
专业理念与师德	(一)职业理解与认识	1.贯彻党和国家教育方针政策,遵守教育法律法规。 2.理解小学教育工作的意义,热爱小学教育事业,具有职业理想和敬业精神。 3.认同小学教师的专业性和独特性,注重自身专业发展。 4.具有良好职业道德修养,为人师表。 5.具有团队合作精神,积极开展协作与交流。
	(二)对小学生的态度与行为	6.关爱小学生,重视小学生身心健康,将保护小学生生命安全放在首位。 7.尊重小学生独立人格,维护小学生合法权益,平等对待每一个小学生。不讽刺、挖苦、歧视小学生,不体罚或变相体罚小学生。 8.信任小学生,尊重个体差异,主动了解和满足有益于小学生身心发展的不同需求。 9.积极创造条件,让小学生拥有快乐的学校生活。
	(三)教育教学的态度与行为	10.树立育人为本、德育为先的理念,将小学生的知识学习、能力发展与品德养成相结合,重视小学生全面发展。 11.尊重教育规律和小学生身心发展规律,为每一个小学生提供适合的教育。 12.引导小学生体验学习乐趣,保护小学生的求知欲和好奇心,培养小学生的广泛兴趣、动手能力和探究精神。 13.引导小学生学会学习,养成良好学习习惯。
	(四)个人修养与行为	14.富有爱心、责任心、耐心和细心。 15.乐观向上、热情开朗、有亲和力。 16.善于自我调节情绪,保持平和心态。 17.勤于学习,不断进取。 18.衣着整洁得体,语言规范健康,举止文明礼貌。

续　表

维度	领域	基本要求
专业知识	（五）小学生发展知识	19.了解关于小学生生存、发展和保护的有关法律法规及政策规定。 20.了解不同年龄及有特殊需要的小学生身心发展特点和规律，掌握保护和促进小学生身心健康发展的策略与方法。 21.了解不同年龄小学生学习的特点，掌握小学生良好行为习惯养成的知识。 22.了解幼小和小初衔接阶段小学生的心理特点，掌握帮助小学生顺利过渡的方法。 23.了解对小学生进行青春期和性健康教育的知识和方法。 24.了解小学生安全防护的知识，掌握针对小学生可能出现的各种侵犯与伤害行为的预防与应对方法。
	（六）学科知识	25.适应小学综合性教学的要求，了解多学科知识。 26.掌握所教学科知识体系、基本思想与方法。 27.了解所教学科与社会实践的联系，了解与其他学科的联系。
	（七）教育教学知识	28.掌握小学教育教学基本理论。 29.掌握小学生品行养成的特点和规律。 30.掌握不同年龄小学生的认知规律。 31.掌握所教学科的课程标准和教学知识。
	（八）通识性知识	32.具有相应的自然科学和人文社会科学知识。 33.了解中国教育基本情况。 34.具有相应的艺术欣赏与表现知识。 35.具有适应教育内容、教学手段和方法现代化的信息技术知识。
专业能力	（九）教育教学设计	36.合理制订小学生个体与集体的教育教学计划。 37.合理利用教学资源，科学编写教学方案。 38.合理设计丰富多彩的班队活动。
	（十）组织与实施	39.建立良好的师生关系，帮助小学生建立良好的同伴关系。 40.创设适宜的教学情境，根据小学生的反应及时调整教学活动。 41.调动小学生学习积极性，结合小学生已有的知识和经验激发学习兴趣。 42.发挥小学生主体性，灵活运用启发式、探究式、讨论式、参与式等教学方式。 43.将现代教育技术手段渗透运用到教学中。 44.较好使用口头语言、肢体语言与书面语言，使用普通话教学，规范书写钢笔字、粉笔字、毛笔字。 45.妥善应对突发事件。 46.鉴别小学生行为和思想动向，用科学的方法防止和有效矫正不良行为。
	（十一）激励与评价	47.对小学生日常表现进行观察与判断，发现和赏识每一个小学生的点滴进步。 48.灵活使用多元评价方式，给予小学生恰当的评价和指导。 49.引导小学生进行积极的自我评价。 50.利用评价结果不断改进教育教学工作。

维度	领域	基本要求
专业能力	(十二)沟通与合作	51.使用符合小学生特点的语言进行教育教学工作。 52.善于倾听,和蔼可亲,与小学生进行有效沟通。 53.与同事合作交流,分享经验和资源,共同发展。 54.与家长进行有效沟通合作,共同促进小学生发展。 55.协助小学与社区建立合作互助的良好关系。
	(十三)反思与发展	56.主动收集分析相关信息,不断进行反思,改进教育教学工作。 57.针对教育教学工作中的现实需要与问题,进行探索和研究。 58.制订专业发展规划,不断提高自身专业素质。

三、实施建议

(一)各级教育行政部门要将《专业标准》作为小学教师队伍建设的基本依据。根据小学教育改革发展的需要,充分发挥《专业标准》引领和导向作用,深化教师教育改革,建立教师教育质量保障体系,不断提高小学教师培养培训质量。制订小学教师准入标准,严把小学教师入口关;制订小学教师聘任(聘用)、考核、退出等管理制度,保障教师合法权益,形成科学有效的小学教师队伍管理和督导机制。

(二)开展小学教师教育的院校要将《专业标准》作为小学教师培养培训的主要依据。重视小学教师职业特点,加强小学教育学科和专业建设。完善小学教师培养培训方案,科学设置教师教育课程,改革教育教学方式;重视小学教师职业道德教育,重视社会实践和教育实习;加强从事小学教师教育的师资队伍建设,建立科学的质量评价制度。

(三)小学要将《专业标准》作为教师管理的重要依据。制订小学教师专业发展规划,注重教师职业理想与职业道德教育,增强教师育人的责任感与使命感;开展校本研修,促进教师专业发展;完善教师岗位职责和考核评价制度,健全小学绩效管理机制。

(四)小学教师要将《专业标准》作为自身专业发展的基本依据。制订自我专业发展规划,爱岗敬业,增强专业发展自觉性;大胆开展教育教学实践,不断创新;积极进行自我评价,主动参加教师培训和自主研修,逐步提升专业发展水平。

参考书目

[1]李学农.班级管理[M].北京:高等教育出版社,2004.

[2]邓红艳.小学班级管理[M].上海:华东师范大学出版社,2010.

[3]时伟,高伟,刘红艳.中小学班主任工作的理论与实践[M].合肥:合肥工业大学出版社,2004.

[4]郭毅.班级管理学[M].北京:人民教育出版社,2002.

[5]古人伏.小学班队工作原理与实践[M].上海:华东师范大学出版社,2010.

[6]张春兴.教育心理学[M].杭州:浙江教育出版社,1998.

[7]李晓东.教育心理学[M].北京:北京大学出版社,2008.

[8]陆海富.班主任班级管理的艺术[M].长春:吉林大学出版社,2010.

[9]林建华,曹树.中学班主任与心理指导[M].南京:南京师范大学出版社,1999.

[10]崔允漷.有效教学[M].上海:华东师范大学出版社,2009.

[11][美]Jones,V.F.全面课堂管理——创建一个共同的班集体[M].方彤,译.北京:中国轻工业出版社,2002

[12][美]Renee Campoy.课堂问题分析与解决——成为反思型教师[M].赵清梅,王建魁,胡昌送,译.北京:中国轻工业出版社,2007.

[13]高谦民.今天我们怎样做班主任.小学卷[M].上海:华东师范大学出版社,2006.

[14]王宁.今天我们怎样做班主任.中学卷[M].上海:华东师范大学出版社,2006.

[15]王晓春.今天怎样做教师[M].上海:华东师范大学出版社,2005.

[16]王晓春.教育智慧从哪里来[M].上海:华东师范大学出版社,2005.

[17]魏书生.如何做最好的班主任[M].南京:南京大学出版社,2009.

[18]张万祥.班主任专业成长的途径[M].上海:华东师范大学出版社,2008.

[19]钟启泉.班级管理论[M].上海:上海教育出版社 2001.

[20]赵凯.好班规打造好班级[M].重庆:西南师范大学出版社,2009.

[21]张万祥,席咏梅.破解班主任难题[M].福州:福建教育出版社,2007.

[22]万玮.班主任兵法[M].上海:华东师范大学出版社,2009.

[23]李镇西.做最好的班主任[M].桂林:漓江出版社,2008.

[24]滕大春.外国教育通史.第一卷[M].济南:山东教育出版社,1989.

[25]彭小虎.小学生心理辅导[M].上海:华东师范大学出版社,2012.

[26]瞿保奎.教育学文集·课外校外活动.第11卷[M].北京:人民教育出版社,1991.

[27]陆士桢,华耀国.少先队基础教程[M].北京:科学普及出版社,1998.

[28]胡涛.生态课堂的情绪管理[M].重庆:西南师范大学出版社,2008.

[29]盛天和.班主任的专业发展[M].上海:上海教育出版社,2005.

[30]叶奕乾,何存道,梁宁建.普通心理学[M].上海:华东师范大学出版社,1997.

[31]唐殿强.实用心理学[M].天津:南开大学出版社,2009.

[32]李伟胜.班级管理[M].上海:华东师范大学出版社,2010.

[33]伍新春.儿童发展与教育心理学[M].北京:高等教育出版社,2004.

[34]王少华.关于小学生生活技能的调查研究[J].上海教育科研,1996(2).

[35]陈会昌.理解"尊重学生"的内涵,学会尊重学生[J].河南教育,2007(2).

[36]朱立新.中学班级自主管理研究[D].南京师范大学硕士论文,2007.

[37]曾瑶.生命视野下的小学班级文化建设[D].湖南师范大学硕士论文,2011.

[38]金岚.小学班级文化建设中存在的问题及对策研究[D].东北师范大学硕士论文,2009.

[39]付翠清.小学班级文化建设浅议[J].现代教育科学,2012(12).

[40]赵克娇.浅谈小学班级集体的目标建设[J].云南教育,2002(2).

[41]吴文丹.浅谈小学班级文化建设[J].现代阅读(教育版),2013(1).

[42]董玲.浅谈小学班级文化建设[J].新课程(下),2012(9).

[43]徐英.小学班文化建设的探索[J].班主任之友,2007(3)

[44]薛宗梅.班级活动价值探微[J].教学与管理,2010(12).

[45]岑万国.班主任在开展班级活动时应注意的几个原则[J].科教文汇,2008(3).

[46]邱乾.西方有效课堂管理的基本策略[J].外国中小学教育,2006(1).

[57]何志武.小学课堂问题的艺术管理[J].宁夏教育,2012(10).

[48]李阳.小学课堂教学管理有效性探析[J].湖南第一师范学报,2008(6).

[49]商雪飞,袁世超.论教师课堂管理[J].河北软件职业技术学院学报,2007(3).

[50]李森,潘光文.行为分析理论视角下的课堂管理策略[J].课程·教材·教法,2003(11).

[51]章方良,郭大伟.文化管理视野下的课堂管理[J].教学与管理,2009(11).

[52]徐文彬,高维.我国中小学课堂纪律研究三十年[J].当代教育科学,2009(5).

[53]李路燕.论小学班主任的管理沟通艺术[J].学周刊,2013(2).

[54]冯建军.班主任专业化初论[J].教师之友,2005(8).

[55]陈文美.班级管理评价中存在的问题及对策[J].教学与管理,2011(3).

[56]龚舟.我国中小学班级管理伦理缺失的问题分析与对策[J].大理学院学报,2011(1).

[57]宋茂蕾.小学传统班级管理存在的问题及对策[J].成功(教育),2010(1).

[58]徐中锋.班级活动中班主任导向的误区及其纠正[J].教学与管理,2007(6).

[59]熊华生.班主任专业发展:概念、内容与制度保障[J].班主任之友,2011(7).

[60]班华.专业化:班主任持续发展的过程[J].人民教育,2004(15-16).

[61]郑景梅,谌启标.角色理论视野中的班主任专业发展[J].教育科学论坛,2009(4).

[62]许苹.班主任专业化进程中存在的问题与解决对策[J].基础教育参考,2010(9).

[63]黄寒英.小学生情绪调节策略及影响因素探析[J].教学与管理,2010(10).

[64]惠秋平,侯领娟.小学生情绪饥饿的特征及其原因探析[J].基础教育研究,2009(2).

[65]粟高燕.论交往理论视野下的生活教育[J].内蒙古师范大学学报(教育科学版),2007(5).

[66]王丹.对小学生生活常识的培养及研究[J].南昌教育学院学报,2013(1).

[67]姚文俊.孩子该拥有什么样的小学生活[N].中国教育报,2011-5-5(6).

[68]杨瑞清.基于生活教育理论的小班化实验[J].生活教育,2010(12).

[69]陈文美.班级管理评价中存在的问题及对策[J].教学与管理,2011(3).

[70]黄凤珍.闲暇、闲暇教育与素质教育[J].广西教育学院学报,2002(2).

[71]吴荔红,骆风.中小学生生活素质教育的几个问题[J].教育导刊,1998(10).

图书在版编目(CIP)数据

小学班级管理 / 李江编著. —杭州：浙江大学出版社,2014.2(2021.1重印)

ISBN 978-7-308-12897-1

Ⅰ.①小… Ⅱ.①李… Ⅲ.①小学－班级－学校管理－研究 Ⅳ.①G622.421

中国版本图书馆 CIP 数据核字(2014)第 027394 号

小学班级管理

李　江　编著

责任编辑	宋旭华
封面设计	续设计
出版发行	浙江大学出版社
	（杭州市天目山路148号　邮政编码310007）
	（网址:http://www.zjupress.com）
排　　版	浙江时代出版服务有限公司
印　　刷	杭州良诸印刷有限公司
开　　本	710mm×1000mm　1/16
印　　张	16.25
字　　数	292 千
版 印 次	2014 年 2 月第 1 版　2021 年 1 月第 7 次印刷
书　　号	ISBN 978-7-308-12897-1
定　　价	35.00 元